外国货币史译丛　　石俊志 主编

JITALS

Robert Tye　Monica Tye

古中亚吉塔尔货币史

[英] 罗伯特·泰尔　[英] 莫妮卡·泰尔 | 著
孟郁聪 | 译

法律出版社
LAW PRESS·CHINA
北京

原著书名为JITALS，原作者为Robert Tye和Monica Tye。简体中文版由原著作者授权法律出版社有限公司独家出版发行。

著作权合同登记号
图字：01-2023-4073

总　序

货币史是经济史的重要组成部分。

古代货币研究可以分为两种形式:一是关于古代货币本身的研究,在中国有《钱谱》《古泉谱》等民间著作,西方国家亦有各种钱币目录流传于世,这种研究被称为"钱币学";二是关于古代货币发展历程的研究,在中国有历朝的《食货志》以及近代学者撰写的货币史论著,西方国家亦有各种关于古代货币发展历程的专著。

近代社会史学蓬勃发展,促进了货币史学的崛起,各种货币史著作纷纷涌现,使我们能够在此基础上展开进一步的研究。

研究货币史可以使我们同时获得两个方面的学术成果:一是货币学的学术成果;二是历史学的学术成果。研究外国货币史更可以使我们深刻了解世界各国的社会结构、历史演变和文化根源。

货币史学借助货币学与历史学学科交叉的方式,通过对古代各王朝货币状况的分析,深入探讨货币起源、货币本质、货币演变规律等货币理论，使货币理论从历史实践上获得更加坚实的基础。

此外，货币史学更重要的意义在于揭示历史真实，辨真伪，明是非，以史为鉴，面对未来。

古代各民族、各王朝的盛衰兴替，都有政治、经济、军事、文化等诸多方面的原因。然而，传统的政治精英史对古代各民族、各王朝的败亡，多归咎于军事失败或政治失败，很少分析经济原因。

马克思主义主张：经济基础决定上层建筑。采取马克思主义的科学研究方法，分析古代各民族、各王朝的经济变化，才是找出其败亡原因的最佳途径。

从经济角度研究古代社会是一个比较可靠的视角。记述历史的人，大多难以摆脱其政治立场。因此，史书典籍中记载的帝王将相、社会精英们的政治、军事活动及其言论主张，多有虚假伪造。经过后世历代王朝基于各种不同政治立场的人们的反复篡改，历史变得更加扑朔迷离。然而，无论是伪造历史，还是篡改历史，都围绕着政治立场展开，很少在社会经济状况方面蓄意作伪。于是，从经济角度研究古代社会，我们就获得了一个比较可靠的研究视角。

无论是在中国古代，还是在外国古代，货币都是社会经济的纽带。货币发展对社会变化发挥着重要的影响。所以，研究外国货币史是拨开世界古代各国、各王朝盛衰兴替迷雾的钥匙。

然而，迄今为止，我国对世界各国货币史知之甚少，有关资料、书籍十分匮乏。为此，国民信托博士后工作站与华南理工大学货币法制史研究中心联手合作，针对世界各国货币史展开研究。在此基础上，我们邀请了一批国内金融学、法学、史学和外国语的专家学者，经过认真广泛的调查收集，筛选了一批外国货币史著作，翻译成中文，介绍给国内读者。

我们相信，这套《外国货币史译丛》的出版，对我国货币理论的研究以及我国关于世界各国历史、政治、经济和文化的研究，均具有一定的参考价值。

石俊志

2017年4月16日

古中亚的吉塔尔

目录

第一部分 吉塔尔概述和相关探讨

第二部分　币型图录和对照表

第三部分 作者和译者附录

第一部分　吉塔尔概述和相关探讨

第一章　序言

本书中所称“吉塔尔”都源自约公元750年沙希王朝打造的银质瘤牛—骑像币。这种币型被后来的穆斯林和印度教统治者采用，在阿富汗和古印度大部分地区经历王朝更替被沿用了500多年。历史上并未将这一地区这一时期发行的所有钱币都统一于“吉塔尔”这一类别之下，尽管其中有些钱币确实以“吉塔尔”命名，但另外一些钱币未必如此。事实上，大多数情况下，我们并不知道非吉塔尔钱币在当时的通用名称是什么。不过，正如研习中世纪欧洲钱币的学生会发现使用英语讨论时，用“便士”囊括德尼耶（法国钱币）、迪那罗（西班牙钱币）和芬尼（德国钱币）等所有品种钱币比较方便。在本书中，我们将“吉塔尔”的含义从其中世纪用途中进一步延伸，用以囊括上述地区在上述时期的所有钱币，仅供现代学者方便了解。

本书的第一个目的是提供合金币、吉塔尔及其紧密相关的银币和铜币等相对同类的钱币图录。一般钱币收藏者能很快通过吉塔尔的特有大小、形状、金属材质和设计认出它们；为快速、方便地归类,我们不可避免地将钱币在一本书中并排列出。

即使统一于同一种货币之下,一些人也会交流这些钱币是怎样使用、变化和发展的。本书的第二个目的很容易被这些人理解。研读类似本书的大部头钱币资料使一些更有限的研究所未揭示的特征浮现出来,而这些特征转而又揭示了中世纪古印度—波斯政治经济上相应的巨大变化:这些变化在钱币流通时期留下的稀有而残存的文学作品上也未被记载下来,甚至是被禁止记载的。

本书研究钱币而非历史。我们会根据钱币资料要求对历史材料予以选择或忽略。通常,史书上记载的剧变并未在钱币历史上留下任何痕迹:同样的钱币继续以同样的质量进行打造。钱币上的改变不可避免地由当时的大事件引起,但故事并未止于此。正如世界其他钱币的历史一样,导致吉塔尔货币改变的动力通常源于时空上有些久远的事件,这些事件发生在不同国家,有时是不同大陆和不同世纪,有时甚至是跨越千年的影响。如果要找到其他国家类似的明显例证,你会很快发现中世纪欧洲便士的发展史便是如此。显然,要讲述便士的产生和发展,就不能不提及古罗马和中世纪叙利亚根深蒂固的影响。为了更好地处理这些情形,钱币学者们必须随时准备突破当时、当地事件的限制来看问题,以找到核心的判断特征和共性。

没人能掌握影响每个吉塔尔发行地政治经济的所有相关历史材料,我们也不会在此夸下海口。为了给此领域新入门者提供有用的基础知识,我们在需要的地方列出基本的历史框架,作为钱币事件的背景知识。只有对钱币发展产生直接影响的具体历史,才会予以详细讨论。

我认为钱币不应该作为历史的"婢女",而应作为"伙伴",甚至是值得尊敬的"对手"。这点在中世纪古印度—波斯钱币的研究上更为清晰。在此,钱币结论远非对历史结论的简单印证,而是对历史的延伸或者完全超越。博斯沃斯·C. E.(Bosworth C. E.)在他关于那个时代实际政策的结论序言中警示道:

> 我们知道基本要素是什么，但是我们仍不知道系统是怎样运行的，苏丹和他的高官们对国民是怎样的态度，这些国民、镇民和农民等怎样感受到这个国家之手……没有完美的资料来源让我们完整地还原这一图景。①

博斯沃斯留白的地方正是“钱币证据”得以大显身手的地方。“钱币证据”对于需要了解的过往国家来说，就是这个国家所发行的钱币组，即“币制组合”。将博斯沃斯的类比进一步展开，这个币制组合是国家很多只手中的一只。钱币本体论不仅关乎物理客体——钱币，还关乎抽象客体——币制（面额、名称、形制等）和币制组合。通过研究币制组合，钱币学家们可以勾勒出过往政府的实际政策，尤其是可以开始判断已消亡多时的社会各组成部分之间进行利益博弈的本质：判断政府鼓励哪些臣民进入市场，而哪些臣民被剥夺了这个至关重要的自由；谁有权在市场使用钱币，谁被否定了这一权利。

我们在探索各种吉塔尔币的成长、发展和谱系关系时会提出多个假设。这些假设有的是依据钱币本身，有的是依据现有的、流传下来的文学资料形成的。有的假设也会基于政府为什么会采用或创造某种币制或币制组合，以及在某个特定情况下，假想他们将如何根据面临的问题对其进行调整。这些假想并非源于具体的科学，而是源于观察古今政治家在试图形成适应自己政策的流通钱币时所采取的现实判断。读者应根据常识，或通过观察钱币系统 2500 年来在欧洲、波斯、印度、中国四大文明及周边文明的发展来判断这些假设的有效性。如果我能向读者推荐其他更简洁、有序的读本，当然更好。但是这种读本并不存在。的确，有人会提出：某些已消亡的王朝曾被一些强大的政治势力所影响，致使他们选择区域性而非全国通用的币制系统；

---

① Bosworth C. E., The Ghaznavids, Edinburgh, 1963, p. 55.

这种现象至今仍会影响历史学家和钱币学家,致使他们对政治经济产生了十分片面而不全面的认识。这种失之偏颇的想法会把我们带入危险的深水区。在围绕吉塔尔币的探索旅程中,我们不会对王朝内部的币制通行区域展开深入研究。

第二章　沙希王朝及同时代的穆斯林王国

沙希王朝（Shahis），或者说以喀布尔和俄欣德（Ohind）①为首都的沙希人留给世间最重要的东西就是他们的钱币了。这些钱币是第一批印有瘤牛—骑像图案的钱币，之后这种图案无处不在，钱币实物至今都很常见。在两个多世纪里，这些钱币在品质没有下降、重量固定的情况下发行量数以亿计。

我们对沙希王朝所知甚少，仅有的一点信息来自其同时代的穆斯林王国的记录，以及公元1030年前后阿伯鲁尼（Alberuni）②收集的一些故事。阿伯鲁尼抱怨古印度人不注意事物的历史顺序。虽然对此颇有歉意，但他仍向读者

---

① 俄欣德，亦译作奥欣德，或称温德（Und），曾称乌达班达普拉（Udabhandapura），在今巴基斯坦境内白沙瓦与伊斯兰堡之间拉瓦尔品第的温德村，位于印度河与喀布尔河交汇处东北方向，为古代印度河重要渡口，曾是中亚、波斯诸国进入中印度必经之地和重要商业中心。许多学者根据史料考证认为亚历山大东征和玄奘取经均在此渡河。——译者注

② Alberuni, Kitab-ul-Hind, trans. Sachau E. C., London, 1888, Vol. II, p. 11 -14.

们展示了他所能收集到为数不多的传统故事。这些传统故事以《古印度的突厥人》为题，涵盖了在他之前1000年左右所有喀布尔统治者，并暗示他们已经统治喀布尔长达60代人。这些君王中有一位卓越的统治者被称为卡尼克(Kanik)，他在白卢沙瓦(Purushavar)建起了一座佛寺。最后一位统治者被称为拉格特曼(Lagarturman)。这些君王的世系记录显然始于大贵霜王朝(Great Kushans)，他们在略早于"60代人"的时候进入这个地区。卡尼克也许就是我们所说的"卡尼什卡"(Kanishka)，而拉格特曼[或称"卡托曼"(Katorman)]则可能是喀布尔小统治者中的最后一位。这些小统治者们都号称要真正地(可能只是假装)脱离贵霜。阿伯鲁尼称拉格特曼举止粗鄙、行为不端，最后被婆罗门(Brahman)首领卡拉尔(Kallar)篡位。[①] 而卡拉尔建立的王朝历经了七位统治者，分别是萨曼塔(Samanta)、卡马路卡(Kamalu)、比马(Bhima)、贾雅帕拉(Jaipala)、阿兰达帕拉(Anandapala)、特里罗章帕拉(Tarojanapala，公元1021年被杀)、比马帕拉(Bhimapala，公元1026年被杀)。阿伯鲁尼称卡拉尔因意外发现隐秘财富而获得很大的影响和权力，是个幸运儿。他还引用了阿兰达帕拉给伽兹尼王朝马哈茂德的信，赞扬了整个婆罗门王朝，称他们不懈追求善良和正义，是有崇高情感和伟大担当的人。

沙希币似乎有两种主要的币值：一种是含银70%，大部分重约3.3克的银币；另一种是重2~3克的铜币。所有银币和早期铜币都有瘤牛—骑像图案，晚期铜币上有狮子和大象图案。大多数银币的瘤牛图案上方都有那伽里文[②][Nagari，或萨拉达文(Sarada)]"室利·斯帕

① 显然，沙希王朝是伊斯兰王国环伺下的印度教王国。——译者注

② 那伽里文，是公元7世纪在印度中部产生的一种梵文书写字体(亦称城体)。萨拉达文，也是一种梵文字体(亦称巴米扬体)。——译者注

拉帕提·提婆”(Sri Spalapati Deva[1])(图例1至8[2]),或“室利·萨曼塔·提婆(Sri Samanta Deva)(14至21)。带“斯帕拉帕提”字样的显然是最早发行的钱币,一些早期钱币背面的骑像图案前方为草体希腊—巴克特里亚(Bactrian)[3]文字的佚名王号(1至3)。后期发行的斯帕拉帕提银币上相同或类似的文字改为讹写婆罗米文(Brahmi),再往后,币面上的文字演化为生搬硬套的、明显无意义的文字。斯帕拉帕提翻译为“军队统领”,萨曼塔翻译为“封建领主”,这两个似乎都不是人名。阿伯鲁尼很可能被王号或钱币本身所误导,将上述两者作为统治者的名号。

2

14

在阿拉伯历史学家看来,沙希王朝曾在多个战场上遭遇穆斯林军队。他们最大的败仗是在约公元870年败给锡斯坦(Sistan)的穆斯林统治者,暂时丢失了如今作为阿富汗首都的喀布尔;又在约公元988年败给萨曼王朝[4](Samandis)并永远失去了喀布尔。沙希王朝在约公

① “Sri”或“Shri”一词源自梵文的前缀词,在古代印度大意为“圣”,后世词意略有转变,在人名前作为尊称常译为“先生”“女士”。该词译法较多,有“室利”“斯里”“师里”等。一般而言,涉及古代印度意项译作“室利”较多,涉及近现代意项译作“斯里”较多。本书译作“室利”,在下文中多有出现。此处翻译得到李铁生老师指点,特致谢。——译者注

② 本书在文字中标明了对应的图例,为避免繁复,本书以下部分仅标注图例序号。——译者注

③ 巴克特里亚(约公元前256～公元前145年),是希腊殖民者在中亚(今帕米尔以西的阿富汗一带)建立的奴隶制国家,首都为巴克特拉(今阿富汗巴尔赫)。——译者注

④ 萨曼王朝(公元874～999年)是波斯人建立的波斯—伊斯兰王朝,领土以今乌兹别克斯坦为核心,最大时包括今土库曼斯坦、塔吉克斯坦、阿富汗、哈萨克斯坦南部及伊朗大部。——译者注

元870年迁都俄欣德，但又在约公元1001年败给伽兹尼王朝马哈茂德，最后的首都南达那(Nandana)[①]也于1014年被马哈茂德攻陷。现在，我们发现斯帕拉帕提币打制较早，多见于阿富汗，而萨曼塔币较晚，普遍见于现代的巴基斯坦。大多数评论者总结：来自西部地区的斯帕拉帕提币，以及来自兴都库什(Hindu Kush)地区东部的萨曼塔币都是无王号币(币面没有统治者名称)。

虽然阿伯鲁尼呈现的"历史"也不尽如人意，但正如他自己所写道的：哪个学者能像我一样有这么好的机会研究这些东西呢？这是一个严肃学者在11世纪所能提供的最好作品。20世纪的历史学家们没有资格画蛇添足，钱币学者们有义务对这些材料的内涵进行最好的解读。因此，我在此将努力根据阿伯鲁尼的材料对沙希王朝钱币进行基本的假设性阐述。

Kings of Zabul
Gobl 117-8
札布尔王
Gobl 117－8

正如欧洲和中国一样，古印度在古典时代末期出现了钱币使用的中止。也正如欧洲和中国一样，随着少量货币遵循古代传统进入流通领域，货币经济迈着迟疑的步伐回归，钱币史上的黑暗时代终告结束。此后，便出现了打造量和流通量更大的、新的、更自信的中世纪类型币。在古印度—波斯地区最早的"迟疑期"货币中，我们找到了所谓的札布尔王(King of Zabul)发行币。这些钱币十分稀有，正面为骑像图，周围环绕草体巴克特里亚文；背面有两种变体，一种是左为马、右为羊，共举太阳柱(参考资料 Gobl 105－6[②])；另一种是萨珊王朝风格的火祭坛(Gobl 117－8)。这两种币都含银，重量为3.5

① 南达那位于今巴基斯坦东北部，伊斯兰堡西南方向。——译者注

② 本书在文中标注了参考资料引用图例序号，并使用了缩写(如 Gobl、MN、D、A 等)，方便读者查证。为避免繁复，本书以下部分仅标注缩写与引用图例序号。具体缩写参见本书"参考资料"部分。——译者注

克至3.8克。

自古以来,阿富汗就以马和马术闻名于世,并因西方亚历山大大帝战马(Bucephalus)的故事和中国"巴克特里亚汗血宝马"的传说被奉上神坛。在基督时代的约2个世纪(巴克特里亚统治时期),骑像图案都是印度—塞克(Indo-Scythians)王朝后期及印度—帕提亚(Indo-Parthians)王朝在该地发行币正面的统一图案。骑像图成了古代阿富汗国王的标准形象。札布尔王在中世纪早期回归了这一传统。他们的币重标准很可能是萨珊(Sasanians)德拉克马,[①]即4.2克,在实际打制中分毫不差。这些札布尔币可能是由阿伯鲁尼所说的拉格特曼或其同时代人所发行。无论如何,将第一批瘤牛—骑像图案与卡拉尔的婆罗门王朝联系起来是大有可能的,主要有以下三个原因。

第一,使用瘤牛对应货币另一面的骑像图。瘤牛一直以来是印度婆罗门宗教的基本象征。我们可以在诃利鸡罗国(Harikela,公元630~1000年)大致同时代发行的古印度纹章(MN 500+),以及尼泊尔李查维王朝(Lichhavi,公元576~750年)铜币(MN 201+)中找到几乎相同的瘤牛卧像图案。很容易想象用它来代表新创的印度卡拉尔婆罗门王朝。

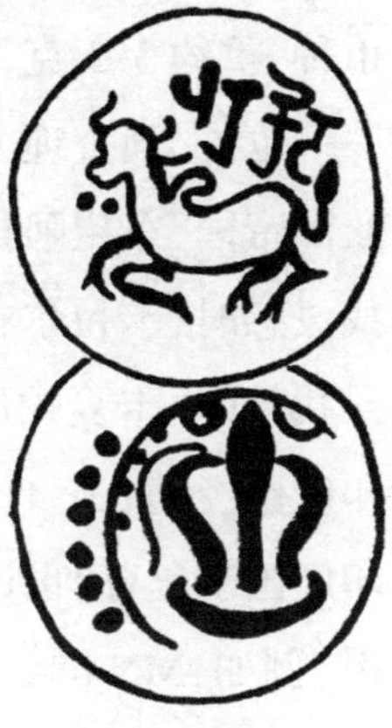

Harikela
MN 500+

诃利鸡罗国
MN500+

第二,新币的发行增长速度惊人,毫无疑问,这些新币都来自阿富汗广袤山区的新开银矿。随着新矿区的发现,阿伯鲁尼所说的卡拉尔意外发现隐秘财富的传说就自然出现了。

第三,新币的标准重量是什么呢?最早的稀有发行币(1、2)似乎是按波斯重量标准,重4.3克。但是,很快重量变为3.3克(3至7及

① 德拉克马,是古希腊货币重量单位,约为4.37克。随着亚历山大大帝东征以及随后在西亚、中亚建立的一系列希腊王朝,德拉克马作为货币单位在各地通行,但实际重量随时间发生了变化。——译者注

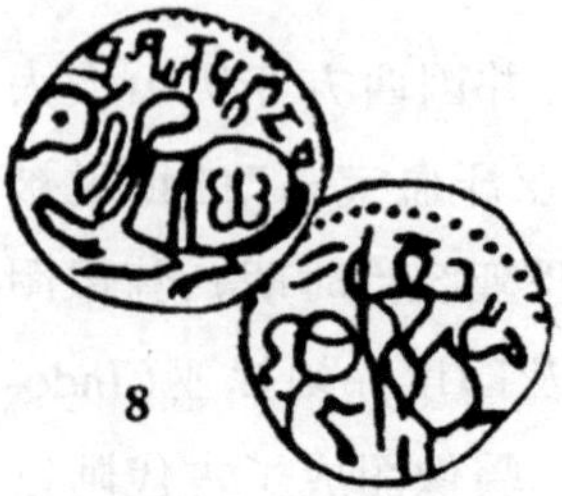

8

其后)。大约这个时期增加了一种币类,即铜币(8)。大多数学者认为这些变化发生的时间在公元 750 ~ 800 年。当时阿富汗以西的主要货币是哈里发(Caliphate)的第尔汗①(dirhem),它以 2.9 克标准打制,不可能是新币的确切货币模板。卡拉尔及其后世诸王都是婆罗门,因此他们可能往东看。但他们看到了什么呢?东边是北印度,1000 多年来没有发行过重要的印度银币。距离最近的王朝发行银币还是 1000 多年前——由印度历史上最伟大的君主旃陀罗笈多和阿育王(Ashoka)发行的孔雀王朝卡夏帕那(Mauryas Karshapana)银币。他们似乎发行了一套双金属货币,包括银币和铜币。银币为主要币种,重约 3.3 克,与沙希王朝币系十分相似。

也许,当查理大帝(Charlemagne)和奥法国王(Offa)②回望大罗马欧洲帝国,东望阿拉伯帝国,为新的"便士"(denarius,古罗马钱币)寻找灵感时,卡拉尔在同时回望伟大的印度孔雀王朝,西望阿拉伯帝国,寻找新的"卡夏帕那"。无可辩驳的是,关于卡夏帕那的记忆在当时的印度已经消亡。4 个世纪后,打制戳印技术被当时古印度中部的几位印度国王复苏,也许他们也在同一传统的不同方向上寻找自己的新货币(例如,MN 634 +)。以上是我们关于吉塔尔的诞生及其与统治者卡拉尔之间关系的阐述。不可否认,也无须讳言,它只是种推测,不能

① 英文"dirhem"也音译为"迪拉姆"。在钱币学界,一般将古希腊德拉克马重量标准的"dirhem"按照拉丁语发音译为"迪拉姆",将阿拉伯重量标准的"dirhem"按照阿拉伯语发音译为"第尔汗"或"迪尔汗"。此处翻译得到石俊志老师、刘文科老师指点,特致谢。——译者注

② 奥法是 8 世纪(几乎与卡拉尔同时期)英格兰七国时代的麦西亚王国国王。奥法国王与同时期的法兰克王国查理曼国王(后来的查理大帝)达成贸易协议,模仿千年之前的古罗马便士打造新便士,并允许其在两国疆域内流通。有趣的是,奥法国王发行的、刻有其姓名的一种金币币面上,刻有阿拉伯文伊斯兰教铭文,这与奥法国王的基督教信仰大为矛盾。一种常见说法是,奥法国王仿照阿拉伯钱币打制金币,误将阿拉伯文伊斯兰教铭文当成某种花纹并予以保留,这种情况在中后期吉塔尔币上亦有出现。——译者注

被证实或证伪。毫无疑问,它会让一些人不快,但或许也会吸引另一些人。我将选择留给读者。

Offa penny

奥法便士

Ancient Indian karshapana

古印度卡夏帕那

除萨曼塔·提婆和斯帕拉帕提·提婆沙希吉塔尔币外,还有另外两种重要银币。其中一种是带有“室利·库达拉雅卡”(Sri Khudarayaka)币文的银币。它可能是锡斯坦苏丹莱斯(Yaqub ibn Laith)在约公元870年攻陷沙希王朝首都后在喀布尔任命的总督的名字。支撑上述猜测的证据有:该种银币其中一种类型的背面有简短的阿拉伯文币文,以及该种银币重量标准降低至约2.9克这一第尔汗标准,麦道尔(MacDowall)[①]收集的数据似乎也可作为佐证。库达拉雅卡银质吉塔尔有两种类型(22、23),它们量少但不稀有,而库达拉雅卡铜币(24)极为罕见。

23

24

另一种重要银币上面带有比马(Bhima)的名字。很可能是阿伯鲁尼所说的9世纪50年代在位的同名君主。虽然关于这位统治者的

① MacDowall D. W. , The Shahis of Kabul and Gandhara, Numismatic Chronicle, 1968, p. 190 -228.

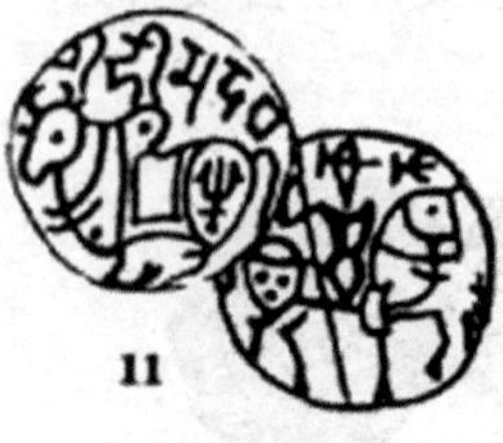

11

资料有很多,但是以他命名的钱币(11、12)十分稀有。还有一种年代较晚的钱币(31)也很稀有,其钱币骑像面①也载有比马的名字,但这可能指的是最后一位沙希王朝君主比马帕拉(公元 1021 ~1026 年)。“比马”币的铜币中还出现了两种主要的变体:“室利 · 瓦卡”(Sri Vakka)(9、10)和“室利 · 鸠摩罗”(Sri Kumara)(13),前者很常见,后者却非常稀有。这两种变体都缺乏有依据的推测发行者。

上述两种主要银币类型有许多变体。本书图录对于靠线条图案就能很好区分的钱币来说帮助有限。我们更重视钱币背面骑像头部周围纵向排列的各类文字,并以此作为分类依据。如果能对这些文字予以解读,很可能发现它指向了发行此币的统治者的姓名。在同一钱币类型下,我们将币面上其他位置带有其他文字的钱币归入变体,可在本书变型图录中进行查询。

除沙希币外,一小部分与之相关的稀有币也值得一提。英国国家图书馆收藏了一枚显然为中世纪阿富汗制造的铜币,它如其他地区钱币一样非常符合沙希币特征(21e1)。虽然上面文字的不完整令人遗憾,但背面的“乌贾因符号”(Ujjain symbol)原型明显来自古印度,如果能找到更好的存世实物将会很有意思。一种名为第达(Didda)的稀有银币(21e2)是克什米尔模仿沙希吉塔尔失败的例证。而非常稀有的穆瓦法克(al-Muwaffaq)银币似乎是锡斯坦在公元 870 年占领喀布尔后由喀布尔造币厂发行的。最令人感兴趣的是,该币并非以哈里发命名,而是以其兄弟命名。在该地其他地方,我们还发现了其他用以彰显君主地位之下的某个人物的铜币。乔汉(Chauhan)王朝②阿查耶 · 提婆(Ajaya Deva)在发行以自己名字命名的银币时,以其皇后之

① 感谢蒂凡德拉 · 汉达(Devendra Handa)博士对币面的(通信)试读。

② 乔汉王朝,是 7 世纪初至 12 世纪末的古印度王朝,后为古尔王朝穆斯林所灭。——译者注

名打制了相应的铜币(38)。以上两个例子暗示这种制币方式曾被广泛使用。或许它能为我们解决瓦卡币的归属问题指明方向。

21e1

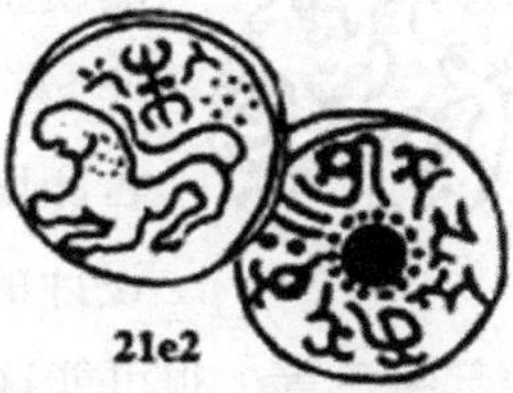

21e2

26

本章倒数第二个要介绍的是穆卡塔德(al-Muqtadir)稀有银币类型(26)。该币外表看上去似乎并不是由喀布尔造币厂制作的,但整体风格似乎与成熟的斯帕拉帕提币同时期。沃尔克(Walker)在此点上对赞布尔(Zambur)进行了纠正。[①] 这也有力地印证了上述关于艾尔・穆卡塔德即位哈里发以来(公元908~932年)的年代推测。这种币的制币模具仍有实物留存,但是存世量十分稀少。似乎锡斯坦在制作该币时已经失去了喀布尔及其造币厂,沙希王朝已经重新夺回了它。也许这些钱币是由臣服于锡斯坦的其他伊斯兰国家发行,甚或这些钱币是在锡斯坦撤退后,由一些勇于反抗的穆斯林武士建立的昙花一现的国家所发行。沃尔克赞同另一种解释,即这些银币是由遥远的巴格达(Baghdad)制造的。的确,这些币很有可能仅是某种纹章或展示币,由已衰微的巴格达哈里发出于某种已被遗忘的政治目的而发行。据报道,该币有金制版。而金制版的存在,则为该币出自巴格达政治方面而非阿富汗经济方面的解读提供了依据。普尔・莱恩(Lane Poole)提到了另一个以穆提里拉(al-Muti'lillah,公元946~974年)命名的钱币(纹章)。但即使这枚币确实存在,它也已经在超过一个世纪的时间里未被学术界提起了(详情见上述沃尔克著作)。

---

① Walker W., Islamic Coins with Hindu Types, NC, (circa 1948) p. 121 –128.

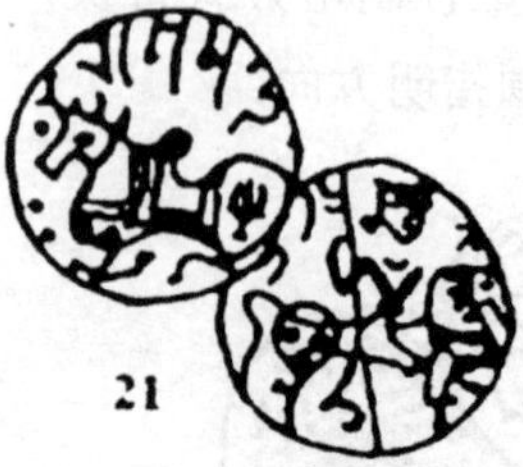

21

最后一种要介绍的是佚名萨曼塔·提婆币(21)。它量少但不稀有,兼有高品质和低品质金属版本。佚名萨曼塔·提婆币似乎并非"官方"沙希造币厂出品。在后沙希时代,古印度制造的萨曼塔·提婆币逐渐夸大钱币设计的抽象部分,而该币反其道而行之,如恢复骑像面部特色等。很可能这是面向西北地区独立制作的吉塔尔币。在这一时期末期,一些精力充沛的商人带着少量的吉塔尔币远赴现属波兰甚至爱沙尼亚等国的地区,将沙希币、阿拉伯币和盎格鲁-萨克森币混在一起,创造不同寻常的金银宝库。如果该币仅是在沙希国土北部被广泛使用,那么它也很有可能被后世复制。因为综观该地适合复制的钱币,沙希币是第一选择。

第三章　沙希晚期和后沙希时代的佚名币

继阿富汗和犍陀罗人①发行引人注目的吉塔尔银币后，古印度发行的一系列佚名吉塔尔币材质不断变差，形制也越来越粗陋短小，但保留了萨曼塔·提婆币的币型和币文。佚名萨曼塔·提婆币的打制者尚未可知。最早的一批可能在沙希王朝末期，由一个或多个即将被摧毁的王朝据点打制。随后，旁遮普大部被伽兹尼王朝吞并，并在一段时期内处于马苏德(Mus'ud，公元1031～1041年)统治之下。伽兹尼王朝开始发行瘤牛—骑像吉塔尔币，正面有"萨曼塔·提婆"字样，背面马的上方有苏丹名字(89)。因此，佚名吉塔尔贬值币很可能是在伽兹尼王朝初创期之前(在南达那或拉合尔②)打制的。约公元1120年德里土王开始发行瘤牛—骑像吉塔尔，土王名"萨拉卡斯夏那"

① 犍陀罗指今阿富汗东部、巴基斯坦东北部地区。——译者注

② 拉合尔(Lahore)位于今巴基斯坦东北部。——译者注

(Sallakshana)位于马的上方,前述佚名币很有可能于萨拉卡斯夏那之前在德里打造。风格更抽象、币材贬值程度更高的佚名币也有存世,但显然不是以上统治者打造的,而是在更晚的时期打造的。总体来说,数量庞大、材质贬值程度各异的萨曼塔佚名币以32、33、34三种类型打造,但具体是谁分别打造了这三种币无从知晓。

32

33

34

麦道尔对16种沙希银币和5种贬值币进行了光谱分析,[①]发现这些币可分为两种类别,即含银量70%的币和含银量25%的币,中间似乎没有过渡性的含银量。这个发现非常重要,但后续的研究较为缺乏。这种含银量变化不符合古典时代、中世纪乃至现代货币体系常见的“通货膨胀”性渐进式贬值现象。因此这些贬值币可以这样解读:针对或者按照当时业已存在的古印度银币标准,对吉塔尔币的重新估值,是吉塔尔币对印度环境的一种适应。这种可能性将在下文详述(见第二十四章)。

后沙希时代佚名萨曼塔·提婆币材较为丰富,从含银量25%的合金到无银铜币都有。它们作为一个整体似乎代表了一种随时间不断贬值的币制。不同于阿富汗·沙希币制,这些贬值吉塔尔在发行时未有任何相应铜辅币同时发行的迹象。德里土王和早期伽兹尼王朝印度行省发行吉塔尔币时也未见这种相应的铜辅币。

---

① MacDowall D. W., The Shahis of Kabul and Gandhara, Numismatic Chronicle, 1968, p. 190-228.

第四章　古印度小王朝(公元1000～1200年)

本书图录对古印度小王朝时期在古印度打造的印度吉塔尔币,进行了简洁的分类。

以卡哈·提婆(Kalha Deva)命名的稀有钱币(36)似乎来自旁遮普,①在制作上与常见的佚名币型33类似。显然,历史学家们对这位君主一无所知。

36

正面为骑像、币文为那伽里文字"室利·索米利哈"(Sri Somelekha)的常见铜币以阿查耶·提婆王后的名义发行(38)。阿查耶·提婆为萨卡姆哈利(Sakambhari)和阿杰梅尔(Ajmer)地区的乔汉王朝君主。他同时以自

38

① 旁遮普位于今巴基斯坦东北部和印度西北部,其核心地带大致为伊斯兰堡、拉合尔和木尔坦之间的三角区域。——译者注

己的名义发行了印度财富女神(Lakshmi)型银币,即一种典型的古吉拉特(Gujarat)加底亚(gadhaiya)型钱币。这种与吉塔尔币币型大为不同的银币,却遵循了银币和铜币同时发行的吉塔尔币制。尽管铜币币面采用骑像图并非完全偶然,但选择这种吉塔尔特征明显的图像的动机仍待研究。在前面的章节中我们已知,印度吉塔尔币并未遵循沙希模式发行铜辅币。因此,当我们看到沙希的印度邻国在打制钱币时遵循了沙希模式,不禁倍感困惑。

另外两种铜币似乎与索米利哈币类似:在与吉塔尔无关的本地钱币体系中施行辅币制。其中一种为币型37,仅见于大英博物馆两枚品相不佳的实物币。推测币文为"伽伽那 · 帕沙"(Gagana Patha)。[1] 另一种似乎见于剑桥大学菲茨威廉博物馆所藏的单枚实物币。托马斯(Thomas)将其记录为以"马希 · 帕拉"(Mahipala)命名的骑像币。据观察,该币似乎是粗制财富女神币的代表,我们将其作为图录的补充收录在此,币型为40e1。

37　　40e1

此外,有一种大为不同的钱币,似乎是与马希 · 帕拉同名的不同君主(39)发行且明显是瘤牛—骑像吉塔尔币的变体。这种币很常见,但是发行者身份、发行日期及造币厂未知。最值得注意的变体是一种稀有而非常低质的钱币(39.4),币材似乎为纯铜,币型设计无序而抽象。更引人注目的是,它的币坯形状似乎是中部凸起的"铁饼"形。在古印度北部,这种币坯不为人知。但是在古印度南部,大量发行的朱罗王朝(Chola)"罗阇一世"(Rajaraja)铜币正是以此为特征。在我看来,这种吉塔尔变体币的币坯设计正是受到了罗阇一世币的影响。有

① 再次感谢汉达博士在此处提供的协助。

没有可能在印度中部的某个地方，一些大胆的造币者受印度最北边萨曼塔币、最南边罗阇一世币的影响，刻意构造出这种嵌合币型？由于此币的准确出土地点似乎还未见报道，因此这一猜测仍无从证实。

39

39.4

41

对于另一种以艾姆瑞塔(Amrita)(41)命名的钱币，我们就有把握得多。它类似于 13 世纪早期(187+)德里苏丹打制的系列钱币。从流传下来的萨库拉·费卢①著作中，我们得知它为布达翁②(Budaon)造币厂出品。虽然我们无从知晓艾姆瑞塔是谁，但我们知道，在古尔王朝(Ghorids)入侵前，他统治布达翁，在古尔王朝入侵后，他所建立的造币厂也落入古尔王朝之手。

① Thakkura Pheru, Dravya Pariksha, Indian Numismatic Chronicle, Vol. Ⅶ, pts Ⅰ－Ⅱ, 1969, p. 100－114.

② 布达翁位于今印度北方邦德里东偏南。——译者注

第五章　德里土王

12 世纪,有两个造币厂主导了古印度吉塔尔货币:位于拉合尔的伽兹尼王朝造币厂和位于德里的托马拉人(Tomaras)造币厂。它们代表了中世纪印度境内穆斯林政府和印度教政府的两种截然不同的货币操控方式。伽兹尼王朝作为殖民势力,随时间推移对各行省货币大幅贬值,直至其代表性货币成为"黑色"合金。德里土王货币则截然相反。德里历经九位土王,在约 70 年时间内制造了大量货币。这九位土王出自两个王朝:先是托马拉王朝,后是乔汉王朝。这期间货币的币重、币材和币型都保持稳定不变。

这些统一发行的德里土王币系(42 至 52)发行量大、使用范围广,使德里货币德里瓦尔(delhiwal)成为古印度北部最重要的货币之一。感谢戴耶尔(Dayell)[①]辨识出这些货币为德里的同一造币厂统一出品。在此,本书仅概

---

① Deyell J. S., Living Without Silver, Delhi, 1990, chapter 11.

述其推测的年代表。这些钱币似乎重 3.4 克，含银量为 18%，足以使钱币在发行和流通时具有光亮、银色的外观。综观整个时期，币文“室利·萨曼塔·提婆”始终位于瘤牛上方。但在后期，新币文在包含原有币文的前提下，变得更长、更个性化。骑像上方币文及统治者姓名是判断某个实物币归属的重要特征。本书图录的使用者须知例示的实物币比常见币更完整。通常，币坯上的骑像上方仅出现一两个纵向排列的统治者姓名字母。但在实际操作中，凭此足以对统治者归属作出判断。在这个币系中，按照惯例在设计时增加控制标记的做法变得更加规范化，最常见的形式是在瘤牛鞍布［或称“久拉”（jhula）］上增加数字。控制标记大体以数字的形式出现。大约同时期，伽兹尼王朝拉合尔造币厂发行的钱币上也出现类似标记。相关变体在币型图录中略去，但在整体清单中收录。类似标记还出现在穆斯林君主伊杜米思①（Iltutmish）发行的后期德里钱币中，其中一些以萨卡历②纪年形式出现。德里土王钱币上的标记可能并非每年变化，因为并没有足够的标记支撑这一观点，但它确实体现了造币厂标记的某种阶段性变化。

① 伊杜米思（公元 1211～1236 年在位）为德里苏丹国奴隶王朝第三位君主，详见第十四章。——译者注

② 古印度存在两种主流纪年法，在本书前后文均有提及。一是以公元 78 年为元年的萨卡历纪年（Shaka Samvat，Saka Samvat 或 ss），主要在古印度南部使用；二是以公元前 57 年为元年的维克拉姆历纪年（Vikram Samvat 或 vs），主要在古印度北部使用。——译者注

53

其他一些古印度后期吉塔尔(53 至 55)劣质币,以及佚名或未归类钱币都收录在德里系列的最后部分。这些钱币似乎是在德里土王之后的时期于印度北部发行。其中包括相当常见且低质的马达纳(Madana)币。这些币的发行情况尚未可知。

第六章　纳瓦尔土王

中世纪纳瓦尔[①](Narwar)钱币制造始于马拉雅·瓦尔玛(Malaya Varma)(56)。钱币上记载的发行日期成了研究这位纳瓦尔君主年代的基本资料。最早的马拉雅币发行于公元1223年。这与该币的币型十分吻合:正面为抽象的布达翁风格骑像,背面为币文。该风格首见于伊杜米思(公元1211～1236年在位)苏丹统治时期布达翁的一种设计(382、383、384)。马拉雅之后,这个贾贾佩拉(Jajapella)的拉其普特人(Rajputs)王朝至少有四任君主打制纳瓦尔币。其币重与同时期德里苏丹皇家发行币的币重大致相同,并随时间推移而贬值。德里苏丹穆罕默德沙(Ala-ud-din Muhammed)统治期间,纳瓦尔可能失去了独立发行钱币的权利,纳瓦尔币停止发行。印度钱币文献[②]曾对纳瓦尔币的众多日期变体进行阐述,但在此未能收

---

① 纳瓦尔土王统治区域为今印度北部新德里以南地区。——译者注

② Roy P. C., The coinage of Northern India, p. 135－140(载有相当有用的表单).

录，非常遗憾。

56

384

第七章　坎格拉土王

中世纪,坎格拉[①](Kangra)发行的类似吉塔尔的古印度币与众不同,是非同凡响的币系。下文将对德里苏丹早期造币厂及同时期其他造币厂钱币的币型予以阐述,也是对坎格拉币型演化史的详尽阐释。关于中世纪印度—波斯信用币[②](fiduciary coins)使用的讨论也将在下文展开,这或许有助于找到该币使用相对低价值金属(铜)的原因。至于为什么坎格拉被称为第一个打制钱币的土邦,原因可追溯至早期苏丹统治时期在印度开展的马匹交易。后文将提出坎格拉币于13世纪早期首次作为信用货币打制和使用的观点,所有相关问题将在后文探讨,详见第十五章。

---

① 坎格拉土王统治区域中心为今印度北部喜马偕尔邦坎格拉县,位于喜马拉雅山南麓。——译者注

② 信用币,即面值高于材质价值和制造费用之和的钱币,不足值部分往往代表发行方的信用。此概念在下文将反复出现,望读者注意。——译者注

坎格拉·卡帕·章德拉

钱币 81 是最后一批未归类的古印度币。由于它与早期的坎格拉币最为相似,故归在此处。

第八章　伽兹尼王朝

伽兹尼王朝[①](Ghaznavids)的钱币历史比上述邦国复杂得多。伽兹尼王朝钱币发行始于苏布克特勤[②](Sebuktegin)。他原为突厥奴隶,后成为萨曼王朝在伽兹尼的总督。公元988～989年,萨曼王朝从沙希王朝手中夺取喀布尔之后,苏布克特勤在东阿富汗发行的钱币都在喀布尔附近的法尔万(Farwan)造币厂打制。一个多世纪以前,托马斯[③]准确地观察到这些法尔万币虽然有着非具象[④]的穆斯林设计,但是制作上更可能传承了吉塔尔币而非向西更远

① 伽兹尼(又称伽色尼)王朝(公元962～1186年)是由中亚突厥人建立的伊斯兰王朝,首都伽兹尼位于今阿富汗东部。极盛时期占据今阿富汗、巴基斯坦与印度北部、伊朗大部以及土库曼斯坦、乌兹别克斯坦部分地区。衰落后西部领土大多被塞尔柱王朝占领,东部领土大多被古尔王朝占领。——译者注

② 又译为萨布克特勤。——译者注

③ Thomas E., On the Coins of the Kings of Ghazna, JRAS, 1848.

④ “非具象”一词译自“iconoclastic”,在本书中意为钱币币面上没有瘤牛、骑像等具象图案,代之以铭文、花纹等非具象图案。“具象”一词反之。“非具象”与“具象”这一对概念在本书中反复出现,望读者注意。——译者注

地区的传统伊斯兰第尔汗。大家习惯按马哈茂德的别称,将这些钱币称为“耶敏努”(yamini)第尔汗。在此,我们将继续沿用这个好用的称呼。马哈茂德(公元998~1030年在位)创立了伽兹尼王朝,并在西方击退了原来的宗主萨曼王朝。他继续在尼沙布尔(Nishapur)和其他稍小的造币厂打制各类伊朗风格的金币、银币和铜币。

Shahi jital

沙希吉塔尔

Sebuktegin
Yamini dirhem

苏布克特勤
耶敏努第尔汗

苏布克特勤发行的非具象法尔万第尔汗币坯直径为18毫米,形状粗短。托马斯由此关联到沙希吉塔尔。虽看似正确,但这一币模形状的改变并不是严格遵循设计的结果。沙希吉塔尔的重量一直合理地控制在3.3克左右,误差很小:麦道尔发现其萨曼塔实物币重量在2.9~3.4克。相较而言,最近对100枚法尔万类型苏布克特勤耶敏努第尔汗币测量后,得出的平均币重为2.9克,但差异很大,从2.0~3.7克均有,且各重量之间没有连贯性。①

这些币重变化多种多样的钱币由喀布尔地区新成立的机构发行,而孕育这一机构的经济力量十分复杂,似乎与中世纪波斯经济的根本变化相关。我尚未在他处找到这个问题的满意解答,故离题片刻,在

① Tye R., & Forrest R., The Metrology of Ghaznavid Silver Coinage, ONS newsletter 136, Spring 1993.

下文稍作评论。

经过公元697年麦利克(al-Malik)①改革之后，倭马亚王朝(Omayyad)第尔汗币重固定在2.9克左右。此后至公元800年，倭马亚王朝和阿拔斯(Abbasid)王朝哈里发大量打制该币重的第尔汗。再之后，银币打制放缓。地区和宗教纷争使王朝衰落、帝国分崩离析。在政治动荡中，王朝原有疆域内经济结构崩塌，钱币制造每况愈下。在阿拔斯王朝后期及灭亡后，一种包含更少银币、没有标准化币制的新伊朗货币体系逐渐形成。艾尔伯姆②对此有重要洞析，他评论道，“在这个体系中……钱币更类似印有图案的锭”。这种观点值得进一步深究。钱币的本质是具有固定价值，而这种固定价值来自其本身所包含的固定重量金属或来自政府法令。钱币是用来“计数”的。社会富裕阶层普遍使用大量贵金属作为货币，这个媒介物叫作贵金属条(bullion)，通常以锭的形式流通。更准确地说，这种由伊斯兰造币厂在10世纪打制的扁圆、带文字的银质物品应该更准确地被叫作锭。没有钱币品质而称其为钱币是一种误导。当然，发行它的政府可能坚称其为钱币。在非学术文章中保持这一叫法也无伤大雅。但在此，我们不能罔顾事实。

Omayyad dirhem

倭马亚王朝第尔汗

对“钱币”与“锭”的区分并非故弄玄虚，而是关系到一批学者坚持研究伊朗9至10世纪被称为“贵金属条短缺”③假说的货币现象。目前，该研究还未得出具有说服力的结论。研究的核心是试图用货币主义观点，结合以下两个条件，以贵金属条短缺假说来解释9至10世

① 阿卜杜勒·麦利克，倭马亚王朝第五任哈里发，在位期间统一阿拉伯文字、货币。——译者注

② Album S., Marsden's Numismata Orientala Illustrata, New York, 1977, p.25.

③ 波斯“银荒”假说首见于 Blake, The circulation of silver in the Moslem East down to the Mongol Epoch, Harvard Journal of Asiatic, 1937。该假说最近于1988年被再次提出，参见 Spufford P., Money and Its Use in Medieval Europe, CUP。

纪整个伊朗封建社会。

第一,表现为封地采邑制[伊克塔(iqta's)]的封建社会于9至10世纪在伊朗发展起来。其出现是由于统治者没有贵金属来打制钱币,苏丹只能凭借封地采邑制才能支付军队开支。

第二,该地区银条普遍短缺,导致皇家国库银条匮乏。

他们由此得出观点:伽兹尼王朝由于独自获得了从印度劫掠的金银,所以避免了银荒和封建制度的形成。

沃森[1]批评了上述典型的货币主义观点,认为其只适用于中世纪晚期的欧洲。通过放眼更广阔的钱币历史和深入研究吉塔尔币,我们找到强有力的证据来支持他这种严肃立场。但如果只是简单、生硬地模仿沃森的结论并照搬到波斯的情境中,有人会得出这样的观点:中世纪伊朗金银普遍短缺并非问题所在。他们会提出:本来是有充足的金银,但是随着哈里发式微,当权的军事贵族图谋停止发行货币,以垄断和积累贵金属资源并占为己有。

有一段关于苏布克特勤时期耶敏努第尔汗诞生的历史阐述,显然很好地支撑了沃森的非货币主义诠释。根据沙班卡伊(Shabankara'i)的叙述,突厥军人占领伽兹尼后迅速强行实施以封地支付军费的制度,至苏布克特勤到来时,该制度已经形成。苏布克特勤了解伊克塔制的固有弊端,对其予以废止。沙班卡伊直接引用苏布克特勤的话:"我感到国家的混乱源于军队封地变成了国家土地……我得在每年年初像分发现金一样将封地分封出去。"[2]显然,在阿富汗,推动伊克塔制度普及的并非白银是否充足,而是军人对土地的贪婪,以及苏布克特勤到来之前,贵族内部拥有土地者对较弱的中央集权的威胁。阿富汗囤积银子的情况的的确确存在,甚至早在印度存银大幅减少之前就已开始。这些银子囤积起来是供苏布克特勤统一调遣至造币厂的。

---

① Watson A. M., Back to Gold and Silver, EHR, 1963, p.1 –34.

② Shabankara'I, 引自 Bosworth, The Ghaznavids, p.125.

这位君主在阿富汗表现得目光长远、能力卓著,牢牢掌握着贵金属资源。沃森表示,造成欧洲中世纪"贵金属短缺"的并非金属本身短缺,而是当时的统治阶级目光短浅、贪婪无度。如果 10 世纪末期阿富汗的情况可作为相关事例,那么苏布克特勤与军官们的矛盾就为这一观点提供了充分的历史证据。它揭示,并非贵金属的短缺导致了封建制度的产生,而是封建制度的产生导致了贵金属的短缺。

如果我们继续探寻"对土地的贪婪导致了中世纪伊朗封建制度的产生"这一问题的本质,就会发现"打击市场经济"在这一过程中发挥了促进作用。摧毁市场可以将农民更紧地束缚在依附经济上,并迫使他们走上农奴(serfdom)的道路。两个不同的钱币方面的现象,为这一观点提供了支撑。第一,缺乏固定重量的"可计数"钱币会阻碍自由市场的形成。第二,一段时间后,自由市场大体会因缺少银币(任何形式)而关闭。第二点是非决定性的,会随着白银供应的减少和垄断而出现。然而第一点是决定性的。关于制造非固定重量的钱币,唯一令人满意的解释是:这种钱币仅供少数精英阶层持有,因为精英阶层本身拥有一套机制可以使用这些钱币而不产生额外问题。非固定币重钱币可迅速用于大额支付。而使用秤进行称量在小型交易中非常麻烦,这让农民市场的运作十分困难,并将农民推向中间商。在贵金属匮乏的体系中,完全没有目的和理由去发行非固定币重钱币。恰恰相反,在这种情况下,要在打造的每公斤贵金属中尽量精确削减币坯制作成本,追求金属价值的最大化。

在苏布克特勤的统治下,阿富汗的上述情形得到初步遏制。币重标准下降,钱币在国家的干预下得到节省,这是一种介于当时波斯和印度之间的做法。阿伯鲁尼[①]在自己的著作中对这点给予了印证。

因此,沙希币和伽兹尼币的币重和币型不同,只有币坯大小和流通数量相关。但这点也足以使本书将伽兹尼币(部分)涵盖在内。尤

---

① Alberuni, Kitab-ul-Hind, trans. Sachau E. C. , London, 1888, p. 198.

其如后文所示,耶敏努第尔汗并非永远脱离了印度吉塔尔,两个世纪之后,它又有了某种程度的回归。

本书币型图录包括苏布克特勤时期的一枚法尔万币型第尔汗银币(82),一枚沙希风格稀有银币(83),以及一枚该时期未分类币(83e1)。本书图录对伽兹尼时期耶敏努第尔汗和阿富汗铜币的处理整体较粗放。耶敏努第尔汗的文字和纹饰类型之多远超本书所能覆盖,因此本书仅为每个君主选取一枚代表性实物币。阿富汗铜币更难收录。我所能接触的主要藏币中,罕有能很好代表伽兹尼铜币的。而我尚未能充分理解该系列,致使我无法根据地区对其进行恰当归类。似乎大部分伽兹尼君主发行的铜币有限,我见过的铜币又甚少标明造币厂,这可能由于阿尔斯兰(Arslan)之前的大部分铜币以波斯(萨曼王朝)传统而非耶敏努传统打造。我不清楚在伽兹尼王朝初期,伽兹尼地区实际发行了什么样的铜币(如有)。我已将见过的一枚伽兹尼王朝铜币收入图录中,并以"e"编号。其他有关伽兹尼铜币的秘密有待他人揭开。

83e1

82

83

86

在伽兹尼王朝最伟大的君主马哈茂德(公元998~1030年在位)的攻势下,沙希王朝最后的防线被击溃。印度北部大部分银库被劫掠,只有旁遮普被作为行省纳入帝国麾下,省会位于拉合尔[赐名马哈茂德布尔(Mahmudpur)]。

公元 1027 年,政府在拉合尔打制了一种耶敏努第尔汗变体,币面同时刻有卡利玛(Kalima)的阿拉伯文和萨拉达文译文(86),试图通过该币将拉合尔和伽兹尼各行省合并为一个统一货币区。但该币并未流通起来,它发行量很小,且很快就被废止了。这项经济改革失败的原因并不清楚:马哈茂德能在战场上蹂躏印度北部土王,但他似乎无法劝服普通印度百姓使用他的货币。

在阿富汗,马哈茂德发行了一系列又大又薄的劣币(86e1)。它们似乎与吉塔尔无关。但是由于这些币牵涉该地的信用货币,而信用货币似乎又影响了吉塔尔币的后期发展(见第二十四章),故该币作为周边币收录在此。

86e1

在一枚马苏德(Mas'ud,公元 1031 ~ 1041 年)统治时期印度行省发行的沙希风格瘤牛—骑像贬值吉塔尔上,我们看到背面马的上方增加了苏丹名字(89)。马苏德继任者马乌杜德(Mawdud,公元 1041 ~ 1050 年)则完全去掉骑像,改为伊斯兰箴言、苏丹名号、造币厂(拉合尔)和日期(93)。同时,耶敏努第尔汗作为首都货币仍在流通。此后,王朝失去了对西部行省的控制,只留下两个吉塔尔相关的货币来主导流通货币:一个在伽兹尼附近,另一个在拉合尔附近。由此,或多或少出于偶然,形成了这样一幅图景:作为王朝首都的伽兹尼发行非具象设计的高价值币,作为行省省会的拉合尔发行具有吉塔尔图像的低价值币。马哈茂德失败的帝国货币统一计划,竟然偶然间成为后继造币者钱币发行的参照模式。它对吉塔尔设计的基本政治语汇产生了影响,而这种影响持续了 3 个世纪,甚至更远。

89

93

易卜拉欣
耶敏努第尔汗

阿卜杜勒·拉希德('Abd al-Rashid,公元1050~1053年)和法鲁克扎德(Farrukhzad,公元1053~1059年)时期发行的钱币并无卓著之处。而后继苏丹易卜拉欣(Ibrahim)时期阿富汗钱币不仅发行量大,而且不循旧矩,甚至将在位时间都考虑在内。虽然还未对钱币品位进行分析,但我们发现这些钱币似乎按多个含银量标准进行打造。最近,对易卜拉欣时期耶敏努第尔汗的某个类型183枚同种钱币的币重进行称量后,得出了令人惊讶的结果。① 这些钱币平均重2.2克,且每枚钱币的重量都非常规范地维持在这一水平。似乎苏布克特勤和伟大的马哈茂德在王朝鼎盛时期都无法实施的改革,却由易卜拉欣在王朝走向衰落时做到了。沙希王朝战败之后,伽兹尼大街上再次流通起虽贬值程度较高但流通量大、币重规范的钱币。关于这段改革时期的涉及范围和持续时间有待进一步研究。但是,如果我们从最近的研究中得出的上述推断是正确的,那么易卜拉欣在位期间应该对王国的经济管理有着浓厚的兴趣。

所幸关于易卜拉欣的历史记录并未因循仅围绕王朝大事的旧例。我们在奥菲(Aufi)的著作中找到了关于苏丹政策方面的叙述。根据有关钱币资料,我们推断它与货币政策相关。在所有伽兹尼王朝苏丹中,易卜拉欣以不偏不倚、智慧仁德、关心民众福祉而著称。奥菲②收集了一系列关于易卜拉欣特别注重减轻普通民众经济负担的轶事,列举了他亲自关心年老寡妇,甚至碎石工等最低贱职业的底层民众所遭受的不公。其中一段记录了他发放公粮以赈饥荒,另一段则阐述他追

① Tye R., & Forrest R., The Metrology of Ghaznavid Silver Coinage, ONS newsletter 136, Spring.

② Bosworth C. E., The Later Ghaznavids, Edinburgh, 1977, p.74.

查到粮荒的根源在于富商囤积居奇后，下令用大象踩死牟取暴利的商人。据说他写了一本名为《达斯特·艾尔·乌则拉》('Dastur al-wurzara)的治国之书，但未见存世。近一个世纪之后，古尔王朝军队攻陷伽兹尼。他们对伽兹尼王朝军队压抑了两个多世纪的怒火喷薄而出，随之进行了长达七天七夜的大肆破坏。在他们"一意孤行和恣意妄为"的行动中，整个城市被焚毁，奸淫、掳掠和屠杀随处可见。古尔王朝苏丹在王宫边狂欢痛饮边指挥着这场破坏。他下令掘开伽兹尼皇室陵墓，拖出苏丹们的尸骸焚烧。但即便这样，他也特别交代不要动马哈茂德苏丹和易卜拉欣苏丹的陵墓。军队接受了这份敬意，两位苏丹的陵墓逃过此劫。

上文我们曾提到，刻意打造非固定币重的钱币只是阻碍钱币正常流通的圈套。在易卜拉欣苏丹的事迹中，我们发现他不仅取缔恶意垄断行为而且下令停止打造非固定币重钱币，这无疑是对上述论断的进一步肯定。

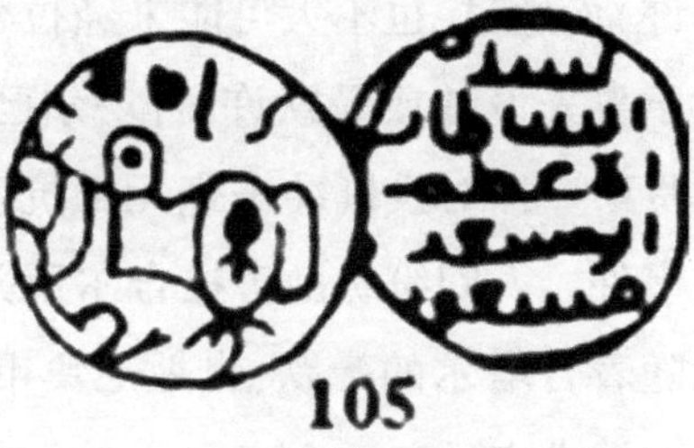

马苏德三世

我们发现马苏德三世发行的钱币质量明显下降，尤其是吉塔尔币，由光亮的贬值银币降至暗黑色合金。在奥菲的著作中我们发现一则与此有关的轶事，阐述如下：

> 马哈茂德即位之后……几位聪明的印度人制订了一项计划。他们带来一种高品位的第尔汗，给它定了合适的价格。一段时间后，这种钱币开始流通……当人们逐渐对这种币的价值习以为常之后，他们开始逐渐降低币的价值标准，而商人们对这个伎俩毫无察觉。他们发现银币有利可图，于是买来银币……又卖了白银购买红铜和黄铜，他们用这个把戏将穆罕默德的财富装进了印度斯坦的口袋。阿拉·乌

> 德·杜拉(Ala-ud-Daula,马苏德三世)登基之后,民怨沸腾,难以平息。他决定采取补救措施,于是向商人们请教平息此事的最佳办法。商人们建议从国库调拨存币永久置换这些贬值币。随后,阿拉·乌德·杜拉发布相应命令,将1亿枚库存第尔汗发放到造币厂,而后发往各地……作为补偿。①

戴耶尔认为,奥菲为了维护君主名誉在此有所粉饰,当然他也没错。对上文最合理的解读似乎如下:马苏德三世在位时期流通着一种严重贬值的吉塔尔(无论该问题为马苏德引发,还是在马苏德时期之前就已经存在,都可通过进一步的金属分析得知该问题的严重程度)。由于贬值,拉合尔吉塔尔的名义价值和金属价值已经分离,且名义价值已经远高于其金属价值。这不大可能未经马苏德批准(至少是默许)而通过,也不大可能未经拉合尔主要商人的察觉而发生。无论出于事先设计或是默许,吉塔尔已经成为一种信用货币,且如所有信用货币一样对投机冲击毫无抵抗。上述引用段落似乎记录了这样一个事件。人们纷纷抛售拉合尔币并买进白银作为现金,货币遭到挤兑。随着吉塔尔的暴跌,伽兹尼集市上流通的所有货币都被抛弃,对白银的渴求充斥着整个帝国。令人难以置信的是,苏丹试图在这件事上撇清自身干系,故而造币厂管理者成了冲突的替罪羊。政府的危机应对策略是坚决支持吉塔尔,通过国库存银尽可能大量买进贬值吉塔尔。根据奥菲的记录,政府为此花费了1亿第尔汗(可能是耶敏努第尔汗或其他相似品位贵金属币)。

这个情景与奥菲的叙述非常吻合,也是任何时期熟悉货币操作的人所常见的。伽兹尼政府的危机反应或许是那个时期典型的政治态度。正如现代历史学家通常描述的,东方君主的独裁统治在一定程度上与商人团体的利益相冲突,但此处苏丹对商人们显示出了顺从的姿

---

① Deyell J. S., Living Without Silver, Delhi, 1990, p. 78.

态。从理论上说,马苏德有几种选择,概述如下。

1. 硬挺,采用前现代社会国家所能运用的军队、劳改营及其他强制措施强制推行吉塔尔,使其成为信用货币。这是强硬派政治家的通常做法,中国古代王莽专政时期正是这样强推法定货币①的。

25 王莽货币

2. 贬值现有货币,取而代之打造新的、具有良好声誉的货币,并将代价转嫁给平民。这实质上是16世纪时期英格兰格雷欣(Gresham)的政策,是一名资深商人的实用方案。英国公众为之承担了40万英镑成本,他们对如此重负并非毫无怨言。该方案给政府带来的经济利好如此之大,而马苏德未用此策,不得不让人怀疑他是否缺乏足够的政治力量来贯彻它。

亨利八世四便士银币

穆罕默德三世

黄铜天罡币

3. 尽国库所能最大限度买入劣币。据说,德里的穆罕默德三世(Muhammad bin Tughluq②,公元1325~1351年)正是采用的这种做法。他在强制发行黄铜信用天罡(tanka)币③后,又不得不将其购回。

---

① 法定货币(fiat currency)或法币,即面值高于材质价值和制造费用之和的货币,虽不足值但被发行方(往往是政府)制定法律强制要求按面值流通。此概念在下文将反复出现,望读者注意。——译者注

② 原文此处的"Muhammad bin Tughluq",与后文中的"Ghiyath-ud-din Muhammad Ⅲ"从在位时间来看应指同一人。——译者注

③ 天罡币来自梵语"NANAKA TANKA",指古印度历史上的一系列钱币,理论重量为11克左右,实际重量略低。——译者注

穆罕默德获得同时代人的赞誉并非因为其信用货币政策(这一政策堪称愚蠢),而是因为他通过独自承担损失这种令人敬佩的方式来结束了这一事件。这实际上似乎也是马苏德选择的方式。在这个事件中,我们发现这一事实:中世纪印度北部政府所享有的经济权利,相较于其他前现代国家更少。同时,它暗示中世纪印度商业团体所享有的相应经济权利大幅增加,且远超你的想象。

经此一事,苏丹已被弱化。显然,他已丧失很大一部分国库存银,而这批资本所代表的经济力量已经落入其臣民之手,可能主要是拉合尔商人之手。可能奥菲夸大了钱币干预的规模,伽兹尼国力并未自此空虚。我们发现,后继巴拉姆(Bahram)统治时期的耶敏努第尔汗币(108)虽又未按固定币重标准打制,但供应量充足,质量尚可。巴拉姆通过王位之争登上宝座,但他向塞尔柱王朝(Seljuqs)苏丹桑贾尔(Sinjar)俯首称臣。当时,所有伽兹尼第尔汗和一种拉合尔吉塔尔币(109)的设计都承认了伟大桑贾尔的至高无上。在巴拉姆统治时期,塞尔柱军队洗劫了这座城市。士兵们吃惊地发现,城市里每座房子的墙壁上都挂着银盘,花园的银制排水管引导溪水四处流淌,还有金银打制的皇帝宝座。这进一步说明,当时无论是君主还是国家手中都有显赫的财富。该时期的拉合尔币数量充足,成色十足。

108

109

伽兹尼王朝的拉合尔标准币型持续发行了一个多世纪,后由库斯鲁·马利克(Khusru Malik)带到了库拉曼(Kuwaman)[①]转变为库拉曼币型。库拉曼币型持续发行了一个世纪,显然在昆都士又发展出另一种币型。

① 库拉曼位于今巴基斯坦西北部与阿富汗交界处,亦称古勒姆。——译者注

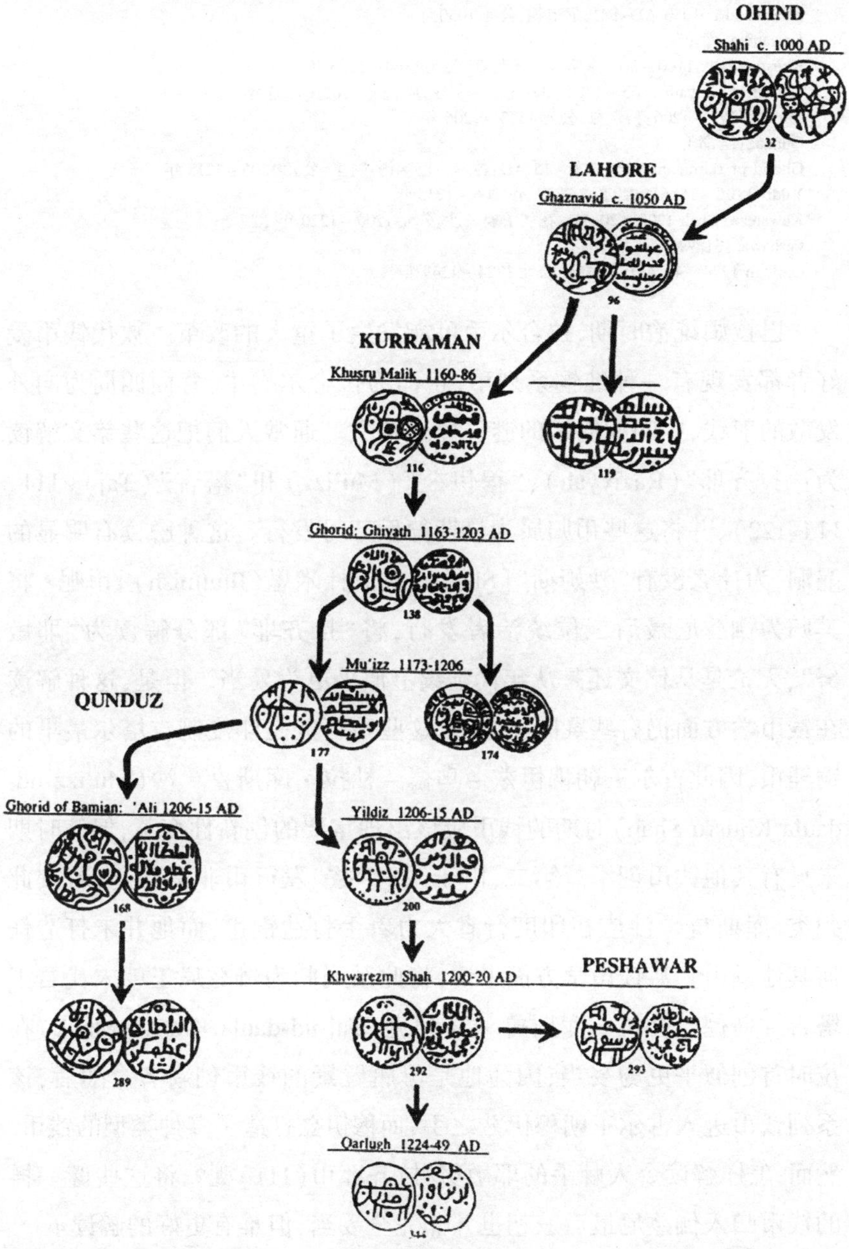

不同币型的发展

Ohind：俄欣德
Shahi：c. 1000 AD：沙希王朝，公元1000年
Lahore：拉合尔

Ghaznavid c. 1050 AD：伽兹尼王朝，公元 1050 年
Kurraman：库拉曼
Khusru Malik 1160 – 86 ：库斯鲁・马利克，公元 1160 ~ 1186 年
Ghorid of Ghiyath 1163 – 1203 AD：古尔 – 基亚斯，公元 1163 ~ 1203 年
Mu'izz 1173 – 1206：穆伊兹，公元 1173 ~ 1206 年
Qunduz：昆都士
Ghorid of Baminan：' Ali 1206 – 15 AD：古尔 – 巴米扬：阿里，公元 1206 ~ 1215 年
Yildiz 1206 – 15 AD：伊尔迪兹，公元 1206 ~ 1215 年
Khwarezm Shah 1200 – 20 AD：花剌子模・沙，公元 1200 ~ 1220 年
Peshawar：白沙瓦
Qarlugh 1224 – 49 AD：葛罗禄，公元 1224 ~ 1249 年

巴拉姆统治时期，拉合尔币可能发生了重大的改革。数代钱币爱好者都发现有一种纯铜系列币，正面为拉合尔瘤牛，背面四周为向外发散的射线，中间为简短的谜一样的铭文。通常人们把这些铭文解读为："拉齐耶"（Raziyyah）、"穆伊兹"（Mu'izz）和"塔吉"（Taj）（111、114、122），并将这些币归属为早期德里苏丹发行。这种解读有明显的漏洞，为什么没有"沙姆斯"［Shams，或伊杜米思（Iltutmish）］币呢？将其归为伽兹尼最后三位统治者发行，将"拉齐耶"部分解读为"耶敏努"，无论是从铭文还是从年代延续上似乎更为妥当。但是，这种解读在钱币学方面仍有些疑问。第一，这些币可能是印度制吉塔尔最早的铜辅币，因此古尔王朝穆伊兹 – 乌德 – 杜拉・库斯鲁・沙（Mu'izz-ud-daula Khusru Shah）时期的钱币应该出现重要的创新性变革，但该时期未见有其他钱币创举。第二，由于"穆伊兹"发行币非常普通，若按此归类，库斯鲁・沙应在印度行省大力着手打造铜币，而他并未打造任何其他铜币。从钱币学方面来说，将此系列归为伽兹尼王朝末代君王塔吉 – 乌德 – 杜拉・库斯鲁・马利克（Taj-ud-daula Khusru Malik）在位时首创似乎更为妥当，因为他是毋庸置疑的钱币创新者。随后，该系列钱币进入古尔王朝穆伊兹之手，而穆伊兹打造了多种类型的钱币。然而，怎样解读令人棘手的耶敏努/拉齐耶币（111）呢？将这些谜一样的钱币归入伽兹尼最后三朝也并非完全妥当，但难有更好的解读了。

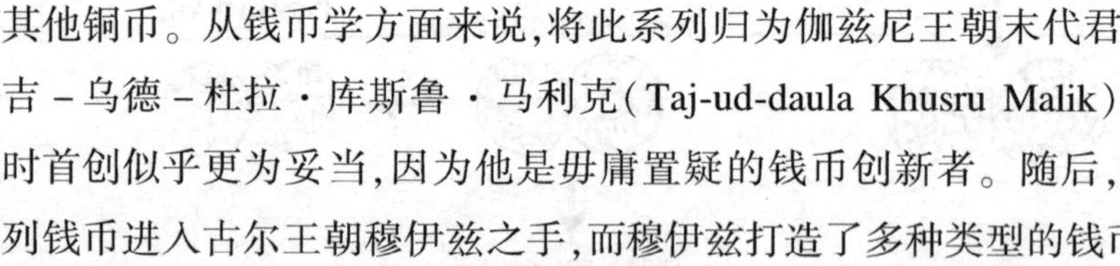

111　　114　　122

伽兹尼王朝最后阶段历史的相关记录稀少而混乱。公元 1150 年,巴拉姆统治末期,古尔王朝给予伽兹尼致命一击。公元 1164 年,最后一位苏丹库斯鲁·马利克继位不久,伽兹尼彻底沦陷,伽兹尼王朝永远失去了这座城市。根据史料记载,库斯鲁·马利克为人温和,将政事托付朝臣处理。我们对他在位时的情况几乎一无所知,而钱币爱好者对他在位时发行的钱币也并未重视。但将他的钱币类型与前代钱币稍作对比,就会发现他在位时有过非常重要的改革。如将吉塔尔币作为一个整体来看,那么这些钱币会揭示他的经济改革给阿富汗和伊朗东部所带来的深远影响。

据知,有八种不同的吉塔尔相关币型为库斯鲁·马利克在位时发行。其中五种某种程度上保留了前代风格。115 似为伽兹尼沦陷前打造的伽兹尼风格第尔汗。117、118 和 119 似为拉合尔打造的拉合尔风格吉塔尔,是东部行省传统的瘤牛/铭文吉塔尔版本。不清楚该币为何有三种变体,或许未来钱币标准学界会对其中的原因稍作探究。库斯鲁·沙发行的拉合尔币数量稀少,以其雕刻风格的变化为标志,瘤牛(113)身上增加了阿拉伯文字"凯尔"(Khair)。或许拉合尔在该代(公元 1252 ~ 1260 年)[①]大部分时期已停止造币,而这些币为王朝末期额外打制。库斯鲁·马利克无疑沿用了 118 类型,119 似为直接沿用 118 相同风格和材质的后续币型。117 则采用了拉合尔风格和前代吉塔尔的材质,政府似乎在此时也恢复了正常(非额外)钱币发行。以上是我能想到的对这三种币型最简单的解释,但相关佐证稀少,我亦对此存疑。122 似为拉合尔铜币,相关币型已在前文巴拉姆相关段落中予以阐述。

① 此处似乎是作者笔误。库斯鲁·马利克在位时间为公元 1160 ~ 1186 年。——译者注

115

117

118

119

113

116

至于创新币型，116 源自传统瘤牛铭文吉塔尔，但明显表现出很大变革。其金属材质和风格似乎出自完全不同的造币厂。伽兹尼王朝后，古尔（174、177）、伊尔迪兹（Yildiz，200）和花剌子模·沙（Khwarezm Shah，292）先后打造了许多类似的系列货币。值得注意的是，用以打造这些货币的是一种可怕的合金，更准确地说是一种含铅量很高的金属混合物。在花剌子模·沙时期，该系列币有些标注了库拉曼（291、292）造币厂名称，另一些标注了白沙瓦（Peshawar，293）造币厂名称。116 的币型和金属材质呈现了该系列第一批钱币的样貌，而该批或为库拉曼造币厂制造的第一批钱币。所示实物币上似乎确有造币厂名称，我认为将其解读为“库拉曼”较为妥当。

另外两种币型 120 和 121 为非具象币，表现了拉合尔造币厂的全新变革。公元 1186 年，古尔王朝攻占该造币厂后，按自己的风格打造钱币（179、180），但未见 117 和 119 版本。这似乎暗示库斯鲁在位末期只有铭文币型仍在打造。由此，我们可得出：瘤牛型币在拉合尔消失的同一时段，甚至是同一时间，就已在库拉曼出现。

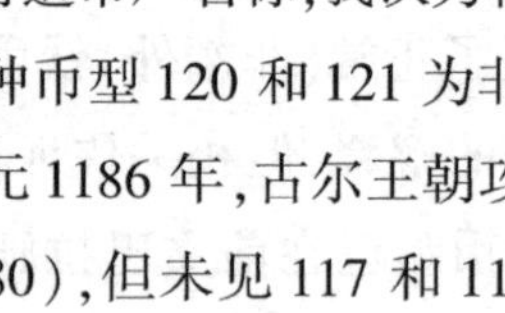
120

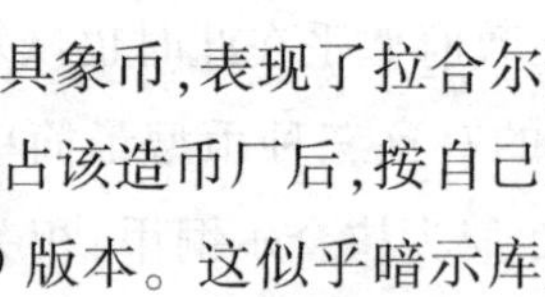
121

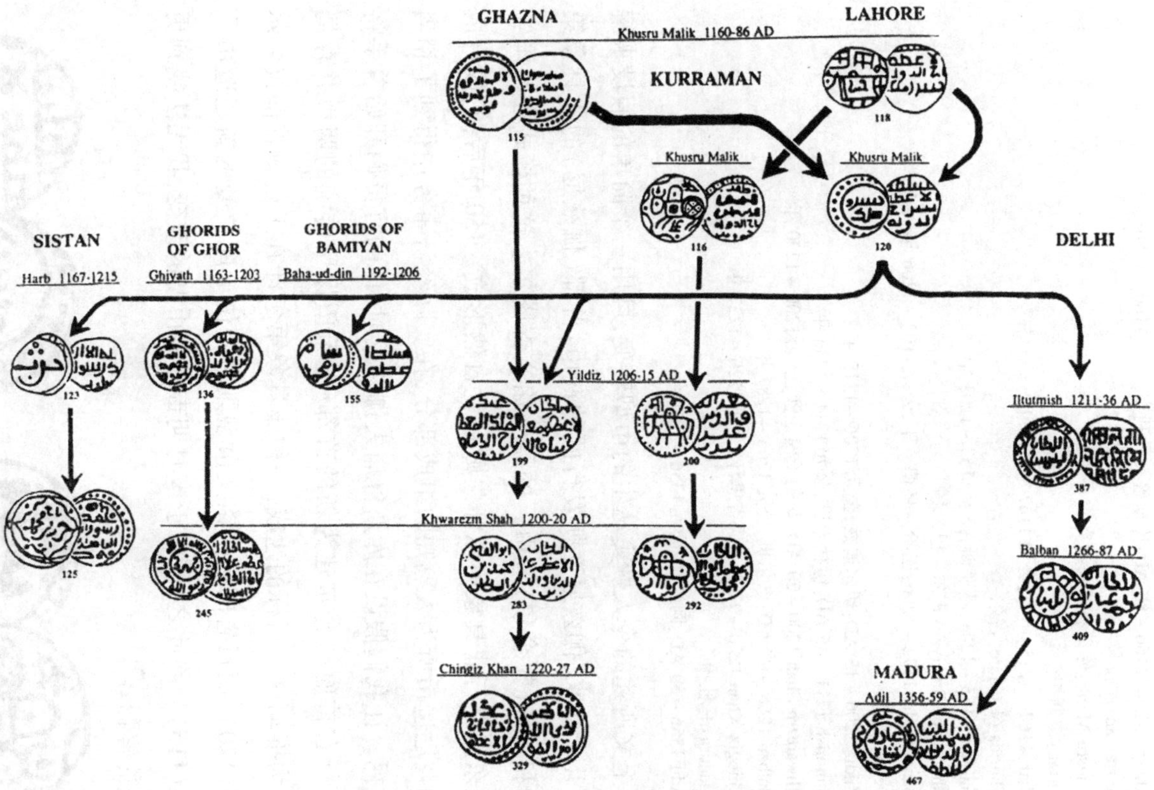

库斯鲁·马利克时期伽兹尼、拉合尔和库拉曼类型交流及非具象吉塔尔后续影响

Ghazna：伽兹尼
Lahore：拉合尔
Khusru Malik 1160 – 86 AD：库斯鲁 · 马利克，公元 1160 ~ 1186 年
Kurraman：库拉曼
Khusru Malik：库斯鲁 · 马利克
Sistan：锡斯坦
Harb 1167 – 1215：哈布，公元 1167 ~ 1215 年
Ghorids of Ghore：古尔
Ghiyath 1163 – 1203：基亚斯，公元 1163 ~ 1203 年
Ghorids of Bamiyan：古尔 – 巴米扬
Baha-ud-din 1192 – 1206：巴哈 – 乌德 – 丁，公元 1192 ~ 1206 年
Delhi：德里
Yildiz 1206 – 15 AD：伊尔迪兹，公元 1206 ~ 1215 年
Iltutmish 1211 – 36 AD：伊杜米思，公元 1211 ~ 1236 年
Khwarezm Shah 1200 – 20 AD：花剌子模 · 沙，公元 1200 ~ 1220 年
Balban 1266 – 87 AD：巴尔班，公元 1266 ~ 1287 年
Chingiz Khan 1220 – 27 AD：成吉思汗，公元 1220 ~ 1227 年
Madura：马杜赖
Adil 1356 – 59 AD：阿迪勒，公元 1356 ~ 1359 年

上文所述的令人疑窦丛生的币型转变，可用一个简单的假设来解释。几十年来，伽兹尼王朝发行两种钱币：首都（伽兹尼）的非具象第尔汗和行省（拉合尔）造币厂的瘤牛铭文吉塔尔。这种模式在帝国尝试在东部发行非具象第尔汗失败后就自然形成。150 年后，它或许成为伽兹尼造币所为人熟知的组成部分，在实际经济事务中得到了相当的重视。让我们假设在库斯鲁痛失伽兹尼时，他的官员们开始着手将昔日行省首府拉合尔建为新的首都，并希望保留传统的两币并存局面。为推动这一目标的达成，一种非具象第尔汗在王朝新首都拉合尔试制（120），而行省的瘤牛铭文币型则转由位于库拉曼的新建造币厂打制（116）。除此之外，对于该时期吉塔尔币型的改变，我无法找到更合理的解释。

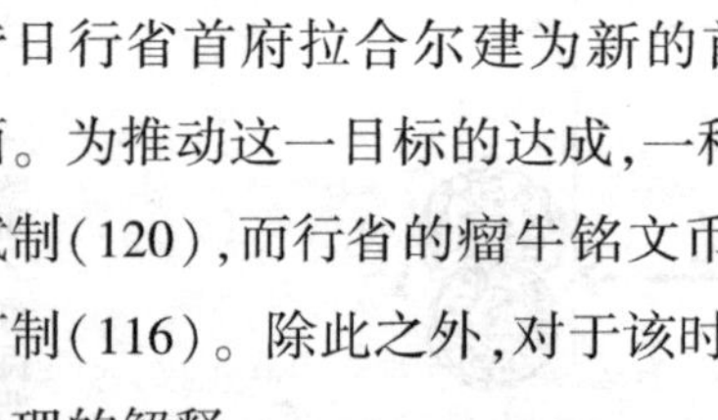

116

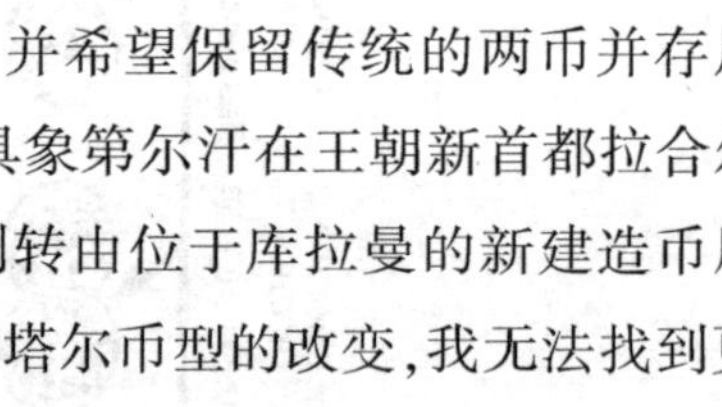

120

如果上述关于库斯鲁·马利克钱币类型改革的解释成立，那么关于这场变革还有一个问题有待进一步阐明。不同于伽兹尼第尔汗，新的拉合尔非具象第尔汗（120、121）甚至没有假装为银币，是几乎为全铜的合金劣币。其币模、币坯和打制上显示的工艺较拉合尔多年所见更优良，币重固定，便于计数。对于这种造币上的改变，我能想到的一个显而易见的解释，就是这些新第尔汗120和121为信用币。如前文所述，沙希王朝在兵败阿富汗，被逐入古印度的一隅时，通过大幅贬值吉塔尔来解决财政问题。两个世纪之后，同样的命运降临到伽兹尼王朝身上。但他们的吉塔尔早已严重贬值，无法再度贬值。然而发行新的法定货币可以达到同样的敛财目的，似乎他们也采用了这一策略。

审慎起见，我预想到一些学者会质疑这个假设：作为一个中世纪亚洲中南部王朝，伽兹尼在王朝末期还有足够经验丰富的经济专家来组织和实施这样一个有计划的信用币流通方案吗？为了反驳这个质疑，后文（见第二十四章）将详细探讨该地区更早时期信用币的总体使用情况，及其中布哈拉（Bukhara）地区早期信用币的具体使用情况。文中将提出，布哈拉纪德菲（ghidrifi）货币的相关历史记录只能解读为对一种信用币的发行记录，而20世纪很多学者不断对其进行的其他解读只能是误读。

155

新“拉合尔第尔汗”是具有说服力的新经济政策的物质表现，这可从该新币型的影响上得到进一步证明。而其影响已远远超越伽兹尼帝国残年的限制。库斯鲁·马利克于公元1160～1186年在位，而古尔王朝穆伊兹攻陷拉合尔并于公元1186～1206年统治该地期间继续使用新吉塔尔信用币（179、180）。在遥远的北方，同时期在位的巴哈－乌德－丁（公元1192～1206年）发行了以古尔王朝统治者巴米扬（Bamian）命名的近似币（155），且该币在巴尔赫（Balkh）、瓦尔瓦利吉(Walwalij)①和法尔万(157、158 和 159)等多个造币厂被广泛打造。在更远至距拉合尔以北近 1000 英里的遥远的锡斯坦,我们发现还有一位名为哈布的苏丹(123)显然根据库斯鲁·马利克的非具象拉合尔币系列对其货币进行了重新设计和制造。

如确为所言,库斯鲁·马利克发行的这些信用吉塔尔还有最后一点值得注意。这些币分为两种类型,其中一种类型有两个变体:一种变体上有明显的星形图案,另一种变体上有明显的新月图案(120.2 和 120.3)。有人会认为,这些图案是专营权持有者的标记,而极度渴望金钱的库斯鲁将有利可图的造币权出让给承包商。产生这种假想的原因后文会进一步阐述。如假想为真,则有两个承包商各自分别发行了星星型和新月型币。12 世纪末,这种通过买卖信用币制造专营权从而快速累积金钱的策略,确实有可能快速传到荒漠遥远的另一端,被其他君主所采用。

120.2

120.3

① 巴尔赫位于今阿富汗北部与乌兹别克斯坦交界处。瓦尔瓦利吉位于今塔吉克斯坦南部。——译者注

第九章　锡斯坦

锡斯坦首都尼姆鲁兹(Nimruz)在所有打造吉塔尔的造币厂中位于最西端。[①] 据说,锡斯坦吉塔尔(A1462)最早于艾哈迈德(Shams-ud-din Ahmad)在位时发行(公元 1164 ~ 1167 年)。很遗憾,由于种种限制,我未能亲眼见到这些稀有的钱币,希望它们的实际情况并未与我在此所述相左。本书图录包含两种早期稀有钱币 123 和 124,币型似与伽兹尼王朝库斯鲁・马利克在拉合尔的最后一批钱币相关。在设计上,123 与 120 币型非常相似,但在制作工艺上有所不同。由于它们为同时代币,故 123 可能源于 120。125 币型似从 123 发展而来,但为适应当地风格和材质要求而作了适当调整。该币制造量大,且不时有大规模出土。后继的巴拉姆和那塞尔(Nasr)苏丹所发行的币型 126 和 127 模仿了 125 的设计,但相较而言数量稀少。

---

① 锡斯坦王国的统治核心位于今阿富汗西南部和伊朗东南部的锡斯坦盆地。——译者注

123

124

125

128

随着蒙古人的到来，锡斯坦停止大量发行钱币。战争时期，花剌子模英雄曼谷巴尼①（Mangubarni，310）以及第一批蒙古人总督曼塞尔（Mansur，128）和穆扎法（Muzaffar，129）发行了少量货币，这些货币有明显的锡斯坦风格。

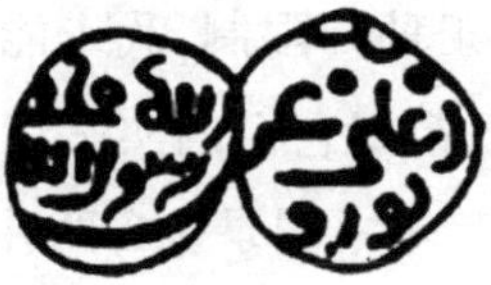

129e1

129e2

蒙古人征服锡斯坦一至两年后，钱币制造完全停止。半个多世纪后，才出现了以“诺鲁兹”（Nawruz）命名的本地造币（129e1）。诺鲁兹或为13世纪锡斯坦的伊尔汗（Ilkhan）总督。此后，出现了米哈班尼德币（Mehrabanids，129e2），而米哈班尼兹为14世纪和15世纪早期伊尔汗臣属。这些后期发行币至少在外观上保留了可能源于13世纪萨法尔王朝（Saffarid）的吉塔尔劣币风格。

① 曼谷巴尼（Mangubarni）即中国古籍中通常所称的“札兰丁”（Jalalad – Din Minghurnu，？～1231年），花剌子模王朝末代国王。1220年承袭王位时，位于今土库曼斯坦西北部的国都已被成吉思汗攻占。后历经十年与蒙古军队及西亚各国军队作战，作战区域东至今巴基斯坦印度河畔，西至今土耳其安纳托利亚地区，南至今巴基斯坦南部信德地区和今伊朗东南部克尔曼地区，北至今格鲁吉亚。但在1231年被蒙古军队击败后被杀。详见第十八章。——译者注

欧洲、波斯、印度和中国通常被称为四大文明发祥地。[①] 在币材方面，波斯忠于银，中国忠于铜，而欧洲和印度相似，都采用了相当混杂的风格。印度劣质金属币制已侵入锡斯坦等传统用银地核心，程度之深史无前例。这反映了随着阿拉伯帝国的灾难性崩塌，波斯文明已经衰落。在波斯东部采用印度铜币币型的同时，波斯西部迎来拜占庭（Byzantine）风格铜币的入侵。这两种货币显示在 10 世纪和 11 世纪的经济混乱中，波斯通过引进外部经济惯例，摸索回归市场经济的途径。

Zangids of Aleppo
阿勒波的赞吉兹

Mahmud 1146-74 AD
马哈茂德，公元 1146 ~ 1174 年

Abbasid dirhem
阿拔斯王朝第尔汗

Sistan jital
锡斯坦吉塔尔

① 此处与传统的“四大文明古国”概念有所出入。——译者注

第十章 古尔王朝－古尔[①]

古尔家族原为阿富汗中西部山区部落的小酋长。公元 1163 年，基亚斯(Ghiyath-ud-din Muhammed bin Sam)即位。至公元 1203 年年末，古尔家族已经统治了横跨波斯和孟加拉的庞大帝国。基亚斯的弟弟穆伊兹(Mu'izz-ud-din Muhammed)完成了对印度的征服。为方便钱币展示，此处按当时史料确定穆伊兹的王号为伽兹尼的苏丹。古尔王朝发行币上的铭文对两兄弟的区分十分模糊。为解决这个问题，在本书图录中，除币文另有说明外，所有阿富汗造币归为基亚斯；除币文特别标明基亚斯为唯一至高无上苏丹外，所有库拉曼及东部造币厂造币归为穆伊兹。

古尔王朝时期，无重量标准的高品位金银

① 古尔王朝(Ghorids，公元 1148～1215 年)是突厥人在今阿富汗、巴基斯坦和印度北部建立的穆斯林王朝。因古尔王朝有兄弟分封传统且分封兄弟可独自发行钱币，其货币体系较为复杂。一般而言，古尔故地(今阿富汗中西部，详见本章)、伽兹尼及以东地区(今阿富汗东部、巴基斯坦和印度北部，详见第十一章)、巴米扬地区(今阿富汗东北部，详见第十六章)是相对独立的货币地区，本书按章节分述。——译者注

币在阿富汗又普遍流通起来，含银量为萨曼王朝以来最高。当然，伽兹尼王朝君主马哈茂德也打造了大量耶敏努第尔汗，但他是按沙希王朝标准打造，含银量为 70%。虽然无法对古尔王朝钱币的含银量进行分析，但其含银量似乎高得多。

由于吉塔尔上没有标明造币日期，因此很难对基亚斯漫长统治时期的钱币发展历程加以重现。更重要的是，无法弄清这些印度吉塔尔是 12 世纪征服印度前作为“知识引入”为阿富汗采用，还是征服印度之后作为“知识产权”而采用。这点很重要，因为这是 12 世纪印度吉塔尔币制首次现身兴都库什山脉。古尔王朝吉塔尔币的首个造币地也成谜。而打造阿富汗古尔王朝吉塔尔币最多的造币厂位于阿富汗西北部的塔里甘（Taliqan），很有可能是该造币厂将吉塔尔重新引进阿富汗。塔里甘币型正面为持长矛的骑像，背面为文字（130）。该币重量、形状和金属材质明显源自同时期印度具象吉塔尔，而不是非具象耶敏努第尔汗。这些钱币被用来计数而非称重。其金属币材更似伽兹尼王朝拉合尔贬值标准币，而非质量相对较好的德里印度钱币。至此，可判断该币的直接同时代原型为库斯鲁·马利克时期钱币 117 或 118。由此可推知，该吉塔尔早于其他穆斯林阿富汗吉塔尔，在库斯鲁·马利克钱币类型改革之前，即在古尔王朝征服印度之前被引入塔里甘。

130

117

基亚斯统治时期阿富汗西北部的阿富汗钱币，并非直接将印度伽兹尼币制移栽到阿富汗土壤的产物。钱币正面取代瘤牛出现了一种新的骑像类型。它似乎试图通过移除其所憎恶的与伽兹尼王朝有关的瘤牛,代之以阿富汗君主传统标志骑像,表达了某种政治信号。象征阿富汗君主的骑像源自古代,曾被沙希王朝和之前的札布尔王采用,而基亚斯是首个采用此标志的穆斯林君主。以上推理并非凭空想象,它基于以下两个现象:第一,通过观察印度的古尔王朝币,会发现骑像铭文类型对他们来说有特别意义。古尔王朝征服印度后,各个印度造币厂钱币都是之前本地发行币的微改版。而古尔王朝在征服印度期间,仅发行了一种印度创新型币,即图案为骑士手持权杖的稀有金银币系列。在此背景下,钱币上的形象所传达的,与其说是实用信息不如说是十足的仪式感。第二,也是更重要的,古尔王朝早期的稀有铜币似乎为我们提供了充分的钱币学资料,证明基亚斯统治时期收集了以往以及同时代的各种原型币,用以打造新的钱币。一系列又大又薄,正面为大象图案,模仿了沙希王朝铜币币型和工艺的铜币被制造出来(139、140),而被模仿的沙希币在几乎两个多世纪前就已经停止打造。因此,新的古尔王朝吉塔尔系列在设计方面,同时传承自遥远的阿富汗印度沙希币和同时代伽兹尼印度币,且两者的影响同等重要。

139

140

在研究邻近的阿富汗科兹宛①(Kurzuwan)造币厂时,我们发现了民众独立倾向的出现。科兹宛币以其正面的大象图案(132)区别于塔

① 科兹宛位于今阿富汗西北部,临近塔里甘。——译者注

里甘币。大象图案或许为了致敬穆伊兹及其征服印度之战。沙夫坎[1](Shafurqan,133)亦有少量钱币模仿此类型。

132

133

有一种独特、复杂的品相不佳钱币(135):正面为一人骑狮图案,狮子雕刻精美,背面铭文仍有部分尚未读出。关于该钱币的设计,我脑中浮现出伽间尼(Jurjani)[2]对于一场舌战的描述。当然这也只是臆测。这场舌战发生在基亚斯专属的帐篷里,是花剌子模首领舒尔坦沙(Sultan Shah)的使者和古尔苏丹高官之间的智慧交锋。当时舒尔坦沙在古尔领土的边境扎营。扎营地所在的关隘名叫达汉那·依·舍(Dahanah-i-Sher),意为"狮子的下颌"。时间大约是1180年。

135

舒尔坦沙的使者"酒劲正酣"时叫来歌者,并让他唱出以下歌词:

"住在狮子的下颌里的狮子啊,

天下的狮子都对您战战兢兢。

哦,狮子,你应该从'下颌'露出牙齿,

因为他们对'狮子的下颌'惊恐不已。"

基亚斯闻言面色大变,古尔王朝的马利克们(Maliks,酋长)非常躁动不安。古尔王朝高官、"以智慧和口才著称的传奇人物"卡瓦贾(Khwajah Safi-ud-din)随即反击道:

---

① 沙夫坎位于今阿富汗正北部,昆都士和塔里甘之间。——译者注

② Jurjani, Tabikat-i-Nasiri, trans, Raverty H. G., Calcutta, 1881, repr, Delhi, 1970, p.387.

“当有一天我们不得不升级敌对行动，
不得不将全世界觊觎我们领土的敌人捉拿在手。
如果‘下颌’里的狮子胆敢露牙，
我们将挥舞权杖，将它的牙齿打落在‘下颌’。”

基亚斯对此非常满意，不仅慷慨赐予卡瓦贾礼物，还额外赠予珍贵的荣誉礼服以示表彰。

这枚稀有币至少可能以某种方式纪念了那场著名的舌战。它或许展示苏丹降伏了花剌子模狮子，并骑在了狮背上，正如骑像币型134可能标志征服印度一样。在这一点上，那天晚上卡瓦贾脑中出现的权杖，很可能正是伽兹尼王朝①展现印度征服战的天罡币正面，苏丹疾驰图案上手中挥舞的那一只。这并非讽刺，若确实如此，则这枚天罡币在同时期一批次要币中就会显得与众不同了。我在上文假设，阿拉·乌德·丁的科兹宛吉塔尔上的大象是纪念古尔征服印度而打制的类型。在下一个世纪的早期，花剌子模·沙击败古尔王朝后，该币上的大象就明显被雕刻得步履蹒跚（229）了。

134

229

另一种稀有铭文币型（136）也是由古尔王朝发行。不同时代的不同实物币分别被解读为回历576年（公元1180年）、回历578年（公元1182年）、回历595年（公元1198年）发行。假使能够确信地读出更早期的钱币，那么关于12世纪阿富汗吉塔尔发源的重要问题就能得到答案，但我们并不能做到这一点。将所有这些钱币归为回历590～599年发行似乎更为审慎，除非有新的证据为人所知。136似与123、

① 原文为古尔王朝，结合上下文看应为作者笔误。——译者注

155、179 一样源自库斯鲁·马利克时期拉合尔非具象吉塔尔 120。由于它大体上类似花剌子模·沙统治时期的塔里甘后期铭文币(245 至 247),且出自同一地区,因此它可能是这批币的原型。然而由于证据不足,这一结论也并非完全可靠。

136

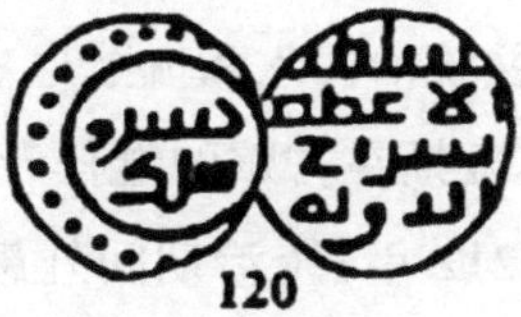

120

245

还有一种由古尔兄弟在法尔万联合发行的钱币 137,数量稀少,但意义重大。它看似吉塔尔,但又似乎赓续了老的伽兹尼耶敏努。如果这个推断正确,那么它标志着钱币方面不同寻常的胜利。因为两个世纪以前,伽兹尼的马哈茂德曾试图在印度的土地上根植非固定币重"穆斯林"耶敏努第尔汗,但终归失败。而 137 币则标志反向的成功:在伽兹尼根植固定币重印度非标准第尔汗劣币。虽然本身稀有,但它似乎成了伊尔迪兹(199)和花剌子模·沙(283)发行币的原型。这些后续发行的钱币被数以百万计地打造和流通,成为当时的经济支柱,即使在今天也很常见。

137

199

283

138

本书最后几枚归为基亚斯时期的吉塔尔(138)在同发行量钱币中最让我头疼。它清楚标明了沙姆斯－乌德－丁(Shams-ud-din Muhammad)的名字。在别处,有人将它归为沙姆斯－乌德－丁时期(公元 1163～1192 年)古尔－巴米扬造币。但是,138 的风格和构造又非常明显地与库拉曼造币厂相关,甚至瘤牛上都似有该造币厂的名字。但历史上几乎没有记载古尔-巴米扬曾统治库拉曼。[1] 不过,据伽间尼记载,古尔兄弟在统治初期改过别号。基亚斯苏丹在即位初期叫作沙姆斯-乌德-丁。史料没有记载改名的具体日期,但从这几枚稀有币来看,改名肯定在古尔征服伽兹尼城之后。

基亚斯的弟弟穆伊兹统治古尔和伽兹尼三年,其间钱币方面影响甚少,在此忽略不计。基亚斯在古尔的继任者是马哈茂德。马哈茂德(Mahmud,公元1206~1212年)统治期间外患不断,北有花剌子模·沙,南有伽兹尼和伊尔迪兹(Yildiz)的埃米尔不断蚕食其领土。虽然苏丹式微、王朝整体衰落,但钱币的使用明显增加。马哈茂德在位6年所打造的钱币类型超过其父在位40年的总和。

马哈茂德统治期间,骑像币型仍在塔里甘继续打造(141),而不同版本出现在达瓦尔(Zamin Dawar,142)和赫拉特(Herat,143),沙夫坎[2]则发行了另一品相不佳的版本(144)。科兹宛本地币型可能也在被继续打造,146币型的多个品相不佳的大象变体币是其代表。有趣的是,这个币型似乎扩展到法尔万造币厂(145)等其他地方。当然,该钱币上造币厂的标记也可解读为木鹿[3](Merv)。无论是哪种解读,该币发展路径都令人感到有些意外,其雕刻风格类似137,而137是与法尔万紧密相关的钱币。

141

142

143

① 莱福特让我们注意道:关于古尔王朝何时征服伽兹尼以及是在谁的统领下征服的这一问题,史料混乱,但我们一致同意将这一殊荣给予穆伊兹(引自 Jurjani, Tabikat-i-Nasiri, trans, Raverty H. G., Calcutta, 1881, repr, Delhi, 1970, p. 449, note 8)。

② 达瓦尔、赫拉特分别位于今阿富汗南部、西北部。——译者注

③ 木鹿,亦译为马鲁、麻里兀等,位于今土库曼斯坦东南部。——译者注

144

146

145

149

149 币型是珍品，它显然是在拉合尔打造且全然不同于阿富汗吉塔尔币，甚至与拉合尔其他钱币格格不入。该币的打制时间是伊尔迪兹占领拉合尔期间。伊尔迪兹刚刚占领拉合尔的一两年间承认了古尔王朝的统治，但之后他背弃前言宣布独立，并以自己的名义打造钱币。

最后两种币型 150 和 151 成分似为铜，制造上既不像吉塔尔也不像其铜辅币。有证据显示它们可能是用于支付通行费等杂费的特别形式的信用吉塔尔。下文将结合 232 币型对这一可能性作进一步探讨(亦见第十七章和第二十六章)。

150

151

232

第十一章 古尔王朝－伽兹尼

为了解阿富汗东部古尔－巴米扬造币厂的发展历程,我们在此暂停币型序列的叙述。首先,我们需要解释一下穆伊兹及其早期继任者统治下印度吉塔尔的发展情况。

穆伊兹在伽兹尼城打造了多种纯金和纯银币,其中大部分是与其兄共同打造,但这些币与吉塔尔或耶敏努第尔汗似无共同之处,故在此略过。

穆伊兹于公元 1186 年攻陷拉合尔,公元 1192 年攻陷德里,公元 1197 ~ 1198 年攻陷布达翁。每攻陷一处,他都对当地造币厂及其工人予以保护,并令其以新的古尔政府名义打造钱币。这些钱币除币文外与前朝钱币几乎相同。在拉合尔,我们找到两个推定为库斯鲁发行信用币的延续版(179、180)。在德里,我们发现德里土王吉塔尔版本(185),甚至发现骡子图案版本(186),这可能是造币者错将新模具与乔汉王朝末代君王普利斯威(Prithvi)时期旧模具混用而造成的。在布达翁,一种新的币型(187)在设计和制造上都与艾姆瑞塔

(Amrita)相同。

179

180

185

187

在穆伊兹及其忠实奴仆艾伯克(Aibak)统治期间,德里和布达翁钱币币型保持不变,可能品位也保持不变。艾伯克在公元1211年去世前,在币模上都保留着已逝主人的王号。① 与此同时,伽兹尼王朝旧都拉合尔的钱币却发生了巨变。攻陷德里后,拉合尔非具象币型劣币被摒弃,新的拉合尔吉塔尔取而代之。该币有两个"源头":设计上,它采用了塔里甘及其他地区之前打造的古尔骑像吉塔尔币型;在金属含量上,它转而采用德里约18%的品位标准。在这枚拉合尔币上,所有关于古尔旧敌伽兹尼王朝的蛛丝马迹都消失无踪。拉合尔骑像设计迅速演化,相关序列按顺序见181、182、183。

181

182

183

我们发现184币型虽与183币型同时代,却是这个系列里值得注意的革新币型。它是拉合尔版德里币(参见德里币:190),币面为拉合

① 艾伯克的忠实仅限于穆伊兹(至少在钱币上如此),并不包括穆伊兹的兄弟们。实际上,艾伯克在穆伊兹死后,就与伽兹尼的伊尔迪兹(占据今阿富汗东部和巴基斯坦北部,详见第十二章)、信德的库巴卡(占据今巴基斯坦南部,详见第十三章)一起从古尔王朝独立,各自建立穆斯林王国。艾伯克与其继任者伊杜米思,建立了德里苏丹国奴隶王朝(占据今印度北部,详见第十四章)。——译者注

尔风格的乔汉类型怪诞图案。该币发行期短暂，可能旨在统一印度古尔吉塔尔的币型和币材。但所有迹象指向相反的方向，它似乎在印度乃至全世界历史上开创了新的钱币惯例。该币的发展情况将在第十四章阐述。

184

190

一些以穆伊兹名义打造的钱币数量稀少。190 和 191 是一对很有特色的钱币，可能在伽兹尼城打造。为什么会打造这一对相似度较高，分别包含方形和圆弧方形图案的币型呢？原因未知，但它被伊尔迪兹（202、203）、花剌子模 · 沙（303、304），以及成吉思汗（332、333）沿用，一定有其原因，只是这个原因还无从知晓。铜币 188 令人费解，或为古尔王朝马哈茂德发行，但本书归为穆伊兹，与相似币型的 189 相邻。192 币铭文为粗体且棱角分明，与拉合尔铭文风格相似，故暂归于该造币厂。

190

191

公元 1206 年，穆伊兹被暗杀。他毕生将奴隶出身的将领们视如己出，但死后被他们瓜分了帝国领土。穆伊兹的去世在艾伯克封地德里的发行币上未有提及。以下三章将对穆伊兹麾下奴隶出身的将领们统治时期的钱币发展情况进行阐述。

第十二章　伊尔迪兹

伊尔迪兹[①]在穆伊兹麾下诸位奴隶出身的将领里面最受青睐。尽管受到古尔王朝军队的反击,但他死前一直牢牢占据了伽兹尼和拉合尔。有些稀有的骑像币型吉塔尔劣币,是他短暂征服阿富汗期间发行的。这次短暂征服发生在古尔苏丹马哈茂德被迫臣服于花剌子模·沙期间,历史资料对此所言甚少。据记载,伊尔迪兹的军队远征进入古尔、呼罗珊(Khurasan)和锡斯坦。以他的名字命名的钱币见于塔金巴德(Takinbad)、达瓦尔和巴斯特(Bust)(193 至 197),证明这些地区至少曾是他在阿富汗中南部的短暂据点。而这些钱币稀少的数量,则暗示其占领时间较短。

---

① 亦译为伊尔杜兹、伊勒迪兹等。——译者注

193

197

198

伊尔迪兹牢牢掌控阿富汗东南的既得领土。我们发现一种全新打造的非具象吉塔尔(199),或许出自伽兹尼当地。从存世实物币数量来看,吉塔尔和耶敏努的混合币(137)在此之前的发行量非常稀少,但伊尔迪兹币199至今数量充足。发行量的增长很可能与币材变为更受认可的合金有关。虽然币材成分尚未经过分析形成定论,但伽兹尼和拉合尔似乎在此时引入了德里的18%品位标准。库拉曼币型200和拉合尔币型201仍然保持各自造币厂的标准设计,自前朝以来未有变化。而拉合尔币201则如库斯鲁·马利克统治时期的伽兹尼币一样,出现了两个变体:一个星星,一个新月(见120变体)。

199

200

201.1

201.2

伊尔迪兹铜币数量稀少,但也包括202和203这两个高度疑似伽兹尼币型和一个204疑似拉合尔币型。成吉思汗和伊尔迪兹都打造过前两个币型。经历所有重要历史时期,伽兹尼和库拉曼是这两位君主都曾统治的仅有的两个造币厂,因此,这两个币型最可能是在伽兹尼打造的(库拉曼也有一定的可能性)。

第十三章　库巴卡

穆伊兹去世后，库巴卡[①]（Qubacha）据守信德，并独立统治该地25年，直至公元1228年被伊杜米思（Iltutmish）击败。他统治期间似乎在木尔坦[②]（Multan）新开立了一个造币厂，并在此打造了两种吉塔尔币型。其中一种币型205几乎是伊尔迪兹拉合尔币的完美再现，且拥有星星、新月变体。另一种币型206忠实还原了穆伊兹的德里币。两种钱币都以库巴卡命名。对于库巴卡币分为以上两种币型的原因，将在下章关于伊杜米思发行币的讨论中阐述。

205

206

① 亦译为魁巴查、卡巴查、忽巴查等。——译者注

② 木尔坦位于今巴基斯坦中部。——译者注

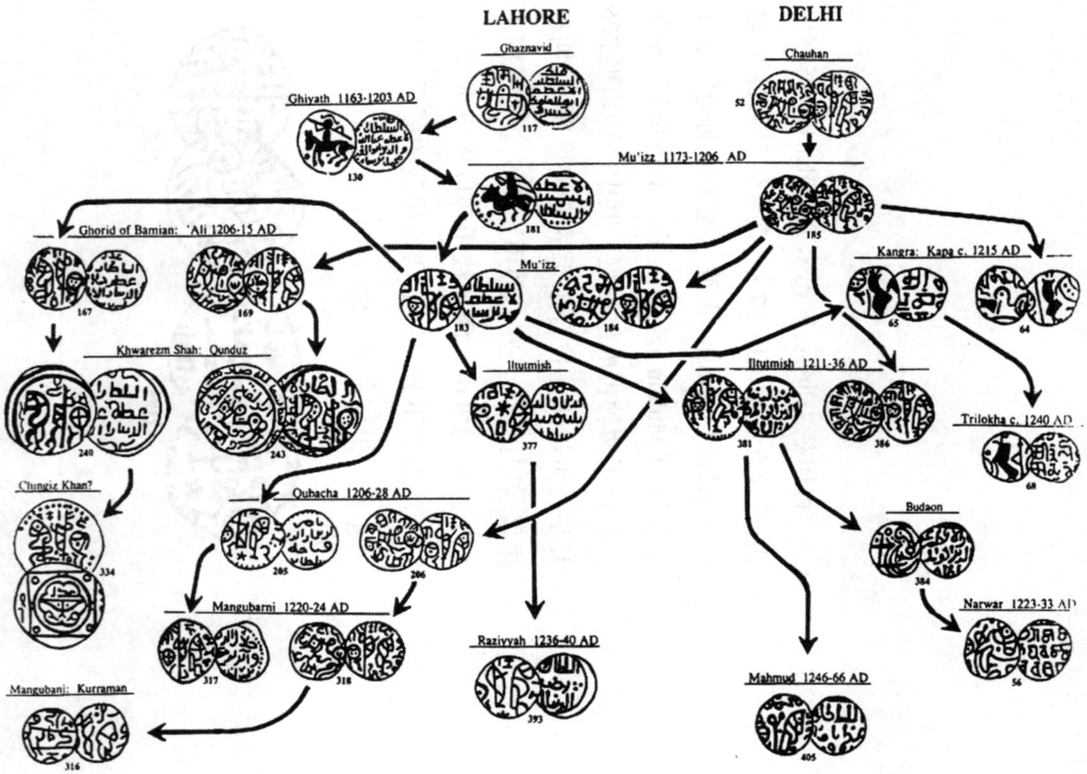

拉合尔币型和德里币型的关系：两者起源、影响范围、竞争阶段以及拉合尔币型的胜利

Lahore:拉合尔
Delhi:德里
Ghaznavid:伽兹尼
Chauhan:乔汉
Ghiyath 1163 – 1203 AD:基亚斯,公元 1163 ~ 1203 年
Mu'izz 1173 – 1206 AD:穆伊兹,公元 1173 ~ 1206 年
Ghorid of Bamiyan:'Ali 1206 – 15 AD:古尔 – 巴米扬:阿里,公元 1206 ~ 1215 年
Mu'izz:穆伊兹
Kangra:Kapa c. 1215 AD:坎格拉:卡帕,约公元 1215 年
Khwarezm Shah:Qunduz 花剌子模 · 沙:昆都士
Iltutmish:伊杜米思
Iltutmish 1211 – 36 AD:伊杜米思,公元 1211 ~ 1236 年
Chingiz Khan?:成吉思汗?
Qubacha 1206 – 28 AD:库巴卡,公元 1206 ~ 1228 年
Trilokha c. 1240 AD:崔罗卡,约公元 1240 年
Budaon:布达翁
Mangubarni 1220 – 24 AD:曼谷巴尼(札兰丁),公元 1220 ~ 1224 年
Raziyyah 1236 – 40 AD:拉齐耶,公元 1236 ~ 1240 年
Narwar 1223 – 33 AD:纳瓦尔,公元 1223 ~ 1233 年
Mangubarni:Kuraman:曼谷巴尼(札兰丁):库拉曼
Mahmud 1246 – 66 AD:马哈茂德,公元 1246 ~ 1266 年

第十四章　伊杜米思

伊杜米思①是最后一位穆伊兹麾下奴隶出身的当权者，也是最成功的一位。公元 1215 年，伊杜米思和花剌子模·沙对伊尔迪兹进行南北夹击，最终击败并处死了伊尔迪兹，且共同瓜分了他的领土。公元 1228 年，伊杜米思击败了另一位奴隶出身的将领——埃米尔库巴卡，将其领土信德并入德里。

伊杜米思统治时期的主要钱币事件，无疑是拉合尔吉塔尔崛起并占据首要地位。该时期，拉合尔本身发展出三种钱币类型 375、376 和 377。后期，在这些钱币的正面设计中，星星和新月占据主导地位。之前我们假设这些标志代表两个不同的钱币发行承包商、银行或商人团体。如果这一假设成立，那么伊杜米思统治后期发行币将这些标志放在突出位置，则显示了承包商等团体的权利和重要性得到提升。这

---

① 伊杜米思是艾伯克女婿，在艾伯克死后不久从其子阿拉姆·沙（Aram Shah）手中夺取了王位。因伊杜米思和艾伯克都是奴隶出身，其建立的王朝被称为"奴隶王朝"。该王朝于公元 1290 年被卡吉尔王朝政变取代。——译者注

一时期的拉合尔没有出现拉合尔特色版本的德里钱币，这意味着前文提到的 184 币型是此类特色币型的首枚，也是最后一枚。

375

376

377

公元 1228 年后，木尔坦继续发行拉合尔风格吉塔尔，但也发展出了自己特色风格的吉塔尔（378）。由于葛罗禄（Qarlugh）①后来从伊杜米思手中抢走信德并自立为王，而该币（378）与葛罗禄所使用的钱币（345）风格相似，所以我们认为该币为木尔坦打制（信德其他城市也不能完全排除）。这一时期，木尔坦造币厂似乎没有出产过相应的德里瘤牛—骑像币。由库巴卡在木尔坦首次发行的德里币似乎消失了，正如它也从拉合尔消失了一样。385 币型似为特例，将在下文探讨。

378

德里造币厂继续打造瘤牛—骑像特色币（386），但也出现了新的德里版本拉合尔吉塔尔。最早一批该种钱币的正面增加了造币厂名称（379），这对研究工作很有帮助。其后发行的钱币使该币型更趋标准化，而 381 是迄今为止存世量最大的一种。在这枚拉合尔类型②吉塔尔上，骑像的雕刻风格非常具有德里特色。

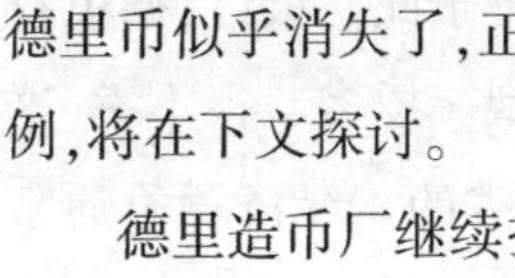
386

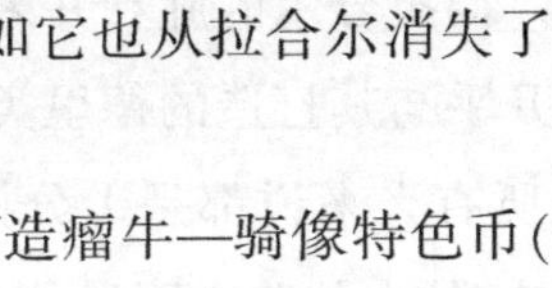
379

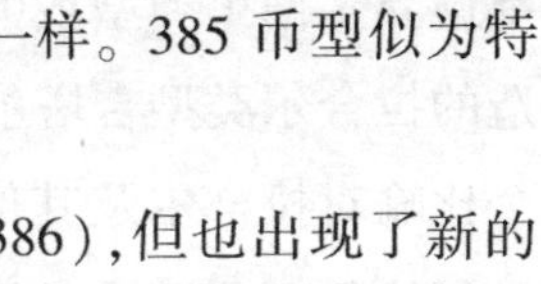
381

① 亦译作葛逻禄、哈剌鲁等。——译者注

② 之后将陆续介绍具有相同整体设计的钱币类型。此处的拉合尔类型钱币属于拉合尔币型的一种，具有独特的乔汉“编织物”骑像铭文设计。它首先在拉合尔演化，之后在如上所述的德里等其他造币厂打造。

在德里以东的布达翁，我们也发现了拉合尔类型钱币的胜利。伊杜米思骑像铭文拉合尔风格钱币382、383、384取代了非常有特色的穆伊兹瘤牛—骑像币。

382

384

当时当地究竟发生了什么？打个比方，穆伊兹时代早期的经济事件可以看作乔汉旧都德里和伽兹尼旧都拉合尔之间的一场大型竞技游戏。上半场德里占据上风，打造了大量自己的钱币（185），印度北部甚至伽兹尼城都采用德里品位标准，甚至连对手拉合尔都发行了少量德里瘤牛—骑像币。但下半场局势大变，拉合尔逐渐占据上风，几乎每个造币厂都在打造拉合尔钱币。随后，除德里外，几乎所有造币厂都抛弃了德里类型钱币。而拉合尔的胜利并未止于此。最终，德里打造的拉合尔类型吉塔尔几乎与其打造的德里类型一样多。很不幸，这个比喻对拉合尔及其他所有人来说都是十分拙劣的。经济竞争通常类似战争而非游戏。很快，拉合尔陷入困局。

历史流传下来种种记载往往只有宫廷斗争，对于重大经济事件几乎只字不提，对该时期的经济决策更是含糊其词。幸运的是，钱币不仅能展现这些史料缺失的经济发展历程，还能为我们提供解读决策过程的基础。第一，我注意到一枚仅于公元1227年当年打造的、出现在德里的新币型。这是一种双语的非具象吉塔尔，币材优良（387）。第二，尽管有关伊杜米思币的材质分析甚少，但内尔森·莱特（Nelson Wright）还是报告了一些令人感兴趣的含量测定结果。两种伊杜米思币型接受了测定。[①] 虽然两种币型皆为德里打制，但币型381为产自德里的拉合尔类型，币型386为产自德里的德里类型。后者含银量在

① 由于戴耶尔已确信W81归类错误，因此W81不包括在内，见币型51。

5.7%至10.8%之间起伏，而该类型在穆伊兹时期的含银量接近18%的乔汉王朝标准，可见贬值严重。[①] 然而，对同为德里币的拉合尔币型381的含量进行测定，结果显示一枚受测币的银品位为16.4%，而另一枚为13%。这表明拉合尔类型的德里币相对遵循了旧标准。

387　386　381

由此，我们发现在伊杜米思统治初期或稍前时期，德里类型币开始贬值。这当然也是几乎所有其他造币厂抛弃它的原因。公元1227年的双语铭文币型是政府为了挽回人们对德里类型币的信心所做的短暂而有趣的尝试。非具象对应首都、具象对应行省的二分法钱币语言在伽兹尼王朝初期（分别于伽兹尼、拉合尔）偶然发展起来，后又在库斯鲁·马利克时期（分别于库拉曼、拉合尔）继续沿用，及至当时已经深入人心。可能德里正试图发行一种优质的拉合尔类型吉塔尔，以使用简洁的回溯传统的方式来掩盖他们发行劣币失败所带来的尴尬。他们显然想将新币打造为新的德里非具象“第尔汗”（吉塔尔）。但该币流通期短暂，我们由此猜测市集上的人们虽不喜欢旧币，但也并不信任这个德里新币。他们还是按自己的喜好继续使用拉合尔类型吉塔尔。

本书收录的德里类型吉塔尔并不齐全，原因是该种吉塔尔币面铭文实在难以识别。[②] 然而，莱特在列示伊杜米思时期稀有的德里类型吉塔尔时，标明了部分币面的那伽里文字（W68－77）。一种币型上的

---

① 注意，两种经检测的穆伊兹币亦为贬值币，后续将对早至穆伊兹或艾伯克（Aibak）后期开始的贬值进行研究。

② 对于上文提到的德里土王币，我们注意到，虽然其铭文通常超出币坯，但是由于文字排列方式妥当并不影响归类。而伊杜米思及其继任者统治时期发行、德里打制的德里类型吉塔尔则不然，导致其普通实物币通常难以归类。

文字为：穆斯坦绥尔/室利・哈里发（Mustansira amir-li Momina/Sri khalifa），另一种为室利・哈里发/室利・哈米拉（Sri khalifa/Sri Hamirah）。莱特认为这些币宣示了阿拔斯王朝（Abbasid）[①]穆斯坦绥尔在回历626年（公元1228年）对伊杜米思的认可。有趣的是，当伊杜米思的吉塔尔币型显示其对经济的暂时把控已趋于衰落时，他仍在为自己的统治寻求宗教合法性。

要证实伊杜米思的德里类型吉塔尔（386）的明显贬值，并不需要全然依赖莱特在皇家造币厂所作的材质分析。这种贬值明明白白地显示在币面上。伊杜米思时期的德里类型币不仅比同时期其他吉塔尔看上去更劣质，瘤牛背部和臀部还被打上了大量的控制标记。一些变体还在这些部位打上了萨卡历日期。显然，政府需要对其发行的所有钱币进行区分，而区分发行年份是主要方法之一（莱特列出25种变体，正好一一对应伊杜米思统治期间的每个年份）。政府的这种操作很可能因为造币厂需要记录每种钱币变体的金属含量，以应对可能的钱币回收或回购。大约80年后，费卢根据这种用途明确的造币厂记录，编制了古币及其价值年鉴，并提到一种特殊变体。这种变体币名为马库蒂亚（Marakuttiya）和苏卡里（Sukari），标有数字1299，每100枚币含1拖拉（tola）和1/2玛莎（masha）的银，即87枚含银量等于1枚天罡银币（现存实物币386.25和386.26，载明日期实际上是古印度维克拉姆历1289年和1290年，即公历1232年和1233年）。

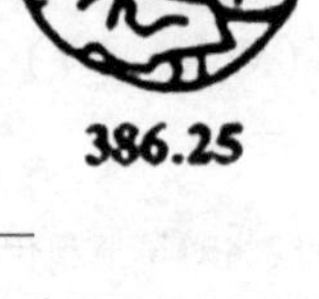

386.25

386.26

① 阿拔斯王朝（公元750～1258年）是继倭马亚王朝之后的阿拉伯帝国第二个世袭王朝，中国古籍中称“黑衣大食”。其疆域一度横跨北非、西亚、中亚。至本书提及的穆斯坦绥尔在位时，其只能控制以巴格达为中心的小块领土，但仍对大片旧有领土享有宗主权。1258年，该王朝被蒙古旭烈兀西征所灭。——译者注

本节最后一部分内容与德里吉塔尔的信用性相关。伊杜米思去世后，有三个竞争者参与争夺王位。第一位菲罗兹（Firoz）继位后纵情声色，让王国事务陷入混乱，[①]品位低劣的德里类型钱币被继续打造。第二位巴拉姆（Bahram）也是王国的灾难。他在位时与自己的埃米尔们内讧，导致各行省纷纷叛离，德里市民也奋起反抗并最终将他处死。巴拉姆统治时期德里类型钱币同样被继续打造。伊杜米思死前曾说："我的儿子们没有一个有治国之才……他们没有一个比得上我的女儿拉齐耶。"当拉齐耶作为第三位执政者上台后，表现得公正无私、宽厚仁德、珍爱臣民。如果我们搜寻她发行的钱币，会发现她没有打造过品位低劣的德里类型吉塔尔，甚至在德里当地也只发行过品位较好的拉合尔类型吉塔尔。

377.1　377.2　381

拉合尔类型

386

德里类型

自此，德里类型钱币的打制与不善施政联系起来。以上三位苏丹去世后，古尔王朝先后迎来精明强干的乌鲁·汗（Ulugh Khan）和巴尔班（Balban）。德里类型钱币彻底消失，为拉合尔类型让路，并为巴尔

---

① 此处及之后人物评价来自伽间尼，参见 Jurjani，Tabikat-i-Nasiri，trans，Raverty H. G.，Calcutta，1881，repr，Delhi，1970。

班即位后的一系列货币改革铺路。

我们怎样从上述信息中理解穆伊兹帝国钱币生产的组织呢？难有结论。我们确知穆伊兹在攻克一地后会保留前人的钱币类型。很可能他也保留了整个造币厂设施。那么，我们可以不无道理地猜想：钱币控制权当时仍保留在当地人或当地官僚手中，且不可避免地受当地共同利益，尤其是当地商业团体共同利益的约束。行省总督当然希望代表苏丹收税。税收来源可能落在造币厂租金以及造币厂为当地商业经营带来的一部分营业收入上。但只要税收达标，首都对当地经济自然鲜有干涉。然而，行省造币厂在这一时期开始次第消失，且消失的方式不同寻常。终于，在征服这些地区 70 年后，巴尔班政府才提出将货币转由皇家集中统一发行的全面计划。

拉合尔商人比其他城市的商人在某些方面更有优势。他们位于帝国重要的交易路线——与中亚地区的马匹交易路线上。该路线之后也成为突厥军政府的重要生命线。突厥伽兹尼王朝的统治长达两个世纪，其中一部分时间将拉合尔当作这个印度国家的首都，而拉合尔商人也有更多机会培养出成熟的经济眼光。他们能够比政府更好地理解这个新的古尔王国所面临的经济问题，尤其是那些在马苏德货币崩溃时期，曾在集市整理商铺或在街角闲逛度日的小伙子，在成年后目睹了库斯鲁·马利克的大胆货币改革，甚至参与其中给予建议。这些人从亲身经历中发展出务实的经济远见，又将这些远见灌输到可堪培养的子孙脑中。据称，马苏德时期货币投机带来的意外之财达 1 亿第尔汗之多。而这笔横财可能仍掌握在拉合尔商人手中，使他们得以进行国内和国际商业风险投机。谈论该时期的国际风险资本并非仅凭想象。虽然史籍记载仅对其偶有提及，但该时期的文学作品中随处可见有关跨境大型矿业投资、大宗贵金属交易以及大额信贷账户交易的描述。

穆伊兹统治时期似乎有两个竞争的货币。一个主要在拉合尔打造，为商人或自由市场所有；另一个在德里打造，为国家、军队、政府承包商和官僚所有。我们没有看到关于造币政策的统一指令。德里以外钱币的各项属性似乎并不是由苏丹决定的。城市团体即拉合尔、木尔坦、布达翁的重要商人才是直接或间接的决定人。钱币虽以苏丹名义打造,但是钱币生产很可能被外包。中标者用贵金属预付资金,之后就可以自由打造所需类型和品位的钱币。至于在拉合尔多个时期同时发行的星星和新月钱币,则暗示两个团体各自独立承包了钱币打制工作。他们可能雇用了相同的币模雕刻师,甚至使用了相同的造币厂,但是各自独立地支付特许权费。星星、新月币的打制扩展至国外的木尔坦造币厂,则暗示了一个更重要的事实,即该区域的钱币掌握在类似独立国际银行的机构手中,其信用高于德里统治者本身,能在货币事务上发号施令。

这一解释与钱币信息相吻合,因此极有可能符合事实。我认为,任何有关钱币信息的其他简单解释,都不能真实还原上述古印度及同期阿富汗的真实情景。当然,这些钱币信息中还有一些问题尚待解答。例如,发行拉合尔吉塔尔以及其他各类吉塔尔的不同造币厂,是由某国际银行机构正式联系在一起,还是只由他们对母币吉塔尔本身信用的共同信心而非正式联系在一起的?这个问题既难回答也难逃避,当然也没有唯一的答案,而是需要具体问题具体分析。但总体上,我认为答案介于以上两种可能性之间。如前所述,该时期史料未对诸如此类的问题提供全面答案。但是,如果要验证钱币的假设模型,就需要将散落在史料中的现存文字信息碎片耐心累积和拼合起来,再看看是否与钱币图样体现的信息相符。这种细致的工作不在本书研究范围内,不过我们将暂停钱币叙述,先了解一下有关穆伊兹政府对拉合尔商人严重厌恶情绪的重要信息。史料记载的相关事件发生在公元 1241 年。

我们对 1241 年事件的主要信息来自伽间尼。伽间尼出身最高等级的神职阶层,先祖是伟大的伽兹尼苏丹易卜拉欣的女儿,父亲是古尔－巴米扬苏丹巴哈－乌德－丁的喀孜(Kazi)。[①] 在本事件发生时,伽间尼本人也是德里帝国苏丹巴拉姆的喀孜。伽间尼的时政知识毋庸置疑,但我们也不能全然相信他没有文过饰非。莱福特(Raverty)翻译伽间尼作品时,在脚注中讽刺了伽间尼执意无限美化古里安(Ghurian)的做法:“作者的所有君主们真是太好了,所有人都太公正无私、慈爱仁德了,真是空前绝后!”

公元1241年,蒙古大汗窝阔台(Ogodei)跨过20年前曾阻挡父亲成吉思汗征程的印度河,远征德里苏丹。木尔坦马利克[②]卡布尔·汗(Kabir Khan)准备迎战。但是蒙古军队调转方向,向北直奔拉合尔。

> 拉合尔的希萨尔[③]既没准备好粮草给养,也没准备好军用物资。而且拉合尔民众既不团结也不和睦。这个城市的大多数居民都是商人或小贩。他们远赴西北方与莫卧尔人[④]治下的呼罗珊(Khurasan)和突厥斯坦(Turkistan)[⑤]经商。谨慎起见,他们每个人都从莫卧尔人手中拿到了通行证。鉴于此,在保护拉合尔希萨尔的战争中,他们既没有与马利克卡拉－库什(Kara-Kush)团结在一起,也没有提供帮助,更没有奋勇抵抗、上阵杀敌……看到民众如此不团结和睦,喀孜和高官们守城时也玩忽职守,马利克卡拉－库什意识到自己的权力和能力有限,仅凭一己之力无法守住城池,孤军死守必遭浩劫。因此,他带领扈从部队借口夜袭,冲过本方营寨,冲破蒙古军队的防守,冲向德里……拉合尔民众意识到他们早

① 喀孜,是伊斯兰宗教法官。——译者注

② 马利克,意为部落酋长或城邦领主。——译者注

③ 希萨尔,意为要塞。——译者注

④ 莫卧尔人,在此处应指其先祖蒙古人。结合原书写作时间,该处有可能是原书翻译为英文时的词汇混用产生的时空错乱。窝阔台入侵古印度,是蒙古人军事占领古印度并历经数代建立莫卧尔帝国的开始。——译者注

⑤ 今阿富汗西北部至里海沿岸一带地区。——译者注

> 已撤逃时……伤心不已……穆斯林勇士们继续奋勇杀敌……直至以身殉道……莫卧尔军队占领这座城市后，开始屠杀或俘掠居民……他们摧毁拉合尔并撤离后，马利克卡拉·库什从邻近的拜雅河（Biah）调头回到拉合尔。因为在他逃离当晚，他的贾玛达（Jamah-dars，服装保管侍从）把纯金和其他贵重物品都藏在了一个地方，并作了标记。现在，他回来找寻这些财宝了。①

这段文字告诉我们，拉合尔城有很多商人，他们对突厥斯坦和其他地方有着很强的商业兴趣，但对德里王朝并不忠诚。而此处也有一些我们无法回答的问题，例如，为什么蒙古人知道拉合尔比木尔坦更易攻取？为什么拉合尔给养不足？为什么行省总督卡拉－库什没有跟其他穆斯林勇士一起英勇殉道？为什么人们对他贪生怕死的行为毫无微词？为什么他没有在蒙古人撤退后夺回拉合尔？几十年后，这段历史虽未湮灭，但也未再提及。至于那天之后拉合尔具体发生了什么，我们几乎一无所知。后来，拉合尔被毫无名气的库瑞特·汗（Kuret Khan）麾下的印度霍哈尔人（Hindu Khokhars）占据，成了敌对城市。据说，之后它还成了德里一名叛变王子的避难地。公元1241年发生在拉合尔的整个事件透着一股邪恶勾当的味道。毫无疑问，伽间尼对事件的了解远超其所述，但他仅仅记录了撰史资助人想读的部分。

无论具体原因如何，德里最终被内部纷争所羁绊，只得任由拉合尔按照自己的意志行事。如果拉合尔商人在德里看来公然背叛了王朝的外部权益，那么德里按照苏丹意愿贬值货币为财政敛财，难道没有违背政事的内部秩序吗？拉合尔商人正如其祖辈们在马苏德时期

---

① Jurjani, Tabikat-i-Nasiri, trans, Raverty H. G., Calcutta, 1881, repr, Delhi, 1970, p. 1133.

所做的那样，要求采用足值硬通货交易，抵制政府的通货膨胀政策。我觉得钱币所展现的故事都与事实相符。

最后，我们简要谈一下前述奴隶出身君主们早期发行的铜币。之后，我们将暂时搁置对巴拉姆覆灭时德里钱币的探讨，回到其他未完成系列钱币的叙述。这些铜币实际上稀有而普通。它们似乎比吉塔尔更不受中央管控，且多半佚名。我们首次发现德里时期铜辅币制的证据，是因为币型 373 和 374 上都载有该地造币厂的名称。而币型 370、372 和 374 所体现出来的相似性似乎证明有一双中央统筹之手，指挥着四个造币厂中的三个发行铜币，但其中只有德里铜币至今常见。或许我们对此不必惊讶，因为拉合尔商人精于为自己打造充足、可信赖的钱币，但对更穷邻居的钱币需求不甚上心，这种情况在此前和此后的追求商业利益群体中都很常见。

370　　372　　374

第十五章　坎格拉(续)

对于坎格拉钱币的还原和解释,我们已经累积了足够多的历史和钱币学资料。至少 16 位君主发行过坎格拉币,但其时间甚至世系顺序依然成谜。19 世纪,康宁哈姆(Cunningham)[①] 曾发表其提出的坎格拉王世系表,但现在看来有些细节并不准确。以下四个要点虽非钱币学信息,但似乎可信度很高,能够为校正旧的世系表打下基础。

1. 公元 1204 年,巴吉那斯(Baijnath)铭文上提到名为贾耶·旃陀罗(Jaya Chandra)的君主。

---

① 康宁哈姆在其 1894 年伦敦发行的 *Coins of Medieval India* 一书中,尝试为这些钱币提供全面的图录和归类。事实上,此处对其书并无甚大修正,该系列的崔罗卡(Trilokha)部分最值得注意。贾哈·A. K.(Jha A. K.)于 1991 年纳西克(Nasik)发行的著作 *A Catalogue of the Coins of the Katoch Rulers of Kangra* 很好地收集和回顾了坎格拉币相关的历史信息。此处未采纳贾哈通过钱币对历史进行的综合阐述,也未采纳古谱塔·P. L.(Gupta P. L.)于 1988 年德里发行的著作 *Numismatic History of Himachal Pradesh* 中另一种相反的综合阐述。在我看来,两位学者对微弱的文字信息碎片关注过多,而对坎格拉所采用钱币类型所蕴含信息关注太少。

2. 萨库拉·费卢(Thakkura Pheru)[①]提到,其于约公元 1317 年著书时,已经存在四种相关钱币:杰特·章德(Jaitchand)、鲁帕·章德(Rupachand)、崔罗卡·章德(Trilokchand)和杉提－乌里·沙(Shanti-uri Shah)币。

3. 科特(Kot)坎格拉某铭文上表明:麦格哈(Megha)、卡玛(Karma)和杉萨拉(Sansara)三位土王相继即位。

4. 一些钱币上显示,公元 1517～1527 年在位的两位坎格拉土王尊奉易卜拉欣·洛提(Ibrahim Lodi)为领主。

本书第七章费卢提到的第一枚古印度吉塔尔钱币已不可考。但是,将其提到的杰特·章德与前述铭文(公元 1204 年)中提到的贾耶·旃陀罗联系在一起,似乎较为合理。显然,从费卢的著作中可以看出,当今存世的大量佚名中世纪印度币型之中,有很多他都可以分辨并叫出名字。如果对中世纪印度钱币作更多冶金学分析,或许我们也能像费卢那样认出某些佚名"萨曼塔·提婆"币。所有鲁帕(Rupa)币可归于费卢提及的鲁帕,即 13 世纪坎格拉土王。几乎所有鲁帕币皆为瘤牛—骑像德里币型,其中少量早期钱币(61)将土王名字置于骑像上方,而所有后期钱币将名字置于瘤牛上方。有一种独特的鲁帕币(63)为骑像铭文拉合尔类型。我认为,这些币皆为穆伊兹和艾伯克时期发行,在贾耶(Jaya,公元 1204 年)之后,但在伊杜米思时期大量拉合尔币型逐步主导大部分印度北部造币厂之前。按校正后的王朝世系表,鲁帕之后的两位土王应为卡帕(Kapa,64 和 65)和阿普尔瓦(Apurva,66 和 67)。这两位土王都打造了大量钱币,分别为德里和拉合尔类型。因此,这两位土王似乎属于伊杜米思时期德里和拉合尔币型同时在北印度流通的时代。从风格来看,崔罗卡(Trilokha)币似乎是在前述两位土王之后发行。在费卢的记述中,13 世纪北印度确有同

---

① Thakkura Pheru, Dravya Pariksha, Indian Numismatic Chronicle, Vol. Ⅶ, pts Ⅰ－Ⅱ, 1969, p. 100－114. 这是约公元 1317 年由造币厂厂主萨库拉·费卢在德里编写的关于当时已推出流通钱币和正发行钱币的全面而实用的年鉴,是非常卓越的存世史料。

名君主。崔罗卡币(68)数量充沛但仅有拉合尔类型。我们之前提道，德里类型最终于马苏德时期(公元1242～1246年)被德里造币厂自身所摒弃，但实际上伊杜米思之后君主所发行的德里类型就已数量稀少、质量低劣。据此推测，崔罗卡于公元1230～1250年在位。此后，所有土王都只打造拉合尔类型钱币。当然，本书收录的79和80两种双语币型例外。这两种币型明确宣扬了16世纪早期德里苏丹易卜拉欣的无上地位。

61　63　64　65　66　67　68　79　80

我们综合了坎格拉王位传承、坎格拉钱币类型以及其他地区拉合尔和德里币型的发展情况等史料，完成了上述世系框架的构建。这个世系框架在大多数方面符合北印度其他地区的发展情况。当然，这个框架与P. L.古谱塔最近提出的猜想，以及A. K.贾哈提出的一系列表述相左。在古谱塔构建的世系中，他似乎受到以往有关鲁帕·旃陀罗为菲罗兹(Firoz，公元1351～1388年)同代人的叙述误导，从而将所有坎格拉系列钱币的发行时间定在该年代之后。按此猜想，坎格拉瘤牛—骑像类型(61＋)应于所有同类型币消失后一个世纪才开始发行，这显然十分荒谬。该猜想的第二个主要错误在于，综合古谱塔的观点和费卢的著述，必须存在某种以鲁帕和崔罗卡命名的神秘钱币系列，在13世纪足够普遍以至于可以交换贵金属，同时足够稀少以至于未能存世至 20 世纪,这显然是十分矛盾的。为解决前述 14 世纪中期鲁帕的问题,贾哈·A. K. 试图另辟蹊径,假设存在一早一晚两个鲁帕·旃陀罗。他通过钱币制造方面的分析来验证这个假设。但他的解答忽视了坎格拉币所采用类型的基本含义,且其钱币制造分析在我看来难以令人信服。在本书看来,史料记载中 14 世纪统治坎格拉的鲁帕·旃陀罗以及另一位 15 世纪的鲁帕·旃陀罗,可能都与坎格拉钱币上的君主名字无关,因此不再赘述。

在第七章"坎格拉土王"中,我们已经提到坎格拉币使用相对价值较低的铜作为制币材料。在继续根据德里、拉合尔类型进行分析前,我们有必要解释为什么坎格拉全部制作铜币而不像附近其他造币厂一样主要制作银币?为什么坎格拉(铜)币可以与其他吉塔尔(银)币等值自由兑换?为什么坎格拉(铜)币与其他吉塔尔(银)一样,也存在拉合尔币型将德里币型逐出流通的情况?在通常情况下这些问题难以得到解释。但如果我们将这些坎格拉币看作信用币,整个事情解释起来就容易了。具体而言,在这个位于喜马拉雅山区的王国,政府决定发行"贱"金属"代币"供国内使用,节省贵金属库存用于对外贸易。这一策略曾为柏拉图至亚当·斯密时代的知识分子所认可。之后的 13 世纪,忽必烈可汗为了在中华大地这样一个更大的流通市场中施行同一策略,要求所有商人在边境检查站交出贵金属货币,兑换等值代币。假设坎格拉边境亦有如此要求,前来贸易的商人需要在检查站交出银质吉塔尔币交换这些铜币,那么坎格拉币的发展脉络就一清二楚了。拉合尔商人(持有高品位拉合尔币)肯定不愿意以德里商人(持有低品位德里币)相同的价格进行兑换。为了同时吸引两个城市的商人前来贸易,坎格拉就必须同时拥有两种币型的代币。由于德里(银币)币型在流通中逐步被拉合尔(银币)币型取代,坎格拉德里币型(铜)代币需求不再,所以在后期不再被制作。

当然,这一观点在细节之处会引来大量争议。有人可以提出类似观点,声明坎格拉币是一种特殊的收费代币。但我要辩护的核心观点是该币的信用性质以及同时代北印度其他货币的同步信用化。

奇怪的是,关于坎格拉货币体系的运行,同时期的往来旅人无一评论,即使放在史籍甚少谈及重要经济事项的前提下仍显突兀。尽管没有文字佐证,上述观点似乎是综合现有证据解答坎格拉币悬念的最好答案。坎格拉币的信用化操作与前述库斯鲁·马利克信用币试验仅仅相距几十年,但后者并不一定对前者产生直接影响。坎格拉信用币体系发展出一致风格,一直持续到该币结束发行,很难说没有影响未来几个世纪北印度其他钱币的发行。可能如所有信用货币体系一样,坎格拉币体系在稍晚时期随着统治权威的削弱而崩塌。费卢提到坎格拉崔罗卡币 300 枚仅可兑换吉塔尔天罡币 1 枚,这似与崔罗卡币铜材的价值相近。也许在崔罗卡统治时期坎格拉币已不能作为吉塔尔使用。

对于"坎格拉为什么打造钱币"这个首要问题,前人的所有著述都没有给出答案。这个遥远而又无足轻重的山麓小国,伽间尼在其针对该时期的庞杂、详细的叙述中都极少提及,却大量炮制了如此数量庞大的铜币。根据上文假设这些铜币用于某个重要市场,可能服务于横跨喜马拉雅山脉的国际贸易。那么,为什么这些铜币是在 13 世纪早期开始打造?又为什么是在坎格拉打造?关于这两个问题我们应注意到:喜马拉雅山麓古克什米尔国在长达 3 个多世纪的时间里打造了大量铜币;古克什米尔国几乎在坎格拉开始造币(按照前述观点的时间)的同时停止造币;坎格拉打造了与古克什米尔国特点基本相同的钱币,并又延续了 3 个世纪。[①] 根据以上事实进行推理,很容易得出以下结论:13 世纪初位于斯利那加(Srinagar)[②]的重要国际集市关闭[最后钱币为公元 1199 ~ 1213 年的贾伽·提婆币(Jaga Deva)],其作用被位于坎格拉的某个集市取代(第一枚钱币为公元 1204 年贾耶·旃

---

① 据我所知,对数代钱币学家来说,该巧合都显而易见,但一直未被注意。直至尼古拉·罗德斯(Nicholas Rhodes)才让我注意到这点。

② 斯利那加(Srinagar)位于克什米尔地区,印度河支流杰赫勒姆河畔。——译者注

陀罗币)。

至于为什么克什米尔的集市会被关闭,坎格拉币的信用操作是否源于之前斯利那加的类似机构,很遗憾本书无法解答。但我们可以猜想主导早期坎格拉集市的商品可能为马匹。称霸 13 世纪政治的古尔、突厥和蒙古军事精英在马背上争夺权力。战马对于这些 13 世纪国家国内和国际利益的重要性,正如 20 世纪的石油。[①] 阿富汗最宝贵的战马来自巴达赫尚(Badakhshan),[②]可能那时的大型马匹交易集市位于昆都士。古尔王朝可能依赖来自故乡古尔和巴达赫尚的马匹来支持他们征服印度。在公元 1206 年穆伊兹去世前,阿富汗和古印度统一为一个帝国,拉合尔商人进入巴达赫尚等产马地区不会有任何阻碍。在公元 1240 年以前的一段时间,虽然遭到蒙古入侵和破坏,拉合尔商人显然还可以进入西北方向的呼罗珊和突厥斯坦。[③] 但在这些时期之间,当古尔王朝军队刚刚习惯印度北部“无马”的环境时,德里、库巴卡和伊尔迪兹这三个王国的军队正需要坐骑,还要加上他们的印度对手、后来的曼谷巴尼。其中实力最强的德里王国先是被伊尔迪兹和库巴卡,后又被蒙古敌人完全切断了西部尤其是突厥斯坦产马地区的马匹来源。在这段敌对时期,喜马拉雅地区本身或是沿喜马拉雅山道至突厥斯坦部分区域的贸易路线成为德里补充坐骑的唯一来源。巴

---

① Richards J. F., Precious Metals in the later Medieval and Early Modern World, Durham N. C. 1982,简要介绍了 13 世纪印度马匹交易相关的事件和信息,并引用了许多研究成果。他引用了一段关于战马交易的叙述。这些战马沿喜马拉雅东部的崎岖山道运送至一个日交易量达 1500 匹的马匹交易市场。Jurjani, Tabikat-i-Nasiri, trans, Raverty H. G., Calcutta, 1881, repr, Delhi, 1970, p. 568. 关于中世纪印度马匹进口的数字统计当然十分零散,但马匹贸易规模之大毋庸置疑,令读者印象深刻。本拜图塔(Ibn Batuta)记述,从亚述(Azov,今位于俄罗斯)到木尔坦的单个马帮,通常有约 6000 匹马。很多马在穿越信德沙漠时死亡,沿途还要支付沉重的关税。但即使如此,这些马匹的毛利率也在 10, 000% 左右。13 世纪晚期,马可波罗曾记述阿拉伯与印度的海路马匹交易。在谈到卡拉特(Kalat)的贸易时,他说道:“阿拉伯半岛南部的这个城市及其他城市出口的马匹数量十分惊人。”

② 巴达赫尚又译巴达克山,位于今阿富汗东北部与塔吉克斯坦东部。下文昆都士为阿富汗东北部重要城市,古尔故地位于今阿富汗中部。——译者注

③ Jurjani, Tabikat-i-Nasiri, trans, Raverty H. G., Calcutta, 1881, repr, Delhi, 1970, p. 1133.

赫蒂亚(Bakhtiyar)在喜马拉雅东部地区的活动记录也证实了他们对该路线的强烈兴趣。①

由此推知,在坎格拉币出现之时,德里正竭尽全力开发任何可能的马匹供应路线。那么,在坎格拉这样一个无比艰险却不乏生机的跨喜马拉雅贸易路线节点,出现一个极为重要的市场就可能并非偶然了。多个世纪后的1867年,英国人在坎格拉地区建立了新的市场——巴伦布尔(Palampur)集市。虽然该集市的建立并非出于前述目的,但它确实发展成了一个重要马匹集市。有趣的是,该地区在现代仍然吸引远至喀什和阿克苏的商人穿过喜马拉雅山脉经列城(Leh)前来交易。②

---

① Jurjani, Tabikat-i-Nasiri, trans, Raverty H. G., Calcutta, 1881, repr, Delhi, 1970, p.568 -569.

② 再次感谢尼古拉·罗德斯(Nicholas Rhodes)关于巴伦布尔的信息和坎格拉贸易线路的观点。

第十六章 古尔王朝 - 巴米扬

至此,古印度吉塔尔系列的印度部分已经叙述完成,让我们回到巴米扬,完成阿富汗部分的叙述。沙姆斯 - 乌德 - 丁(Shams-ud-din Muhammad,公元 1163 ~ 1192 年)是首个打造吉塔尔钱币的古尔 - 巴米扬君主。然而,有待商榷的是,这些钱币实际上完全源自耶敏努第尔汗。

沙姆斯的继任者巴哈 - 乌德 - 丁(Baha-ud-din Sam,公元 1192 ~ 1206 年)所打造的钱币,无疑是印度吉塔尔流通币的延伸。从 155 币的币型和书法来看,该币似为库斯鲁 · 马利克晚期在拉合尔发行的非具象币 120 的升级复刻版,即信用吉塔尔或“第尔汗”。类似的发行币 156 ~ 159 由多个造币厂打造。稀有的骑像币 160,以及罕见的粗制版驭象人币 161,说明巴哈 - 乌德 - 丁显然模仿了阿富汗西部塔里甘(Taliqan)和科兹宛(Kurzuwan)的钱币类型。这一现象也暗示了阿富汗西北部吉塔尔在币系谱代上的领先地位。

155

120

157

160

161

巴哈 – 乌德 – 丁统治后期以及其子即位初期，似乎打造了大批佚名的德里币型吉塔尔（162 ~ 164），币面刻有不知为何人的“穆罕默德 · 本 · 萨姆”（Muhammad bin Sam）。作为征服印度的战利品，德里币在阿富汗原本很常见。这些币很容易辨识，因为它们所用金属更低劣，风格多变但又独具一格，从华丽版到粗放版均有。这个系列包含粗制的仿乔汗币（163）以及一组瘤牛前部刻有名字“巴哈”（Baha）的币（162）。在分析印度北部钱币类型发展及其影响前，我同其他人一样认为这些钱币不过一时之物，即认为它们是落后的本地市场拙劣模仿外国受欢迎货币而打制的山寨版。这种现象在世界钱币发展史中司空见惯。但现在我更倾向于另一种可能性，即它们反映了更宏大的时代背景，是巴米扬和德里正式接触的结果。理由如下。

162

163

164

培育突雷尼（Turanian）种马的马场在又高又冷的巴达赫尚牧场。该牧场据说培育出了亚历山大的战马，自古闻名。昆都士似乎在其要塞中为这些马匹建立了大型的交易市场。马匹贸易道路从此一直向东南延伸，穿过巴米扬、法尔万、库拉曼和拉合尔等地区，直至印度。虽然历史恰巧并没有留给我们很多关于交易的资料，但根据前章从更远的亚述和卡拉特进口马匹的规模,可以凭常识猜想当时该地区的交易量十分庞大。同时期印度史料中提及马匹时,一般是指鞑靼马或巴达赫尚马,用词为“tatari”或“baladasti”。印度商人不免要在前往昆都士的马道上以及市场里设置代理人,争取利用其资本移除中间商,以便保证利润。在拉合尔沦陷的相关阐述中,本书引用了14世纪突厥斯坦的此类代理人的相关资料。

当解释为什么遥远的巴米扬苏丹国要打造如此种类丰富的钱币时,我们不免要回到之前的假设:阿富汗的钱币正如西北印度钱币一样,是被一个类似国际银行,或至少是承包钱币制造的强大商业团体所掌控。更进一步说,苏丹将钱币发行权出售给了有意愿和能力的团体,在巴哈-乌德-丁统治时期,钱币上有塔里甘、科兹宛和德里等商业团体或“银行”的标记。我认为,这些拙劣、低质的德里类型钱币,并非落后的、没有钱币的人们为了进入文明国度,模仿他们先进邻居的结果,而是“德里银行”在巴米扬或昆都士“当地分行”的产物。有一位“腐败的银行职员”丝毫不关心“银行”的长期信用,以致滥用职权发行粗制劣币,剥削当地民众从而中饱私囊。

再之后,贾拉尔-乌德-丁·阿里(Jalal-ud-din'Ali,公元1206~1215年)即位。从其发行钱币所呈现的信息来看,我们认为存在两个竞争机构的假设得到了进一步证实。正如所料,“拉合尔银行”带着两种已知币型166和167登场,其中一个载明造币厂为巴米扬。德里类型钱币则继续打造,但马的腿及臀部刻上了“贾拉尔”的名字(169)。塔里甘和科兹宛已退出竞争,库拉曼似乎令人惊讶地带着我们熟悉的库拉曼瘤牛铭文币型168加入竞争,但该币的雕刻手法和金属材质似为昆都士或巴米扬而非库拉曼风格。

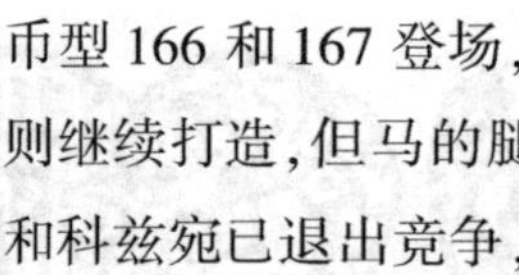
166

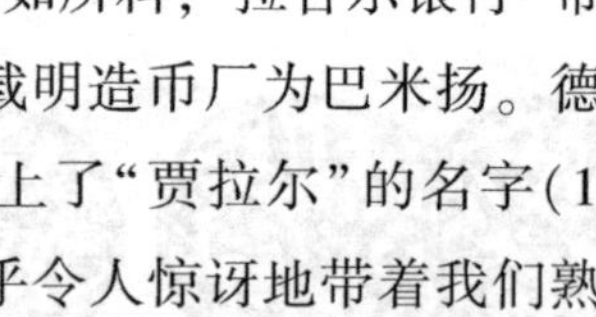
167

169

168

172

我们发现有一种贾拉尔后期发行的钱币，承认了花剌子模·沙阿拉－乌德－丁－穆罕默德·本·帖乞失(Ala-ud-din Muhmmad bin Tekesh)的无上地位。① 由于当时花剌子模和巴米扬的王朝世系中，有不少王位竞争者的别号都叫作“阿拉－乌德－丁”和“贾拉尔－乌德－丁”，因此属于172币型的一系列钱币的发行者都曾悬而未决。但随着这枚展现贾拉尔－乌德－丁·阿里承认并尊奉穆罕默德·本·帖乞失的金币的出现，②我们可将相应匹配关系推广到这一系列钱币中。所有172币型系列钱币似乎出自同一模具雕刻师之手，甚至有可能与拉合尔167币型使用了同一模具。

在结束贾拉尔钱币的探讨前，我们必须提到该时期留存下来的几封信件。这些信件上记录了巴米扬钱币使用的零散信息。这些在巴米扬被发现的信件写于约公元1211年，由麦诺斯基(Minorsky)翻译。③ 其中，标记为A、C和F的信件尤为引人注意。信件A为全文翻译，是一名密探向其主人报告的有关盐税剥削事项。盐税作为一种垄断措施，覆盖当地所有农民。正如当时的类似密探信息一样，信里的措辞非常隐晦，信中提及的苏丹名号也被隐晦处理。显然，贾拉尔－

---

① 古尔王朝于1215年被花剌子模所灭。在其最后几年中，很可能因军事压力已向花剌子模称臣。——译者注

② 该币藏于杜宾根伊斯兰币研究中心(Forschungsstelle für Islamische Numismatik at Tübingen)，经鲁茨·伊里施(Lutz Ilisch)提示引起我的注意。

③ Minorsky V., Some Early Documents in Persian, JRAS, 1942.

乌德－丁·阿里称呼其兄弟阿拉－乌德－丁①(Ala-ud-din)苏丹仅为"主上",称呼同名的花剌子模·沙仅为"伊斯兰苏丹"。这不禁让我们这些整日纠结该时期钱币,尤其是品相不佳的骑像币(213)上以王号称呼的人发笑,也使我们怀疑这些钱币上的王号是否被人故意弄得很隐晦。当然,该信件最令人感兴趣的内容是税务分包和继之的滥用财政任命。

信件C对我们更为重要,但遗憾的是翻译仅为原文概述。麦诺斯基的主要兴趣不在该时期的经济实际,他形容该信件内容为"在隐蔽交易中摸索贸易"。该信的内容是一位苏丹代理人向他的主人索要现金,即$2^1/_6$第纳尔(dinar)的纯金、73第尔汗的银、100莫恩德(maunds)和106吉塔尔。上述部分内容很模糊,②所提数额相对于总数来说似乎微不足道。写信人继续说道:他已经花了20,000第尔汗用来买银和旧钱币,他很孤独且不受保护,希望主人增派一名特别代表。此处,让我们不那么严肃地用现代的钱币分销运营视角来审视这件事。如果该代理人用大量"第尔汗"买进旧钱币和贵金属,那么第尔汗会在某种程度上贬值,并变为一定程度上的信用币。我们在本书中称作非具象吉塔尔的钱币,在当时十分有可能被叫作"第尔汗"。我很想知道为什么卖家们感到被强迫用贵金属交换第尔汗劣币,或许他们不得不以第尔汗形式满足税收要求。在信中,民众显然并不欢迎这位苏丹代理人。我们可以猜想,这种不欢迎的态度可能源于他们并不喜欢代理人兜售的"第尔汗"。

信件F信息较少,是一名骆驼运输领队给其主人的信。信中称他已收到4700第纳尔银的现金。这说明第纳尔在当时已经变成金和银的重量单位,以便与第尔汗相区别。而此时第尔汗这个名词代表的应该是钱币面额,虽然这一面额的银含量在不断变化。

---

① 此处阿拉－乌德－丁应为古尔王朝最后两位君主中的一位。——译者注

② 作者意指原文莫恩德、吉塔尔前的数字"100"和"106"无法清晰辨认。——译者注

第十七章 花剌子模·沙[①]

吉塔尔至少历经了25个王朝,在长达700年的时间内不断被打造。其中至少有20%的已知币型是以花剌子模·沙阿拉-乌德-丁·穆罕默德[②](Ala-ud-din Muhammad)的名义,在不到20年的时间内打造的。它们很大程度上是吉塔尔系列中最为复杂多样的组成部分。花剌子模是迄今为止世界上钱币最多样化的国家之一,而这些吉塔尔钱币也只是众多货币中的一个分支。除吉塔尔相关钱币和贵金属打制的金银币外,它还有几乎为信用币的撒马尔罕(Samarkand)黑色第尔汗宽币,印度中部城市卡脑季(Kanauj)标准的斯塔特(Stater)[③]低品

① 花剌子模大致位于今乌兹别克斯坦和土库曼斯坦两国土地上。花剌子模·沙为其君主。公元1215年其在西辽帮助下攻灭古尔王朝占领阿富汗。领土最大时包括伊朗高原大部。公元1231年被蒙古攻灭。——译者注

② 阿拉-乌德-丁·穆罕默德在中国史书中常译为阿德丁或摩诃末,公元1200~1220年在位。曼谷巴尼(札兰丁)的父亲。——译者注

③ 斯塔特是一种古希腊标准金币的名称,由亚历山大大帝带至古印度后,在当地逐渐演化为不同标准,但名称得以保留。——译者注

位金币，以及遥远西方叙利亚风格的星星第尔汗银币。当然，这还不包括一些稀奇古怪的钱币，例如巨大的金质展示币或是体现该时代最高书法标准的华丽铜币。穆罕默德为什么要发行叙利亚风格的星星第尔汗银币和印度标准的斯塔特低品位金币呢？据我所知，目前还没有令人满意的解释。本书所持的“国际银行”假说或许可以立刻给出答案。但对于有关吉塔尔的假说，跨境经营城市贸易团体的论点尚未在史料中找到明确印证，故不免会受到质疑。因此，我们应重视这种特殊的货币情况，并提出疑问：还有其他假说能给出令人满意的解释吗？我们发现，穆罕默德时期的货币经济，达到了现代自由派经济学家们梦想的货币自由时代的顶峰。从叙利亚到卡脑季两地之间所有商人们进入穆罕默德的国土，都可以在向官员提出申请并支付费用后，用自己版本的货币在街市上交易。

207e1

花剌子模 · 沙卡脑季标准斯塔特金币

花剌子模·沙叙利亚风格星星第尔汗

在上述穆罕默德吉塔尔中，我们看到塔里甘、沙夫坎、达瓦尔、锡比（Sibi）、塔金巴德（Takinabad）、巴斯特（Bust）[1]和赫拉特（208～225）打造的多种骑像铭文币。如用前述假说的简化形式，可以认为这些钱币出自某个“塔里甘银行”的分支机构。当然，任何理智的评论者都不得不承认：现实情况无疑要复杂得多。有一种看上去类似的币型，币面图案仅有一匹马，我们将其币文解读为巴鲁干（Baluqan，226），[2]也有人建议将其解读为沙夫坎。但该币并非沙夫坎币型，而史料曾提及伽吉斯坦（Ghargistan）地区名为巴拉万（Balarwan）的山区要塞（关于此币型更多信息，见第二十六章）。

大象币型的版本要少得多，仅限于科兹宛及其附近的沙夫坎造币厂打造（230）。另一种相关的、显然为纯铜的沙夫坎驭象人币（232）则更为有趣。该币与前文提到的两种古尔王朝钱币（150、151）大体相似，但极为不寻常地在币文中增加了“当格内”（danganeh）一词，意为“旅行者及其他人共同出资打造”。[3] 由于我们找到了该时期边境站点以吉塔尔征收税费的资料，该币或许是针对此种用途的13世纪通行税代币。也许，此类税收的管理和征收也被承包给了皇家专营权持

---

[1] 锡比、塔金巴德、巴斯特均位于今阿富汗南部。——译者注

[2] 巴鲁干位于今阿富汗西北部，科兹宛和赫拉特之间。——译者注

[3] 感谢斯蒂芬·艾尔伯姆（Stephen Album）解读该币及数枚其他币的难懂币文。

有人,而沙夫坎(或科兹宛)商人持有其中一项专营权并打造了仅限该用途的货币。

228

232

穆罕默德统治时期阿富汗东北部继续打造拉合尔和德里类型钱币,拉合尔类型有八种(233 ~ 240),而德里类型有三种(241 ~ 243)。所有这些钱币似乎都来自昆都士、巴米扬和巴尔赫(Balkh)这三个造币厂,但其中一些钱币的构造出现了新的变化。例如,巴米扬的一种宽版拉合尔类型仍按吉塔尔重量标准打造(236 ~ 237),昆都士的一些币型更大且按当时约 4.5 克的更高重量标准打造。从这些钱币的类型判断,它们仍在印度商人掌控之下。拉合尔类型 240 到目前为止是最常见的,而德里类型 242 也非常知名,这些不同寻常的钱币的边缘处标明了造币厂名称。拉合尔和德里的商人也许不仅在印度的拉合尔、德里、木尔坦、布达翁等各大城市争夺霸主地位,在昆都士这个掌握王国重要马匹资源交易的偏远边区,他们也竞争激烈。巴米扬可能是印度之外唯一受霸主之争影响的重要造币厂,因为即使阿富汗东部的伽兹尼和库拉曼都保留了自身的独立币型。

234

237

昆都士后期的宽版、新重量标准币 240 和 243 体现了整个吉塔尔系列中最为复杂的个体转变。它们的设计与该时期最重要的吉塔尔货币紧密相连,但从重量或形状上看,它们又完全不是吉塔尔,而是源自全然不同的中亚货币传统。恰巧,我们掌握了涉及中亚钱币形成相关经济理念的史料，获知这些昆都士币的诞生至少与布哈拉(Bukhara)的一种币型相关。这种币型叫作“纪德菲”(ghidrifi)，也是一种4.0至4.5克重的合金劣币。历史学家纳沙尔希(Narshakhi)曾说纪德菲为信用币。稍晚时期的著作也说明该币多个世纪后的非具象衍生币是信用币。这些信用币学说是否成立，必须得到史料明确记载的证实，但我尚未发现令人满意的文献，故将在下文独辟一处详细介绍该币(见第二十四章)。

240

243

综观伽兹尼、古尔和花剌子模时期，君主们贬值吉塔尔的意愿或与早已存在的北部地区信用传统相关。不知花剌子模发行的第尔汗劣币(206e1)，是单纯源自哈里发的钱币，还是源自该区域中世纪的德拉克马劣币。但显然，帖乞失①后期在撒马尔罕、巴尔赫和铁尔梅兹(Tirmidh)②(207e1)的发行币，源自喀喇汗王朝(Qarakhanids)③的宽版黑色第尔汗法币。这样一来，德里和拉合尔

206e1

① 帖乞失(公元1172～1200年在位)为花剌子模君主，阿拉－乌德－丁·穆罕默德之父。——译者注

② 铁尔梅兹位于今乌兹别克斯坦最南端与阿富汗交界处。——译者注

③ 喀喇汗王朝，又称黑汗王朝，是公元9～13世纪的中亚王朝，都城为今乌兹别克斯坦撒马尔罕，后为花剌子模王朝所灭。——译者注

商人试图以240和243等币,在靠近上述北部地区的昆都士和巴米扬延续这一信用路线就毫不奇怪了。

阿富汗还出现多种以花剌子模·沙阿拉-乌德-丁·穆罕默德名义发行的非具象吉塔尔。在本书图录中,这些钱币被归在从属类别中,分为线性铭文币、瘤牛眼睛币,以及二者的结合币型。许多行省的造币厂都发行线性铭文和瘤牛眼睛两种币型,而已知有沙夫坎和达瓦尔发行了二者的结合币型。我们观察到一个有趣但尚未引起重视的现象:古尔王朝早期,很多伽兹尼贵金属币都有线性铭文和瘤牛眼睛的设计,用以纪念两个几乎处于同一时期的王朝——远方的叙利亚阿尤布王朝(Ayyubids)和埃及法蒂玛王朝(Fatimid)的钱币类型。

我们假设所有这些花剌子模非具象币,都是某个"伽兹尼银行"的"分行"发行币,并以某种形式或至少概念与伽兹尼吉塔尔相联系。由于这些非具象币与骑像币同时发行,真实情形不免复杂而又含混。283为最常见的非具象类型,虽品相不佳,但十分类似伊尔迪兹的伽兹尼吉塔尔,故推定其为花剌子模的伽兹尼吉塔尔。其风格近似法尔万币型,以至于两币混放让人无法分辨,亦可印证此推测。伽兹尼币型可能来自以下造币厂:塔里甘、科兹宛、沙夫坎、达瓦尔、锡比、塔金拜德、巴斯特和赫拉特,而这些造币厂也发行具象币型。我们发现在塔里甘,曼谷巴尼的父亲发行的是非具象吉塔尔,而在曼谷巴尼在位的短暂期间骑像币型仍在打造。已知的仅打造伽兹尼币型的小城为菲瓦(Fivar)、桑戈(Sangah)、库斯特(Khust?①),以及佚名小镇"沙"(Shah-? -)。仅打造伽兹尼币型的大城市有法尔万和伽兹尼。本书图录所有相关非具象币可在245至288查看。尚未确定是否发行伽兹尼吉塔尔的阿富汗造币厂仅为巴鲁干、昆都士、巴尔赫和巴米扬。奇怪的是,这些造币厂大多数可能与马匹贸易有关,并受到可能控制

---

① 作者在钱币铭文无法准确辨识时,会使用"?"标明(如Khust?)或直接替代无法辨识的部分(如Shah-? -)。此种做法在全书中常见,望读者注意。库斯特位于今阿富汗中部山区,古尔和巴米扬山区以西。——译者注

马匹交易的强大商行的影响,相关内容将在下文阐述。以上内容会随着新发现予以更新,例如大城市赫拉特的伽兹尼类型就是在偶然发现某单枚实物币后才得以确认。

283　245　288

对阿富汗花剌子模钱币成分的冶金学分析甚少。从外观判断,非具象币似比同时期具象币含银量高。在本书中,这是第四次出现高价值非具象“第尔汗”与低价值具象行省币伴随发行的情况。在之前案例中,我们应用伽兹尼王朝定下的“首都高价值非具象第尔汗和其他行省具象币”这一模板,对此类配对关系进行研究取得了不错的效果。虽然我们发现行省造币厂也发行伽兹尼类型“第尔汗”,但还是可将花剌子模吉塔尔按上述模式进行诠释:首都伽兹尼仅发行“第尔汗”,同时首都以外大部分行省发行具象币。也许在早期,“第尔汗”币比具象吉塔尔币价值更高。但这一逻辑似乎在该时期有所改变,伽兹尼出现了新的符合吉塔尔重量标准并有明显吉塔尔币坯形式的银币 207。该币可能是与普通吉塔尔一并发行的高面额币,价值为 10 至 20 阿富汗吉塔尔,为伊杜米思新天罡币的 1/3。它是沙希王朝灭亡后打制的首个完全标准重量的银吉塔尔。有一种白色金属币 270,虽非优质银币,但其材质比科兹宛普通合金币要好得多,只能解释为因特殊理由发行的钱币。出自同一城市的钱币 271 的情况与之类似。另有一种设计抽象的科兹宛币 272 类型,似与上文提及的推定为沙夫坎或科兹宛的关税代币相关。

207

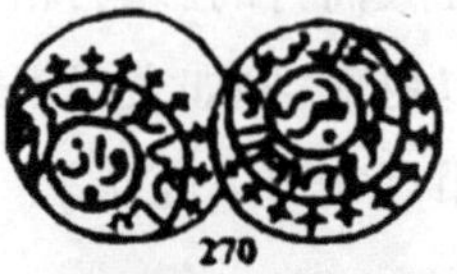

270

271

272

花剌子模吉塔尔还剩一种重要分类(或“银行”)有待阐述,那就是库拉曼类型。这些劣质合金币的币型或源自伽兹尼王朝时期的设计。291 和 292 显示造币厂名称为库拉曼。296 和 297 尽管品相不佳,但很可能源自同一城市。293 采用了同样的币型和构造,为附近新的白沙瓦造币厂打造。289 和 290 这两种稀有币设计相同,但风格和构造全然不同,似为遥远北方“银行代理”打造。289 类型的构造和铭文与早期昆都士发行的花剌子模币相同,或体现了库拉曼商人意欲在庞大的马匹集市站稳脚跟而不得。290 类型是个谜,如仅从字体风格判断,其造币厂或为沙夫坎或为该区域其他造币厂。但无论如何,都可以从该币上看出模具雕刻师对该币的敌意,因为该币正面雕刻所用模具之拙劣在钱币史上“无出其右”。

292

293

289

290

尽管本书对花剌子模吉塔尔的相关叙述到此为止,但值得一提的是,14 世纪早期萨库拉 · 费卢编撰的包含 10 种阿富汗吉塔尔的清单,或许就是花剌子模时期吉塔尔。清单对每种类别的银含量予以分析,并将包含 1 拖拉(10. 9 克)银的钱币个数在其后括号中标明:巴伯海

(Bhambhai 34)、格提毗(Egatippi 23)、斯堪达里(Sikandari 34)、库鲁鲁齐(Kuruluki 41)、帕拉霍瑞(Palahauri 80)、萨摩斯(Samosi 60)、拉格密(Lagami 41)、佩里(Peri 47)、贾玛里(Jamali 55)、马苏迪(Masudi 48)。如能对清单上的钱币进行语源学和冶金学分析,那么大多数币都能被一一揭晓,不过现在它们仍笼罩着神秘的面纱。

由于吉塔尔设计层出不穷且某些吉塔尔币质量低劣,故仅凭目测难以区分花剌子模·沙吉塔尔和铜币。如今,只有一种铜币 288 十分常见。虽然该币貌似被用作辅币,但很难确定它一定是被设计为铜辅币的。298 至 302 类型设计多样,数量稀少,其中一些十分漂亮,但除此之外没有更多信息,或许是一种高价值币的铜信用代币。303 和 304 已在上文提及,几乎可以确定为伽兹尼铜币。305 亦似为古尔王朝铜币,但打造地无从猜测。

299

对于阿拉-乌德-丁·穆罕默德统治的没落,当时的历史学家们描绘了一幅戏剧性图景。他从父亲那里继承了波斯,从古尔王朝手中夺取了阿富汗,从喀喇汗王朝手中掠夺了中亚大部分领土。公元 1218 年,他似乎走上了权力巅峰。据说,他带领军队北上至夜晚天都不会黑的远方,也是在这次冒险追击突厥敌人的途中,他遭遇了成吉思汗儿子术赤(Tushi)的军队。双方激战一场,不分胜负。但后来的穆斯林历史学家认为此战为苏丹敲响了丧钟,对其进行了这样的描述:“对他们(成吉思汗军队)的恐惧和敬畏占据了他的内心和头脑,让他再也无法面对他们。”战后不久,花剌子模的一名军官抢掠了一个蒙古商队进而引发两国争端。成吉思汗以此为借口率军西征。公元 1219 年,布哈拉沦陷并被摧毁。公元 1220 年,撒马尔罕遭遇相同命运。阿拉-乌德-丁的一系列高压政策让他众叛亲离,不仅成吉思汗与之为敌,他的军队、官僚和祭司也纷纷离他而去。艰难时刻他无处投奔,被遍布阿富汗和波斯的蒙古骑兵追击,只得逃往国外。最后藏身里海某小岛的他抑郁而终,零星的几个随从甚至没有布为其裹尸。在逃离蒙古追击之前，他曾嘱咐所有城市各自为战，我们在该时期钱币中也发现了相关信息。从公元1220年发行的一系列宽版迪拉尔劣币上，我们得知当时有一位巴尔赫埃米尔独立。然而，数月之内，人们就被“驱赶到平原上，按惯例分为几百至数千人一组，然后陆续被杀害”。此后一年，还出现了以科兹宛马利克命名的类似信用第尔汗的流通币。该币(324)在某些方面接近吉塔尔构造，重量也在吉塔尔重量标准范围内。但科兹宛享受了比巴尔赫稍长的独立时光后不久，就被成吉思汗消灭了。

巴尔赫埃米尔，公元1220年

324

科兹宛马利克，公元1221年

第十八章　曼谷巴尼(札兰丁)和成吉思汗

花剌子模王国的继承者曼谷巴尼(札兰丁,Jalal-ud-din Mangubarni)是传统伊斯兰历史上的伟大英雄之一,似乎他也名副其实。在卡尔拉·内(Qal'a Nay)①和可能为伽兹尼本身打造的品相不佳的伽兹尼类型吉塔尔银币上(306～308),以及标有图拉克(Tulak)②和库拉曼造币厂(311～314)名称的伽兹尼类型合金币上,都有曼谷巴尼的名字。锡斯坦以其名义打造了自己独特类型的钱币(310),塔里甘也以其名义打造了一种骑像类型(309)。这些钱币似乎都是在公元1220年穆罕默德被宣布死亡后,蒙古军队征服这些城市和乡镇前打造的。父亲死后的一年,曼谷巴尼领导阿富汗穆斯林联军在一次决定性战争中击败了蒙古人,但随后阿富汗军队因为战利品分配纷争而分崩离析。我

---

①　感谢莫哈默德·里巴达(Mohammad Limbada)对此币及其他众多重要钱币的解读和观点。

②　图拉克位于今阿富汗中部偏西。——译者注

们在 20 世纪晚期的电视屏幕前得知此史实时,不由得陷入悲伤反思。

307

311

310

309

史料记载,当时塔里甘、科兹宛和巴米扬等许多城市都被摧毁,但昆都士未被提及。从其拉合尔类型衍生币背面融入的蒙古弓箭图案(334)来看,昆都士显然幸免于难。公元 1220～1221 年,蒙古大汗似乎在伽兹尼打造了吉塔尔银币 327 和数量更多的 4.2 克重的类吉塔尔合金币 329,同时打造了两个常规铜币类型 332～333。这些钱币似乎都印证了这样的历史叙述:伽兹尼在被部分摧毁后被蒙古人豁免,幸存的市民在缴纳特别税后活命。①

334

327

329

① Elliot H. M., The History of India, ed. Dowson J., 1867, repr. Dehli, II, 1990, p.568; Juvaini, The History of the World Conqueror, trans. Boyle J. A., Manchester, c. 1975; Jurjani, Tabikat-i-Nasiri, trans, Raverty H. G., Calcutta, 1881, repr, Delhi, 1970. 我认为该版资料来自拉希德－乌德－丁(Rashid-ud-din),但我无法直接掌握该史料。该版本与我们找到的大量蒙古征服伽兹尼后所发行钱币相吻合。对于居梵尼(Juvaini)和伽间尼(Jurjani)两人所提出的该城被完全摧毁的说法,我们更倾向于艾略特(Elliot)版本。

故事的高潮无疑是曼谷巴尼靠着印度河背水一战。传说他以一敌五十,成吉思汗下令要将其活捉。面对蒙古军队的包围,他如怒狮般不断反击,但终究寡不敌众。他们将皇家宝藏沉入河底,将己方妇女推入河中溺亡,活着的战士也跳入印度河。据说只有七名幸存士兵跟随曼谷巴尼爬上了对岸。至少在传说中,成吉思汗与儿子们站在河边望着他们远去,只能一遍遍叹息:"生子当如斯。"

曼谷巴尼在信德召集散兵游勇,逐渐壮大成军并打了数场大仗。他在木尔坦击败了库巴卡[1],还击败了贾德山(Judd Hill)的霍哈尔人(Khokhar)瑞伊(Rae),并据说劫掠了大笔财物。[2] 有人怀疑曼谷巴尼英勇抗击的故事为史学家夸大其词,但印度现存的大量以他的名义打造的德里类型吉塔尔(318)或可扫清部分疑云,证明他确实功勋卓著。但他的造币厂成谜,或为木尔坦,或为南达那的某个新造币厂。奇怪的是,所有曼谷巴尼发行币均为德里类型。有人会期待他同时发行类似数量的拉合尔类型吉塔尔,虽然的确存在这样一个拉合尔类型317,但是其数量稀少,甚至打造地也无从猜测。

318

公元1224年,曼谷巴尼出征伊拉克,[3]离开了本书所涉的区域范围,但有两种似乎同为库拉曼打造的吉塔尔类型钱币值得一提。不知这两种钱币是公元1220年成吉思汗攻陷该城前打造的,还是曼谷巴尼西征途中暂驻时打造的。315为库拉曼标准类型,瘤牛背上标明"阿迪勒"(adil,它亦可解读为"伽兹尼"的库拉曼类型)。316也十分奇怪,它是库拉曼打造的粗制德里类型,瘤牛身上标明库拉曼造币厂。此前,库拉曼从未在德里或拉合尔类型钱币上标明造币厂名称,故该稀有币非常令人意外。从该时期信德独用德里类型钱币的情况来看,

---

① 亦有史料称其作战失利。——译者注

② 指其沿印度河劫掠了拉合尔至今巴基斯坦南部信德和印度西北部古吉拉特地区。——译者注

③ 实际上,曼谷巴尼的出征方向是今格鲁吉亚和土耳其。——译者注

或许说明曼谷巴尼和德里商人之间存在某种特殊关系。钱币上揭示的拉合尔商人与蒙古人在昆都士的特殊关系，以及德里商人与花剌子模·沙在南达那的特殊关系，虽然听起来激动人心但信息不足且缺乏外部材料支撑。本书图录所收录的曼谷巴尼三种铜币中，319 似为阿富汗打造，而 320 和 321 似为印度打造，且后二者似出自南达那的同一造币厂。

316

319

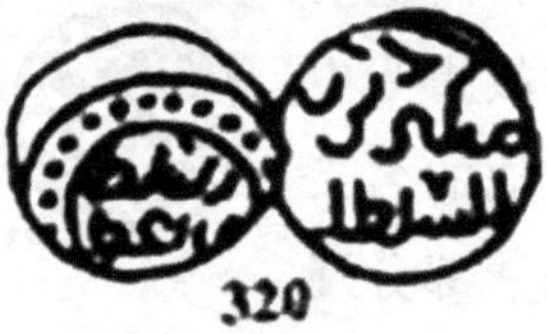
320

321

326

以那塞尔(al-Nasir)名义打造的稀有库拉曼吉塔尔币 326 具体属于上述哪个序列不得而知。可能造币厂厂主在动荡时局中不知道未来哪方军队胜出，故选择了这样一个不偏不倚的类型来作为模具。

有些稀有的德里类型吉塔尔上标明沙里夫·贝格(Sharaf Beg)的名字，而此人完全不知名。其中，钱币 322 风格与曼谷巴尼的印度发行币的风格类似，这让人猜想他或为曼谷巴尼留守信德的将领，且可能在南达那短暂独立。铜币 323 亦为此人发行，币文解读有待商榷，甚或来自某种全然不同的系列。19 世纪，托马斯(Thomas)试图将木尔坦造币厂打造的一种稀有铜币 361 归为曼巴尼另一著名将军乌兹贝克·派(Uzbeq Pai)打造，但这不仅在币文解读上没有丝毫体现，也不太符合史料。

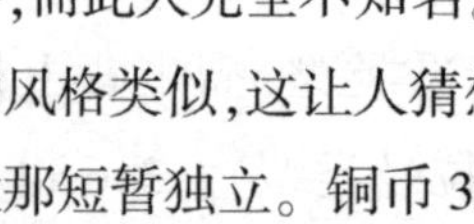
322

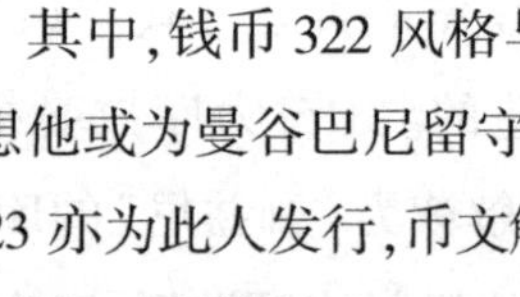
323

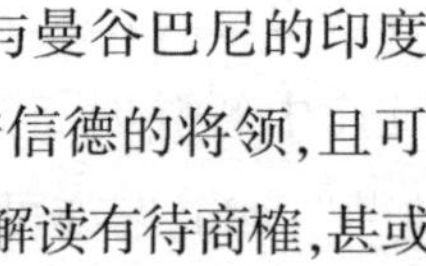
361

第十九章　蒙古后期发行币

穆斯林历史学家们为被蒙古侵略后的阿富汗勾勒了一幅地狱般的画面：死般沉寂、鬼城遍布、生灵涂炭、尸横遍野。数年之后经过该地的中国行者形容道：弃城之下，仅余野犬，嚎吠之声，回荡废墟。是否如以上所言，蒙古铁蹄破坏性如此之大？阿富汗果真被摧毁得如此之深？这有待探讨。但是从钱币上看，被侵略之后阿富汗为人熟知的商业生活完全停滞。我们今天看到的大量古尔和花剌子模时期吉塔尔，都是在侵略时期被人遗弃或埋藏的，而其主人就在数以百万计的逝者之中。正是这场大灾难，这些钱币才得以在现代展柜中更好地呈现出来。钱币学家们在这里遇到了一个待解疑问：在这些被发现的蒙古入侵时期埋藏钱币中，找到了一些清晰可辨的古尔王朝早期发行币，而这些钱币在当时历经 30 年频繁流通后本应严重磨损。

阿富汗沦陷后不久，所有造币厂停止运营。约 30 年后，出现了少量以蒙哥（Mongke，公元

1251～1261 年)[1]名义发行，由尼姆鲁兹(锡斯坦)、赫拉特和伽兹尼造币厂打造的银、合金和铜币(335～339)。锡斯坦和赫拉特银币重 3.1 至 3.2 克，似乎延续了吉塔尔标准。伽兹尼合金币重 4.3 克，似乎追随成吉思汗时期该造币厂所发行的大汗合金币。成吉思汗时期，曾草率地将阿富汗北部的异地币重标准移植到这片陌生土壤上，在相当短暂的时间内打造大汗合金币。然而，令人十分费解的是，这一币制标准居然就此扎下根。被蒙古人摧毁后，塔里甘、科兹宛等古尔王朝和花剌子模时期的伟大城市再未恢复。但随着 13 世纪和 14 世纪早期伊尔汗[2]经济的复苏，另一些城市开始打造钱币。对于公元 1297 年合赞汗(Ghazan)[3]改革之前所造钱币的币重标准，我实在不太清楚。同时期波斯钱币的重量标准约为 2.6 克，而钱币学家偶尔提及的“东部大重量标准”，可能涉及阿富汗东部造币厂偶尔出现的笨重的、类似吉塔尔形状的第尔汗银币，如 339e1。关于蒙哥之后，3.2 克的吉塔尔标准币重是否影响阿富汗钱币的问题，我也乐于留待他人下定论。

335

336

337

338

339e1

① 蒙哥(公元 1251～1259 年在位)为蒙古第四位大汗，成吉思汗之孙，曾派旭烈兀西征。正文括号中年份为相关钱币发行年份。——译者注

② 伊尔汗国是旭烈兀西征建立的蒙古汗国(公元 1256～1353 年)，领土西至今土耳其中部，北至高加索地区，东至今阿富汗中部，南至印度洋。——译者注

③ 合赞汗(公元 1295～1304 年在位)是伊尔汗国第七位君主，在位时进行了政治经济改革。——译者注

最后一系列确定为吉塔尔的钱币，是察合台（Chaghatayid）[①]将军忽都鲁火者（Qutlugh Khwaja）约于公元 1299 年打造的。它们很大程度上模仿了德里苏丹卡尔吉（Ala-ud-din Muhammad Khalji，公元 1296 ~ 1315 年）的汉尼币（gani），具体而言是其 6 – 汉尼币（340）和 2 – 汉尼币（341 ~ 343）。币面载有伽兹尼造币厂名称。这些钱币或许有某种宣传意义。它们恰好发行于蒙哥要发起最后一次伟大战争，即以号称 20 万骑兵夺取东方王冠上的明珠——德里城之际。

340

341

342

343

① 察合台汗国是成吉思汗次子察合台建立的蒙古汗国，领土在今中国新疆和中亚，最盛时向南曾到达兴都库什山。——译者注

第二十章　葛罗禄及其他

本书关于13世纪西北印度的历史阐述来自德里历史，德里历史对其屈指可数的胜仗都记录在案，对数量众多的败仗却只字不提。因此，我们对该地历史的阐述很不完整。我们发现，伊杜米思击败了同为奴隶出身的君主库巴卡和伊尔迪兹，但公元1221~1224年曼谷巴尼入侵时，他并未抵抗；公元1241年，蒙古人攻击拉合尔时，他未率领德里抗击；之后军阀占领拉合尔多年，他亦未予夺回。西征的历史中出现了另一冒险者葛罗禄（Qarlugh）①及其儿子那塞尔（Nasir）的名字。但他们二人只作为德里朝廷所记录历史事件的细枝末节被提及。

葛罗禄在阿富汗东部历史上似乎举足轻重。他先是对蒙古的桎梏默然忍受，后来奋起摆脱，并带领军队向东占领库拉曼。钱币344不仅直接反映了这段历史，还暗示库拉曼在蒙

---

① 葛罗禄及其部众是突厥人的一支，花剌子模灭亡后，在蒙古人和德里苏丹国之间一度建立起缓冲小王国，亦称葛罗禄王朝。——译者注

古人的入侵中毫发无损。它不仅保留了能按旧法制作传统币坯及雕刻模具的人,还使这些人被后来的葛罗禄差遣。公元 1236 年,蒙古军队向东南挺进,将葛罗禄逐出了库拉曼。目前,可从史料推知,也是这支军队最终摧毁了拉合尔。葛罗禄在战争中幸存,并将根据地迁至印度。他似乎在该时期打造了拉合尔类型和(更少的)德里类型 345 和 346。德里类型非常像曼谷巴尼和沙夫·贝格后期发行币。或许他接替曼谷巴尼,作为冒险者跟随前辈冒险者的脚步,在后者或位于南达那的造币厂打造了该币。葛罗禄据守王国,直至公元 1249 年传位其子那塞尔才退出历史舞台。从钱币 348 来看,那塞尔曾回到阿富汗,并至少于在位期间占领伽兹尼。349 和 350 类型数量稀少,且其造币厂尚未可知。而 347 类型十分常见,且具有高度原创的设计,或为南达那造币厂革新币。它大致与 13 世纪下半叶早期德里最后的具象吉塔尔——拉合尔类型的贬值与更替同时期。相关信息稀少,但是考虑到那塞尔的王国位置及其最有名钱币上的马形图案,我们忍不住猜测德里与巴达赫尚的战马贸易此时已恢复,而 347 类型在这一贸易中发挥了某种作用。

344

345

346

348

349

350

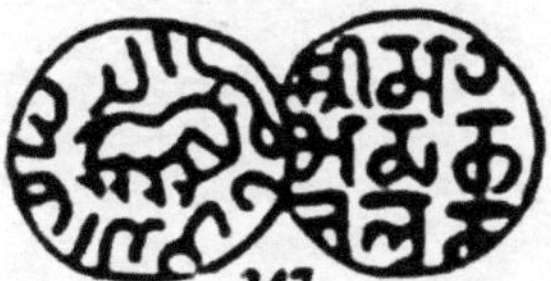
347

最后,还有一些神秘而格格不入的钱币 351 至 363。它们显然为

13 世纪西北印度和阿富汗东部历史停滞期所打造，在此我们不再深究。至于它们是否为葛罗禄、蒙古人、霍哈尔人或其他统治者打造，我不得而知。

第二十一章　德里苏丹[①]

385

除 385 币型外，伊杜米思钱币已在第四章阐述。从风格来看，385 币型似为位于南达那的信德造币厂发行。该造币厂似乎为曼谷巴尼、沙夫·贝格、伊杜米思和葛罗禄都打造过系列钱币，而这些统治者在该造币厂打造钱币的先后顺序也存疑。在伊杜米思众多的德里以外保留德里类型的造币厂中，它十分独特。其中原因或与曼谷巴尼早期仅打造德里类型的决定相关。由于没有进一步信息，此类讨论也无结果。

这段顺序成谜的时期过去后的第一个苏丹是菲罗兹一世（Feroz Ⅰ）[②]。他在德里和布达翁打造拉合尔类型，但仅在德里打造德里类型。

---

① 德里苏丹国（公元 1206～1526 年）自艾伯克和伊杜米思的奴隶王朝后，又经历了卡尔吉王朝、图格鲁克王朝、赛义德王朝、洛迪王朝，版图自德里不断扩张至占据南亚次大陆大部分地区。1526 年被莫卧尔王朝取代。——译者注

② 菲罗兹一世（公元 1236 年在位）、拉齐耶（公元 1236～1240 年在位）为紧随伊杜米思的奴隶王朝君主。——译者注

393

其后即位的拉齐耶(Raziyya)则在拉合尔、德里和布达翁仅打造拉合尔类型。393 是德里苏丹在拉合尔打造的最后一种发行币。有趣的是,拉齐耶为了抵挡王位争夺者巴拉姆的拥护者,投靠霍哈尔的强大势力。霍哈尔此时是生活在拉合尔地区的强大印度人族群,德里苏丹撤离拉合尔后,他们坚守该城。

巴拉姆是伊杜米思第三个继承王位的孩子。其在位期间出现两个版本德里的拉合尔类型币,但它们除某些细节外与菲罗兹币并无二致。有一种以穆斯坦绥尔(Mustansir)名义发行的德里类型(389)匿名币于公元 1236 至 1242 年王位之争期间在德里打造,但该发行币的情况未见史籍记录。

389

这一连串式微苏丹中的第四位——马苏德(Mas'ud,公元 1242 ~ 1246 年)所发行的系列币与前三位类似。在其统治期间,德里类型最后一次在德里打造,而拉合尔类型在德里和布达翁打造。拉合尔类型经过革新后,以不同的钱币构造或在另一造币厂打造(400)。新币雕刻风格与之前拉合尔所打造的并无不同,但币坯直径更小,币材金属更劣。至马苏德时期,德里已失去拉合尔和木尔坦,其西部行省首府位于乌奇(Uch)①。该城或为新币来源地。苏丹亲自现身乌奇抗击蒙古入侵者似对此归属给予了印证。而萨库拉·费卢将明显接近该时期的钱币称作乌奇埃·木拉杉(Uchchai Mulathani)则进一步对归属给予了印证。② 乌奇埃·木拉杉币 100 枚含 9 玛莎银,与天罡币的价值比为 130 : 1。由此推算,该币含银量为

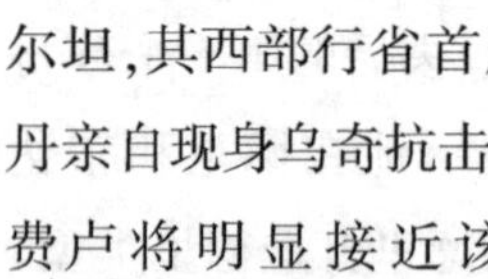
400

① 乌奇位于木尔坦以南不远处。——译者注

② Thakkura Pheru, Dravya Pariksha, Indian Numismatic Chronicle, Vol. Ⅶ, pts Ⅰ-Ⅱ, 1969, p. 100-114.

2.5%。如果进行现代分析,定会印证我们的目测判断:400 币型无疑就是费卢记载中的乌奇埃·木拉杉币。值得一提的是,马苏德统治时期,天罡币普及。此后,天罡币在苏丹钱币中的作用越来越大,吉塔尔也以微小变化被纳入新的体系。

德里下一任苏丹为马哈茂德一世(Mahmud Ⅰ)。其钱币政策与其他政策一样,都掌握在权势日隆的乌卢格汗(Ulugh Khan),即未来的巴尔班(Balban)苏丹手中。马哈茂德一世刚刚即位时,布达翁造币厂仍在运营,但所造钱币存世甚少。作为最后的行省造币厂,它在马哈茂德一世统治前期就被完全关闭,此后再无踪影。马哈茂德一世在德里仅打造一种版本拉合尔类型吉塔尔,除苏丹名字外,它与之前马苏德时期所打造的完全相同。我曾在勒克瑙(Lucknow)集市上看到一堆数百枚 402 和 405 币混放在一起,此外没有别的类型。由此,我判断这两种类型在同一币制下同时发行。两种皆为劣币。费卢表示"纳斯里"(nasiri)与天罡的价值比为 50 : 1。405 或许就是费卢口中的纳斯里,费卢似乎为 402 和 405 取了一个类别名:杰瑟拉(jaithala)。根据他的说法,杰瑟拉与天罡的价值比为 48 : 1,由此推算杰瑟拉价值为汉尼[gani,达玛(damma)的另一名称,货币价值单位]的 1.25 倍。多个世纪以来,吉塔尔按照不同标准打造,杰瑟拉是它的某种特殊评分标准。而在约公元 1317 年,费卢的杰瑟拉标准源自马哈茂德时期的吉塔尔,这些吉塔尔既标志着具象吉塔尔系列的终点,也标志着拉合尔类型的最低点。

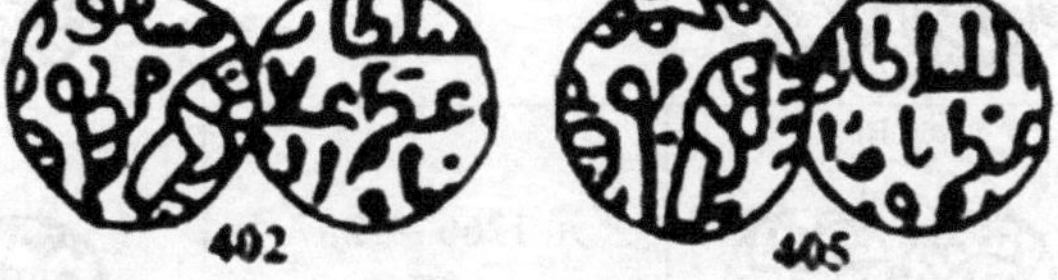

402 405

表 1　不同时期的非具象和具象对币①

时期	币型		
伽兹尼王朝早期	伽兹尼 Ghazna  90	约公元 1050 年 ⇔	拉合尔 Lahore  94
伽兹尼王朝晚期	拉合尔 Lahore  120	公元 1160 ~ 1186 年 ⇔	库拉曼 Kurraman  116
伊尔迪兹	伽兹尼 Ghazna  199	公元 1205 ~ 1215 年 ⇔	拉合尔 Lahore  201
花剌子模·沙	伽兹尼 Ghazna  207 塔里甘 Taliqan  245	公元 1200 ~ 1220 年 ⇔	塔里甘 Taliqan  208
伊杜米思	德里 Delhi  387	公元 1211 ~ 1236 年 ⇔	德里 Delhi 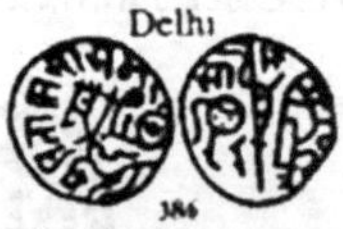 386
巴尔班	德里 Delhi  409	公元 1266 ~ 1287 年 ⇐	德里 Delhi 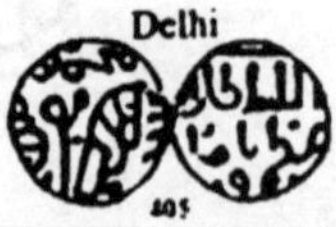 405

① 非具象币通常为首都发行高价值币，对应一行省发行低价值币。——译者注

407

随着具象吉塔尔的终结，它的旧友铜辅币 407 以独特的形式适时出现，并自此稳定发行。该铜币叫作佩卡（paika），重约 4 克，之后的德里苏丹都打造过适量佩卡。

巴尔班苏丹（公元 1266～1287 年）曾在德里打造拉合尔类型吉塔尔劣币（408，价值或约 1/48 天罡），但时间短暂，存世量稀少。他弃用黑合金币代之以双语白合金非具象双汉尼（2－汉尼）币 409。以前的学者为了发掘巴尔班作出此项改变的宗教动机，追溯了可能对他有所启发、为其新币正名的近 3 个世纪的货币传统。他发行非具象高价值"第尔汗"取代劣质具象吉塔尔的做法，可追溯至伊杜米思在德里（公元 1227 年）、花剌子模在阿富汗（公元 1200～1220 年）、库斯鲁·马利克在拉合尔和库拉曼（公元 1160～1186 年）以及早期伽兹尼王朝苏丹在伽兹尼和拉合尔的同样做法。正如前辈那样，巴尔班将非具象吉塔尔币作为首都发行币。公元 1027 年，伽兹尼王朝的马哈茂德曾试图在其印度领土强制推行双语吉塔尔，但是失败了。240 年后，另一位穆斯林君主再次在印度强制推行非具象双语吉塔尔，但他成功了。

408

409

具象吉塔尔已消失，但吉塔尔仍存在。3.2 克劣质银"汉尼"币甚至越来越强。汉尼作为货币单位，是天罡的 1/60，故巴尔班双汉尼与天罡价值比为 30∶1。费卢告诉我们："汉尼"币含银量不足 10%（102 至 103 枚样币含银量为 3.33 拖拉）。故其含银价值约比其天罡对应的名义价值低 2½。考虑到铜币名义价值或比其实际价值高 1½，我们发现巴尔班作了微小而足量的调整，将天罡价格适度上调约 1%。

随后即位的卡库巴德（Mu'izz-ud-din Kaikubad，公元 1287～1290 年）发行了另一种优先于双汉尼的币制面额：三汉尼币或称莫吉·提

411

汉尼(mauji tigani)。(411)[①]该币价值不到2.5杰瑟拉,无疑很多商人会从中谋利。或许,前朝的杰瑟拉和双汉尼储量充足,在朝代更替时增加新的币制面额着实让整个货币体系看起来有些奇怪。继任的卡于马斯(Kayumars)继续打造佩卡铜币。卡于马斯是个孩童,统治仅数周,所发行币仅天罡银币和佩卡存世。至于是否以其名义打造过任何形式的吉塔尔或汉尼币,尚未可知。

据费卢说,菲罗兹二世(Feroz Ⅱ)[②]将吉塔尔作为首选合金币,也就是说该特殊版本吉塔尔与天罡银币价值币为48∶1,价值为1.25达玛。上述货币肯定为414,目测其外观比之前的发行币更为低劣。根据费卢提供的信息,该币在费卢约于公元1317年著书时仍在流通。也许马哈茂德时期发行的杰瑟拉已经损耗,供应告急,甚或随此币的出现退出流通。果真如此的话,随着具象币被这些文字币取代,具象吉塔尔或许宣告了真正的终结。费卢暗示易卜拉欣(公元1296年)[③]追随菲罗兹打造了杰瑟拉,因为他将贾拉里(Jalali)和鲁克尼(Rukni)结合在一起。这种币(416)从设计上看似乎面值更高,但存世数量稀少,让人无从对其金属成分进行判断。

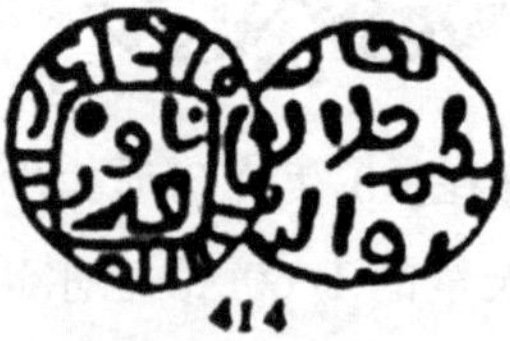

414

416

阿拉-乌德-丁·卡尔吉(公元1296~1315年)在位时进行了大

① 名称和精度相关详细内容来自萨库拉·费卢(Thakkura Pheru)。

② 菲罗兹二世指菲罗兹·卡尔吉(公元1290~1296年在位),原为奴隶王朝一名将领,后政变建立卡尔吉王朝(公元1290~1320年)。——译者注

③ 菲罗兹二世后续君主分别为易卜拉欣、阿拉-乌德-丁·卡尔吉、奥马尔(公元1316年在位)、穆巴拉克(公元1316~1320年在位)。——译者注

规模经济改革，但其钱币类型并无相关反映。他首次打造了巨型金质展示币，其中一些超过两公斤，但无一存世。卡尔吉是文盲天才，生性冷酷，他将印度大部统一于穆斯林统治之下，并击退了德里历史上蒙古人持续时间最长的进攻。一个世纪后，帖木儿（Timur）攻陷德里时所率蒙军规模仅为卡尔吉所击退蒙军的1/10。他大量打造天罡银币和杜汉尼（dugani，2－汉尼）币，钱币发行量或为天罡及吉塔尔所有类型之最。个中原因无疑是为支付军队和官僚开支。卡尔吉避开传统的国家勋贵和名门望族，亲自挑选骨干。在所有印度北部穆斯林君主中，只有舍尔沙（Sher Shah）[①]在个人能力上能与其比肩，而另一文盲天才阿克巴（Akbar）[②]尽管努力多年却未能在穆斯林族群中获得可与之匹敌的成就。

费卢暗示卡尔吉即位之初，其杜汉尼银含量与巴尔班杜汉尼银含量相等。前者含银量为每100枚含9.7天罡（重量[③]）银，后者为每102～103枚币含10天罡银。后来，其含银量减至每100枚含8天罡银（每100枚等于2.66枚天罡银币，或8%天罡银）。由于卡尔吉币比巴尔班币看起来更低劣，这一改变肯定在其统治初期就开始了。费卢将卡尔吉杜汉尼无论优劣按其名义价值30%天罡银与天罡银币进行价格换算，但显然这些汉尼的价值与其含银量并不成正比。最近有些评论的观点让人失望，如"每枚汉尼币的含银量与其名义价值成正比"，[④]"不同汉尼币的不同价值取决于其所混合的银和铜的比例"。[⑤]这些说法是不对的，至少是误导人的。巴尔班确实发行过相对天罡来

---

① 舍尔沙是阿富汗普什图人，阿富汗东部至印度北部伊斯兰苏尔王朝（公元1540～1557年）建立者。——译者注

② 阿克巴（公元1556～1605年在位）是莫卧尔帝国第三位君主，在其治下帝国达到顶峰。——译者注

③ 应谨慎区别天罡重量和天罡币制面额。在卡尔吉时期，1枚天罡银币重1拖拉，即重3天罡。如果掌握棘手的术语，按费卢的方法就可解决相关简单计算问题。

④ Martin M.，The Reforms of the Sixteenth century（ed.），The Imperial Monetary System of Mughal India in Richards J. F.，OUP，Delhi，1987.

⑤ Gupta P. L.，Coinage of the Khalji sultans of Delhi，JNSI，1957.

说含银量近乎等于其名义价值的杜汉尼币，但卡尔吉所定钱币名义价值比其含银量价值高 20%。因此，19 世纪英国政客倾向于称呼它们为“代币”。

费卢写道，其著书时，巴尔班杜汉尼已相对卡尔吉杜汉尼升值一些，与天罡币的价值币比为 27∶1。因此，巴尔班杜汉尼价值比卡尔吉杜汉尼价值高 10%，而其自身名义价值比金属含量价值高 10%。没人说过其升值是源于市场力量还是源于皇家法令。鉴于卡尔吉的性情，后者似乎更为可信。因此，过分简化费卢所引述的价格是错误的，在卡尔吉时期，含银量是其汉尼币价值的主要来源，但并非唯一，在之后的穆巴拉克(Mubarak)时期亦是如此。

在卡尔吉时期，杜汉尼(419)上出现了以印度数字雕刻的穆斯林纪年。这是德里类型终结近 50 年后，德里政府首次对吉塔尔币进行系统时序控制。随着杜汉尼的发行，另一种吉塔尔重量合金币——查汉尼(Chhagani)，即 6 - 汉尼币(418)也应运而生。查汉尼数量依然丰沛，但卡尔吉时期的佩卡铜币发行量并未显著超过其他苏丹的相应发行量。

419

418

穆巴拉克(公元 1316 ~ 1320 年)为造币厂引入多项创新。他在位仅短短 4 年，创造了 44 项不同币制面额，包含超过 70 种币型。很多面额没有样币存世，但是其造币厂厂主费卢为我们记录了当时的情形，证明了他的创新。最大的是 200 拖拉金币(约重 2.18 千克)，最小的是毗奢(Visva)铜币，略轻于 1 克。费卢列出了 4 种吉塔尔标准的币制面额，其中一些有多个变体。3 种币制面额为圆形币，具体包括查汉尼(6 - 汉尼，423)、冲汉尼(Chaugani，4 - 汉尼，425 ~ 428)和杜汉尼(2 - 汉尼，或为 429，数量最少)。吉塔尔币重的方形币有萨汉尼

(Athagani,8－汉尼,422)及另一冲汉尼变体424。费卢详细说明了这些币的成分,从中可明显看出其名义价值比实际含银量价值高20%。不过,这一数值在某些币上稍有不同,其中的差异并非铜和剩余劳动力价值可以解释的。我们再次得到充足的证据证明:该币价值中存在很大的信用部分,而信用部分价值是由政府强力确定的。还有一种方形佩卡币430,显然打造数量不多,存世量甚少。

423

425

426

428

429

422

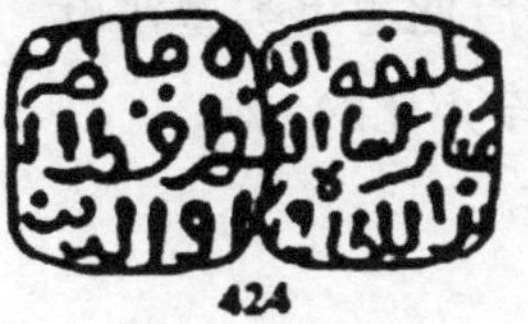
424

430

这段时期,有两人通过篡位夺取皇权,他们是马哈茂德二世(Mahmud Ⅱ)和胡斯鲁(Khusru)。两人或都打造过6－汉尼和2－汉尼币(胡斯鲁杜汉尼币的币材含银量之高,令人称奇)。再之后即位的图格鲁克苏丹(Tughluq,公元1320～1325年)[①]也打造过6－汉尼和2－汉尼币。这两枚币设计相似,但6－汉尼正面设计有双环供快速识别(436)。该时期,佩卡币仍在打造,但是

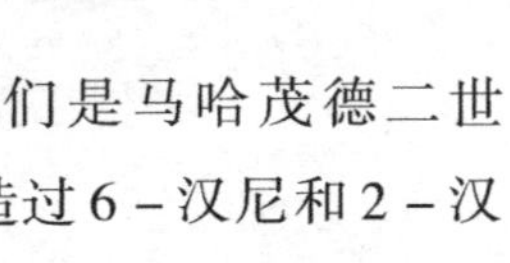
436

① 此处指吉亚斯－乌德－丁·图格鲁克。其取代卡尔吉王朝建立图格鲁克王朝(公元1320～1413年)。——译者注

数量日益稀少，且从存世样币来看重量日益低于理论重量。

吉塔尔研究将止步于穆罕默德三世（Muhammad bin Tughluq，公元1325～1351年）[①]时期的德里。此时，德里苏丹王国开始分裂，钱币特征变化巨大。在该时期的上半段，多种可识别的，或为8、6、2汉尼的吉塔尔币系列，伴随黄铜佩卡辅币出现。但费卢的叙述止于穆巴拉克时期，无法为我们提供更多指引，而大部分钱币因缺乏金属分析，其归类亦为臆测。公元1329年，穆罕默德三世发行了有名的“强制流通”黄铜天罡币。它复制了以前的币制面额，我们也可从449～451这三个现存变体中追溯6－汉尼黄铜信用币的存在。这场全面彻底的信用实验却失败了，从此钱币发展走向了另一条道路。[②]

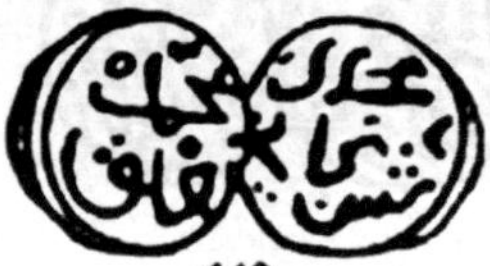

449

实际上，穆罕默德三世之后，德里也发行过一枚吉塔尔重量货币。该币虽以吉塔尔为名，但特征变化很大。读者如有兴趣，可查看内尔森·莱特的德里币文集，轻松追溯后期德里类型钱币。阿克巴时期，仍有吉塔尔的相关阐述，但已缩减至卢比的1‰。

---

① 此处指穆罕默德·本·图格鲁克，为图格鲁克王朝第二任君主，其几乎征服了整个南印度，但之后苏丹国走向分裂。——译者注

② 令人钦佩的是，17世纪后期，思想家洛克（Locke）和巴伯（Barbon）曾就卡尔吉发行半信用币成功而穆罕默德沙二世发行完全信用币却失败的问题发表了不同观点，洛克认为：“如果政府能让货币涨价10%或15%，那为什么不涨价20%或50%，甚至想涨价多少就涨价多少呢？”巴伯认为：“该时期的政权（只能）是受大众约束的……尽管王公和国家有权赋予钱币价值，但是该权利也是受制约的。”

第二十二章　马杜赖苏丹

第一个脱离德里苏丹国的是位于遥远印度半岛南部的偏远行省马杜赖(Madura),这并不奇怪。公元1323年,马杜赖受到德里镇压,公元1333年,它宣布独立。马杜赖是唯一一个当某种吉塔尔仍遍及帝国日常生活时宣告脱离的国家。之后,它发行了一种基于银或劣银吉塔尔的货币,该币或于公元1377年废止。该币本身并无卓著,只是吉塔尔这种诞生于中世纪早期阿富汗山脉印度教王朝的沙希遗物,最后于中世纪末期在印度南部热带地区作为穆斯林王朝发行币废止,这个细节本身引人注目。

马杜赖铜币存世量大,劣银币数量稀少,纯银币455~457和462数量也十分稀少。[①] 各币之间关系成谜,其他相关信息亦成谜。但最难解释的当属菲罗兹(Feroz),史料记载他继位40天后即被废,按理不会有存世币,但我们惊讶地发现一枚以他名义打造的独特方形银币

① 感谢莫哈默德·里巴达(Mohammed Limbada)让我注意到这一点。

462，非常引人注目。对此，我们无以解释，恐怕只能让它继续成谜。

455

462

第二十三章　后记：马尔瓦、江布尔和巴赫曼尼

随着马杜赖反叛，其他穆斯林王国揭竿而起，瓜分了印度其他地区。他们抛弃了我们所定义的吉塔尔，继穆罕默德三世及其继任者之后，引领钱币发展，但吉塔尔仍未完全消失。一些散落各处的稀有币指向了下一个世纪人们复活吉塔尔的短暂尝试。至少有三个币型得到打造。第一个币型约于公元 1390 年在德里打造(479)，模仿了卡尔吉的杜汉尼。另两个币型马尔瓦(Malwa，480)和江布尔(Jaunpur，481)[①]都约为公元 1450 年打造，显示这两个敌对国家都试图复活最伟大苏丹卡尔吉的钱币。这些钱币或许体现了他们有意通过恢复以往伟大君主的某些制度来获得荫庇。

---

① 马尔瓦王朝位于德干高原西北部，江布尔王朝位于恒河河谷偏东部，均为自德里苏丹国独立的伊斯兰王国。——译者注

479　480　481

本书图录的最后一批钱币在古尔伯加(Gulbarga)发行。约公元1346年,古尔伯加一位叫伊兹梅尔(Ismail)的人反叛,随后产生了一种基于吉塔尔、类似马杜赖币的币制476~477。叛乱很快被镇压,钱币也被废止。约1年之后,另一反叛势力巴赫曼尼王朝①成功夺取古尔伯加统治权。他们的钱币政策改革最终在整个次大陆上展现惊人的效果。如名所示,王朝创立者巴赫曼宣示自己是古老波斯王朝的血脉。或许是对波斯王朝的爱,使他及其后继者不仅排斥吉塔尔,还连带排斥混合金属币。巴赫曼确实打造了铜币,其478币型似乎衍生自德里佩卡。铜币经历数位君主的逐步发展,在尺寸、发行量及对巴赫曼尼王朝经济的影响力上都不断增大。至巴赫曼死后1个世纪,大型16克铜币显然成为印度中部商业的稳定媒介。纯金属理念以大量沉重铜币为载体向北扩展至古吉拉特和马尔瓦。1个世纪之后,这种经济变革悄然来到德里,舍尔沙在印度北部也抛弃了合金币,代之以约21克的佩沙(paisa)。内尔森·莱特谈到此钱币时说道:"佩沙实际上是古老吉塔尔贵金属币在铜币上的体现,舍尔沙只是以新的形式复活了一种货币史上消失已久的、曾作为记账货币的钱币。"②

---

① 巴赫曼尼王朝是中世纪印度德干高原北部的伊斯兰教国家(公元1347~1526年)。创建者哈桑宣称其祖先系波斯王巴赫曼,亦以此为名。——译者注

② Wright Nelson H., The Coinage and Metrology of the Sultans of Delhi, Oxford, 1936, p.384.

476

477

478

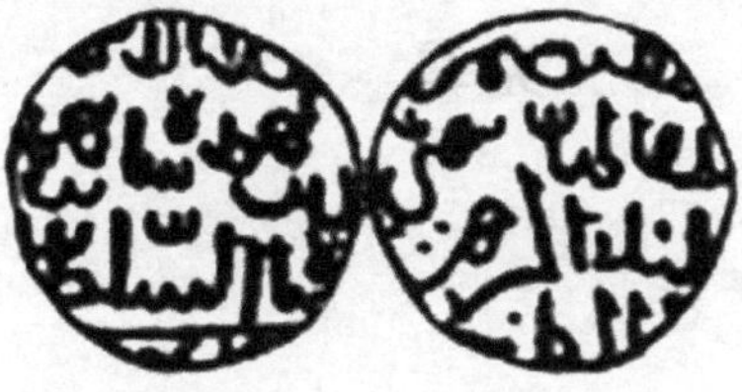

巴赫曼王朝“法尔斯”

艾哈迈德二世,公元 1436 ~ 1458 年

舍尔沙,佩沙

公元 1540 ~ 1545 年

阿克巴时期,这些沉重铜币抛弃旧名佩沙,换上新名戴姆(dam)。最终,我们看到印度—希腊德拉克马和沙希吉塔尔两种币制结合后,敷上浓厚的伪妆,成为这枚厚重的铜币,如耕牛般在莫卧尔早期经济中辛勤劳作。

阿克巴戴姆

公元 1556 ~ 1605 年

第二十四章　附记一：纪德菲——布哈拉的信用德拉克马*

中世纪史学家纳沙尔希记载：中世纪，一位名叫布哈拉·胡达(Kana Bukhar Khudat)的布哈拉[①]国王于阿布·伯克尔(Abu Bakhr)时期(公元632～634年)首次在布哈拉打造钱币。该币为银币，尚有实物币存世，钱币类型明显仿自萨珊君主瓦赫兰五世(Varahan Ⅴ)发行币。之后，至少从公元765年开始，阿拔斯王朝第尔汗银币在布哈拉发行。此后3个世纪，穆斯林在呼罗珊东部某些地区的统治并不稳定，故布哈拉的钱币史与近邻呼罗珊大为不同。在布哈拉·胡达王朝及之后的塔希尔王朝(Tahirids)和萨曼王朝的哈里发们的统治之下，伊斯兰标准类型第尔汗银币成为常见币。

约公元775年，布哈拉城银币短缺，据说当

---

* 本书第二十四章、第二十五章、第二十六章所述对象并非吉塔尔，而是与吉塔尔相关的其他钱币和史实，故列为附记。——译者注

① 布哈拉位于今乌兹别克斯坦中部。——译者注

时有种花剌子模类型第尔汗劣币（该币或为宽型萨珊风格德拉克马，正面为半身像，背面为骑像）开始流通，当地商人对此颇为恼怒。一些城中"要人"找到阿拔斯总督，提出按早先的布哈拉·胡达风格，发行自己的德拉克马劣币。总督接受了他们的建议。由于总督名叫纪德菲·阿塔（Ghitrif b. Ata），因此人们称该币为纪德菲币（ghidrifi）。

> 这些"要人"找到总督纪德菲，请求为他们打造外观类似布哈拉·胡达风格，但仅供本地使用不出口至外省的钱币。由于当时银价高昂，纪德菲与城中代表协商一致，开始打造包含金、银、铅、黄铜、铁和红铜六种金属的合金币。该币按以前风格打造，但以纪德菲名义发行，故称纪德菲币。起初，居民抗拒这种暗黑第尔汗。于是，政府强制以6纪德菲第尔汗兑换1纯银第尔汗，且税收机构以纪德菲币收税。后来，纪德菲币开始流通。之前，该行省税收低于200,000（银）第尔汗。现在，税收定在1,168,567纪德菲第尔汗。该税额确定不久，纪德菲币开始涨价，直至与亮白第尔汗持平，但税额不减。因此，布哈拉市民不得不支付与以往相比6倍的税赋。后来，纪德菲币继续涨价：至公元835年，100亮白第尔汗只值85纪德菲第尔汗［后文中，库巴维（Qubawi）提及公元1128年，100亮白第尔汗只值70纪德菲］。①

纪德菲币古老的萨珊德拉克马设计和粗劣的币材，让现代人很容易辨识（MI 294+，A93+）。

---

① Barthold W., Turkestan down to the Mongol Invasion, 3rd English edition, 1968. 原文译自纳沙尔希，下文将提及学者们这一段译文的详细解读。

纪德菲德拉克马

在此,我们发现布哈拉的“要人”们(或为主要商行)代表总督和他们自己精心设计了一场骗局。正如库斯鲁·马利克(120)时期在拉合尔引入非具象第尔汗机制一样,有一明一暗两种操作同时进行。明面上,该城公开采用信用币体系解决钱币短缺的问题。由于20世纪的政府近50年来普遍如此操作,20世纪的读者对此并不陌生。同时,暗地里,政府协调运作货币供给与税收立法,实现提高税收至以往6倍的隐秘计划。

从古代的伪亚里士多德经济学和中国管子到凯恩斯,运用通货膨胀机制通过财政实现货币剥削,已经成为世界经济理论的陈词滥调。但上述计划的不同之处在于,它运用“通货紧缩”机制通过财政来实现货币剥削。对布哈拉商人的这个原创,我们应脱帽致敬。显然,只要政府不发行过多纪德菲,这种方法就会奏效。从史料来看,它确实奏效了。纳沙尔希提道:公元835年,纪德菲相对第尔汗继续涨价,85纪德菲可换100第尔汗。近300年后的公元1128年,库巴维将该史料翻译成波斯文时加了一条注释:纪德菲继续涨价,现在70纪德菲就能换100第尔汗。此处币制面值应无错误,因其补充道:1金密斯卡尔(mithqal)值7½纪德菲第尔汗。

不知布哈拉的“要人”如此操作灵感何来?值得注意的是,纪德菲诞生之时正是阿拉伯帝国与中国唐王朝正面接触之时。两军约于公元750年交战。[①] 位于突厥斯坦门户的布哈拉很可能得到中国信用币

① 指怛罗斯之战(Bettle of Talas)。该战发生于公元751年(唐天宝十年),交战双方为唐朝军队与阿拉伯阿拔斯王朝军队,交战地点为中亚今帕米尔高原以北地区。——译者注

体系的相关信息。自王莽（公元 7 ~ 21 年）之后，中国发行了各种法币。中世纪早期，唐高宗于公元 666 年发行了以一当十开元通宝的乾封泉宝信用币（S. 350），但数量稀少。之后，唐肃宗（公元 756 ~ 762 年）困于安史之乱，大量铸造了以一当十和当五十开元通宝的乾元重宝（S. 352 +）。安史之乱时，叛军建立的短暂王朝也大量铸造了以一当一百开元通宝的得壹元宝和顺天元宝（S. 407 +）代币。这些币都发行于 8 世纪中国遭受严重内乱之时。中国经济评论家们表示，这些信用币发行的同时，重要赋税十倍于前（官员俸禄也激增）。[①] 布哈拉采用复古币型发行信用币的事情，不禁让我想起此前相隔甚远且具有里程碑意义的王莽信用币改革和复古铲币、刀币。王莽和纪德菲似乎都通过诉诸传统来显贵其钱币，以转移人们的注意力，掩盖改革的真正目的。[②] 如果将布哈拉事件正确地解读为 8 世纪中期中国经济理念在这片遥远异国土壤上立足，那么它并不孤立。同时期吸收了中国经济理念的中国钱币惯例也在日本的土壤上扎下了根即公元 757 至 958 年日本政府一手操纵的货币骗局。[③] 相关事件与布哈拉事件一样值得一读。[④]

---

① 参见彭信威：《中国钱币史》，上海人民出版社 2015 年版。

② 通过诉诸传统来掩饰革新是古往今来务实政客们的常见诡计。它如此常见，以至于后人再用时，它已失去了原有的威力。参见 Bertrand Russell, Power: A New Social Analysis, London: George Allen and Unwin, 1938, p. 39。

③ 日本在奈良至平安年间，于公元 708 ~958 年先后铸造了 12 种铜钱（史称“皇朝十二钱”）。在第一枚“和同开珎”以后，每一枚新钱发行时与旧钱的比价几乎都定为 1 比 10，但实际重量不断下降。日本采用这一货币发行方式与遣唐使和唐朝货币制度有关。详细内容可参见［日］久光重平：《日本货币史概说》，孟郁聪译，法律出版社 2023 年版。——译者注

④ Peng Xinwei, A Monetary History of China, trans. Kaplan, Western Washington University, 1994, p. 292. 但彭信威关于唐朝中国西域某种钱币现象的叙述并不可靠。他未能指出：大历元宝（约 769 年发行）和建中通宝（约公元 780 年发行）这两种唐朝发行币虽在中原地区数量稀少，但在中国西域数量众多。彭信威似乎并未意识到这点，他试图以两币为私铸币为由将其忽略。这不能使人信服。私铸币当然仿自标准开元通宝和政府法币。除正规开元通宝外，其余皆可称作信用币。这两个神秘币型大抵如此。从两币中我们可窥见 8 世纪新疆的特殊信用币。如情况属实，则布哈拉与中国西域两钱币事件如此之近，进一步证明了本书的观点。参见 Xinjiang Numismatics, ed. Zhu Yuanjie et al., Xinjiang Art and Photo Press, Hong Kong, c. 1990。

王莽时期钱币

开元通宝

乾元重宝

顺天元宝

大历元宝

建中通宝

喀喇汗第尔汗

如果我们将库巴维的注释正确解读为，公元1128年纪德菲币仍有效并在市面流通。那么，喀喇汗王朝自公元1100年起在该区域打造的宽版暗黑“第尔汗”系列币，显然与纪德菲币性质相同。更可能的是，库巴德所提及的第尔汗就是这些非具象暗黑第尔汗。它们已经取代了还在流通的纪德菲币。还有一种可能，即纪德菲币系已终止流通，这些暗黑第尔汗接替纪德菲的位置，在喀喇汗王朝的统治之下，继续运行信用币体系。[①] 19 世纪的一本重要著作对纳沙尔希德的以上段落进行了解读。从其方法来看，得出的唯一结论只能是纳沙尔希正探讨某个信用币的发行过程。史学家和钱币学家对此并不接受，他们寻求新的解释。而新解释更类似于对现代政治偏见的溯源，而非对这一钱币史料的解答，难以令人满意。

1871 年，爱德华·托马斯（Edward Thomas）在有关穆罕默德三世（Muhammad bin Tughluq）信用币的著述中写道："当然，采取如此大规模的措施，将皇帝的黄铜币等价于臣民的银币，在文明国家中居然鲜少受到抵制。这种带有个人偏见的论调为此后有关纪德菲币的著作定下了基调。"

巴苏德（Barthold）[②]详尽解释了纪德菲币的发行及其 6 倍涨价之谜。他揭示谜底："亮白第尔汗由于磨损而贬值。"他行文简洁，整齐罗列了两个不相干的论点和一个令人无法接受的解释。他是指银贬值了吗？如果是，他怎么知道的？而且为什么有文章反而说银价上涨了？他写的"亮白"二字是暗示第尔汗本身不再是纯银？这在 8 世纪晚期似乎不大可能，也没有相关钱币信息。他坚称银币磨损导致价值损失，但任何资深钱币学家在任何情况下都不会相信这种解释。我亲自看过的老币成百上千，但从没见过一枚币因为磨损而币重降半，更别说磨损 80%！

布莱克（Blake）写了一本很有创意的书，[③]书中有较大篇幅分析了纳沙尔希。他与巴苏德一样想解开银第尔汗相对纪德菲贬值之谜。在书中，他为纳沙尔希德那段话提供了另一个翻译版本，试图证明纪

---

① 多年前，我偶尔读到纳沙尔希及其史料。当时，我分析了喀喇汗王朝迪拉姆的构造基础，认为它们绝非迪拉姆，而是改良版的德拉克马，其原型是突厥—嚈哒人的德拉克马。

② Barthold W., Turkestan down to the Mongol Invasion, 3rd English edition, 1968, p. 204.

③ Blake R. P., Circulation of Silver in the Moslem East to Mongol Epoch, Harvard Journal of Asiatic Studies, 1937.

德菲包含贵金属第尔汗70%的价值。布莱克表示,虽然纪德菲与第尔汗的官方名义价值比为6∶1,但其金属价值比高于2∶3。他还表示,纪德菲最初价值是其名义价值的4倍。他宣称:“根据经济理论,当发行纪德菲来恢复两币平价时,银价会回落。”后来,福莱(Frye)[①]证明他所依据的纳沙尔希翻译有误,且夸大了纪德菲的潜在价值。

福莱明确地批评了布莱克的翻译,但是默认了他的“经济理论”。对此,我很难不置一词。根据我对经济实务的理解,如果布哈拉市发行潜在价值为其面值4倍的合金币,结果并不会导致银价贬值,而会导致投机者蜂拥而至哄抢该币,很快该市财政就会破产。布莱克“经济”之拙劣程度如此惊人,但我们不应批评他,而应同情他,因为没有哪个编辑愿意出版他的著作。

布莱克的著作发表10年之后,福莱对相关钱币及其相关币型进行了研究,对纳沙尔希钱币文中的钱币部分提出了新的翻译版本。在文中,他将纳沙尔希的两个方面内容拓展到他自己的十几个方面。但纳沙尔希讲述故事不是为了写钱币论文,而是为了报道他认为异常且值得注意的经济现象。对此,福莱只说:“巴苏德质疑纳沙尔希所述故事的真实性,它如非杜撰,必有一定程度的事实歪曲。”中世纪历史学家证明:纳尔沙希的叙述是对当时经济的评论,而钱币本身也证明了纳尔沙希叙述的真实性。但福莱罔顾事实,没有捍卫这一卓越观点。[②]

虽然我们在吉塔尔王国之外绕了一大圈,但这对吉塔尔研究至关重要。此前,吉塔尔的探讨只关乎两大矛盾的经济理念。一个是波斯经济理念:推崇纯金属,但迫于时事压力几乎牺牲了钱币功能。另一

① Frye R. N., Notes on the Early Coinage of Transoxonia, ANS, 1949.

② 我认为福莱对纪德菲钱币的叙述方式既夹杂了一些玩世不恭,又捎带了一些模糊事实,他还增加了大量文字拼写相关的材料来博人眼球,试图将其作为学术专著出版。我发现,现代专业学者对福莱方式的批判兴趣索然。20世纪的学者们对纳尔沙希的解读步履维艰,这让他们为此蒙羞。要深究此事,需跳出钱币和历史的领域,进入政治理念领域的探讨。我不会像此处一样只将其囿于钱币研究,而是将它放到一个更合适的位置,进入上述更深领域,那将使我不胜欢喜。

个是印度经济理念：推崇钱币功能而非币材金属，在中世纪印度经济理念中，贬值已经成为将钱币推向大众的工具。而对北部邻国的时政探讨又向我们揭示了第三种与吉塔尔发展相关的货币理念：信用货币。其终极始祖可能是中国。

早在马哈茂德统治时期，伽兹尼就出现了可称为阿富汗的伊斯兰形式纪德菲币实验（86e1 和 89e1）。第八章讲述了库斯鲁・马利克进行的信用币实验（120）及同时代人对他的效仿。第十五章指出了坎格拉币（61 +）的类似性质。以上叙述在布哈拉事件的背景之下变得更为可信。指引上述国家的并非只有少数柏拉图式知识分子能懂的脆弱西方信用传统，而是邻国布哈拉实实在在的日常经验。而布哈拉的灵感或许来自中国——一个信用货币操作经验非常丰富的国家。

86e1

120

61

第二十五章　附记二：达玛——中世纪印度北部的普通德拉克马银币

第三章探讨吉塔尔的早期发展时，我们注意到，晚期吉塔尔为适应全新的印度环境，含银量大幅降低。我们提出，这一改变的目的是按照或相对已有的印度币制面额对吉塔尔进行重新估值。而对于中世纪早期印度北部的银币币制面额，我们所知甚少，故目前无法准确确定是哪一种币制。但我们希望所收集到的信息能对愿意继续探索此事的人有所帮助。

要确定 11 世纪吉塔尔的贬值性质，就要进行详尽的冶金学分析。从目前已有信息来看，贬值要么是分两步走，即先贬值至含银量 25%，后贬值至含银量 18%；要么是一步到位，直接贬值至含银量 18%。无论哪种情况，都有可能新的金属价值等于已有币制，或以已有币制为标准。在此，我们将该已有币制面额称为达玛。

达玛历史复杂，可以追溯至公元前 2 世纪，巴克特里亚的印度—希腊王朝君主为其新设印度西北行省推行的新币制,约 2.4 克重纯银德拉克马。该币价值为当时阿富汗流通的阿提卡(Attic)4 德拉克马银币(tetradrachm)的 1/7,兑换纯度 80% 的 3.3 克孔雀王朝卡夏帕那能有少量利润。大约在印度—希腊王朝德拉克马出现时,卡夏帕那币停止打造。在某些情况下,可以理解为其中一个取代了另一个。之后,也许在公元前 1 世纪,位于古吉拉特的国际集市似乎抛弃了本地的货币形式,转而引入犍陀罗地区已经使用的印度—希腊王朝德拉克马来为他们的贸易服务。在古代西部资料中,我们发现了以米南德(Meanander)和阿波罗多托斯(Apollodotos)(MA 2050 +)命名的钱币在古代古吉拉特邦使用,现代钱币研究也对此进行了印证。之后,当地的西萨特拉普(Western Satrap)王朝开始发行类似印度—希腊原型的衍生银币(MA 2685 +),币重 2.3 克。之后至公元 450 年,笈多王朝(Gupta)(MA 4821 +)和伐拉比王朝(Valabhi)(MA 4885 +)基本沿用该类型发行钱币。自钱币史上的黑暗年代起,或此后多个世纪,该币的许多劣币版本得到打造。笈多王朝时期,统治者想将这种币制引入其中部行省,这也许促使穆克里族(Maukharis)和伐弹那族(Vardhanas)(MA 4929 +)在公元 550 ~ 650 年在印度中北部重新发行少量该币。

古代卡夏帕那

印度—希腊德拉克马

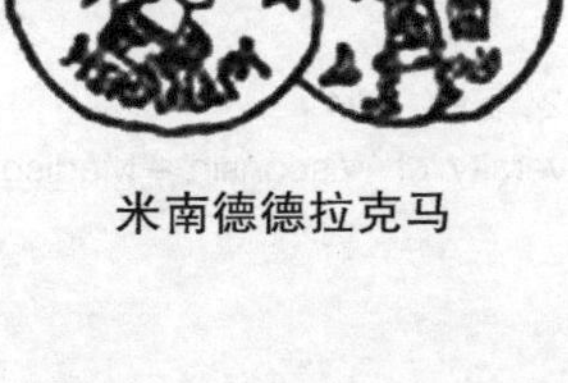

米南德德拉克马

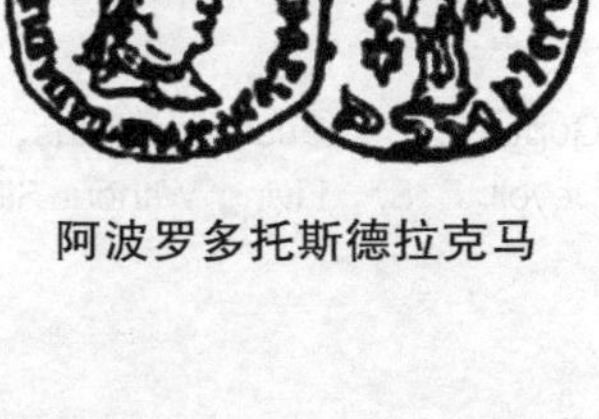

阿波罗多托斯德拉克马

西萨特拉普德拉克马

笈多德拉克马

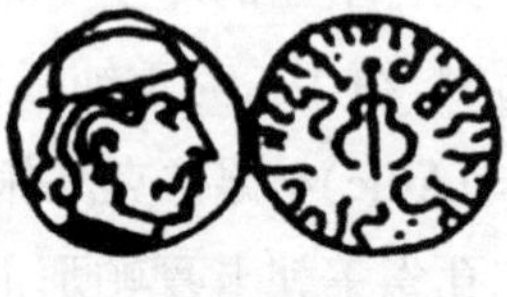

伐拉比德拉克马

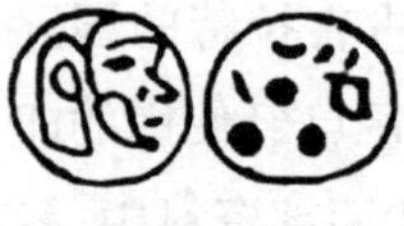

MA 4905

更重要的是,黑暗时期还出现了减重银币(MA 4905+)。这些钱币归属未明,制作粗糙,唯一可以确定的是它们的确源自笈多王朝发行的德拉克马。MA 4905+重约0.7克,显然在远离古拉吉特的旁遮普发行。[①] 这些粗制币目前并未吸引学术界的注意,但从表面的一些发现来看,它们是中世纪早期经济的重要组成部分。

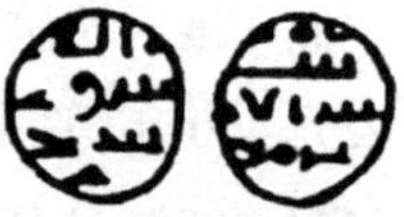

信德埃米尔达玛

中世纪早期印度经济的第二个非常重要的组成部分是大体归属于卡尔马特(Qarmatian)“信德埃米尔”的小型银币(MI 639+)。这些币存世量大,币重接近0.49克,保存完好。该币未见于伊斯兰世界,虽然在穆斯林各类著作中被口头称为“第尔汗”,但它似乎是假设币制达玛的其中一种。此前,人们猜想笈多减重德拉克马与卡尔马特信德第尔汗之间存在某种联系。直到发现一种目前尚未公布的、带阿拉伯语和那伽里文双语币文、具后笈多时代设计的0.5克重银币,它们的联系终于得到了印证。卡尔马特与沙希同时代,且与之相邻,所发行币一定数量充沛,因它们至今仍常见。戴耶尔斯翻译了本·霍卡尔(Ibn Haukal)写于约公元967年的一段文字,意为:1枚沙希吉塔尔(非劣币)可兑换5枚信德达玛。[②] 如吉塔尔贬值4倍,含银量降至约18%,而卡尔马特币为纯银,那么晚期沙希吉塔尔相对达玛只有少量溢价,4沙希吉塔尔克购买5信德达玛。

---

① Gupta L. C., Bust type coins, ND, 1992, p.80-94.

② Deyell J. S., Living Without Silver, University of Wisconsin-Madison, 1982, p.47.

湿婆提婆达玛

因此，该信息指向黑暗时期德拉克马的贬值。该币制在印度北部或西北地区保留了下来，币重范围为0.5至0.7克。我们没有对所探讨币型进行冶金学分析，因此无从评论该币制的实际银价值。从现存钱币和资料来看，尼泊尔国王湿婆提婆（Sivadeva，公元1098～1126年）决定发行银币时，将该币称作达玛，币重约为0.4克。①

我们可从13世纪末历史学家萨库拉·费卢的著作中获得当时达玛和吉塔尔（杰瑟拉）相对价值的书面信息，因为在他那个时代，以上两币显然为众所周知的价值衡量单位。达玛的名义价值降至1/60银天罡（10.9克），而吉塔尔价值为1.25达玛、1/48天罡。由此推算，该时期4吉塔尔可换5达玛。有没有可能10世纪本·霍克尔时期吉塔尔与达玛为5∶1的价值比，通过沙希帝国陨落时期简单的4倍贬值，导致了费卢时代吉塔尔与达玛为5∶4的价值比？我们现在对币材金属所含成分一无所知，因此无法凭空猜测。但是，我们确知费卢时期达玛的含银量少于0.2克。更重要的是，它不仅是一种钱币，还是一种被称为“汉尼”的计价单位，以此计算其他钱币的价值。

对于费卢时期的达玛，还有另一种解读。古普塔②似乎认为它并非源于古印度—希腊王朝的德拉克马（通过一系列币型链追溯的结果），而是来自匈奴人（Huns）入侵期间的北印度钱币类型萨珊德拉克马。毫无疑问，后者对印度西北部钱币带来长达数个世纪的重要影响，产生了人们熟知的加底亚派沙（Gadhaiya Paisa）发行币、古吉拉—波罗提诃罗王朝（Gujara-Pratihara）发行币，以及博伽一世（Bhoja Ⅰ，公元836～882年）及其后王朝发行币等。对本·霍卡尔③那段文字最恰当的解读是，沙希吉塔尔不仅与在此被认为是达玛的卡马尔特“第

---

① Rhodes，Gabrisch and Valdettaro，The Coinage of Nepal，RNS，1989，p.51－53.

② Gupta P. L.，Coinage of the Khalji Sultans of Delhi，JNSI，1957.

③ Ashkalu－I Bilad of Ibn Haukal，译自 Elliot H. M.，The History of India，ed. Dowson J.，1867，repr. Dehli，Ⅱ，1990，p.568。

尔汗”相关,而且与重量为沙希币 4/3 倍的鞑靼币相关。该鞑靼币无疑是从深受嚈哒(Ephthalite)影响的鞑靼传入印度的,略重于 4 克的萨珊德拉克马。对于该 4 克币与费卢时期达玛币的价值差异难题,古普塔一笔带过:“该币在费卢时期已不再代表一种币制,而且该币币材为混合金属。”这种解释似乎令人难以信服。相较而言,对戴耶尔所提到的普拉坦拉普班哈萨姆格拉哈(Puratanaprabandhasamgraha)的深入探讨更引人入胜①。戴耶尔似乎认为“帕鲁沙·德拉玛”(Parutha dramma)是印度—萨珊王朝德拉玛币的一种,价值为普通“德拉玛”的 8 倍。该资料的背景为 13 世纪早期,那么这些普通“德拉玛”很可能就是我们所找的印度—希腊王朝德拉克马低重量衍生币达玛。在这一点上,我们应想起吉德梅斯(Gildermeister)复原的本·霍卡尔文字片段。② 我们可对该段文字这样理解:“它说明了 10 世纪印度—萨珊王朝鞑靼币也可与某种价值为其 8 倍的德拉克马进行换算。”

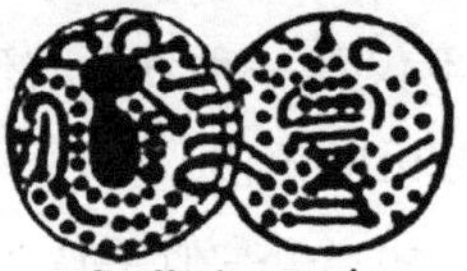

Gadhaiya paisa

加底亚派沙

Bhoja I dramma

博伽一世达玛

鞑靼德拉克马

① Deyell J. S., Living Without Silver, University of Wisconsin - Madison, 1982, p. 112.

② Elliot H. M., The History of India, ed. Dowson J., 1867, repr. Dehli, I, 1990, p. 35, note 2.

我们当然可以进一步对穆斯林资料展开全面的文献研究,从而在印度历史档案中发现更多相关材料。但很遗憾,此类工作无法在此赘述。

很可能古代印度2.4克德拉克马的贬值导致了约0.5克某种银币的诞生,你可称该币为德拉克马、德拉玛、达玛、第尔汗、达里克(daniq)、汉尼或任何其他名称。它成为印度北部中世纪银的计价单位,多个王朝按该标准打造钱币,它也为其他银币和合金币提供了标准的计量单位。

第二十六章　附记三：吉塔尔法币与马匹贸易商

与前章有关达玛的探讨一样，本书最后一章的信息也并非连续、完整的材料体系，而是一些有关钱币和中世纪印度马匹贸易的完全不同的信息片段和某些冒险的直觉判断，供感兴趣的读者参考。尽管这些材料加起来并不算多，但是希望读者可以结合全面的历史资料或考古研究的新材料，最终能从中得出有价值的东西。

对本章内容深入研究的价值并非来自钱币信息，而是从马匹贸易的历史资料中揭示出来。多种独立信息源提到了马匹交易的不同分支，并强调了相关规模的巨大。面对如此强有力的外部信息，我们很难相信，马匹交易不会在吉塔尔的发展中留下至少一丝踪迹。

在我们的叙述中，巴达赫尚的昆都士是个边境城市，有个异常活跃的造币厂，与马匹交易有千丝万缕的联系。我们发现，昆都士造币厂并非典型的阿富汗造币厂，主要体现在以下几个方面：它并不打造非具象伽兹尼类型“皇家”吉塔尔；它发行过明显与远方城市拉合尔和德里（240 和 243）或至少其贸易团体相关的钱币类型；以及它采用异常币重标准。异常币重的采用使这些钱币与布哈拉和撒马尔罕的宽版 4.5 克法币相关联，说明这些币可能为法币。

240

243

昆都士

我们提到坎格拉可能是 13 世纪马匹交易集市所在地，且这种可能性很大。表面看来，坎格拉币（61 及以后）与昆都士币大为不同，但我们也惊讶地发现两者存在相同点：两者都打造德里和拉合尔类型；两者都不遵循本地制币标准，而这一方式让人联想到它们为法币。

69

坎格拉

347

葛罗禄

葛罗禄王朝那塞尔时期在印度西北部打造的双语吉塔尔在很多方面与众不同。（348）它比其他葛罗禄发行币常见得多，看起来也劣质得多。它虽币材低劣，但雕刻精美，模切的多个方面体现出保真措施，其币型和铭文中所藏的大量控制符号也指向了保真的用途。采用精密制造进行防伪的方式广为人知，在中世纪古代中国法币和现代纸币中尤为常用。而在此处，它也显示了这些钱币价值中含有信用成分。当然，在本书中提及这些钱币，最重要的原因还是钱币背面大胆描绘了一匹马的图案，这在以往钱币中非常少见。

226
巴鲁干

关于这一点，还要提到另一个比较神秘的币型，那就是阿富汗巴鲁干造币厂的花剌子模沙发行币 226。巴鲁干与昆都士一样打破了花剌子模沙阿富汗发行币的统一模式。虽然巴鲁干是在当时地名目录中名不见经传的边塞之地，但它打造的钱币数量十分惊人，是除昆都士和巴米扬这两个同时期只打造非具象伽兹尼类型币的造币厂外，打造钱币最多的地方。其钱币按约 2.2 克的特殊币重标准打造，币重较低，似乎是比同时期标准更低的合金劣币。当然，最重要的是它有一匹马的图案。整个吉塔尔系列中，只有 226 和 347 采用了这个（没有骑士的）马匹图案。我的相关研究到此为止。不知道巴鲁干附近山区高地上是否有重要的养马场，抑或巴鲁干这个边塞之地是否在通往亚叙附近中世纪大型养马场的马道上。我只提供少量相关钱币信息，其余的留待他人探讨。

第二部分　币型图录和对照表

币型图录

币型图录使用须知

在接下来的币型图录中，我们将吉塔尔分为25个重要的类型。如需了解某种吉塔尔币的属性，只需查找最符合这种吉塔尔币的图像，然后在变型图录中查找完整的属性描述。当了解边缘带那伽里文字的低银合金瘤牛币和马币时要特别小心，解密它们就像解决纵横填字谜一样，整个文字需要通过币坯上展示的一些小细节来猜测。大多数类型图案都是从特别宽的币坯样本上取得的，但为了提供进一步帮助，在变型图录中，文字按照（大多数样本）图案的本来样子提供。所以，如果你愿意，请挑选你喜欢的钱币，开始探索吧！

对于想了解更多币型图录分布的人来说，这本书包括与沙希瘤牛—骑像银币一个或多个进化步骤相关的所有我可以找到主要变体的范例，也就是说，所有这些都是原本货币发行者们发行的不同版本的沙希币，或者其衍生版本。

此外,11 世纪和 12 世纪伽兹尼发行的各有特色但紧密相关的瘤牛银币第尔汗代表性例子也包括在内(但每位统治者的发行币仅收录一个变体)。

由于原本的沙希吉塔尔币发行时总伴随一个铜币“小兄弟”,而这种“银—铜双金属面值套装”也为后世吉塔尔币发行者所沿用或复苏,本书也包含所有可被视作“吉塔尔—铜币”面值套装部分的所有铜币。

最后一组“其他货币”也包含在内,但并未直接按编号顺序介绍:这些以“Nex”形式编码的“其他货币”:(1)可能但不一定是吉塔尔版本的货币;(2)并非吉塔尔本身,但在某些方面显示或解释了吉塔尔的设计发展变化。

我们无法对货币作一个理想的排序,因为选择任何种类的排序都会违背某些学派的思想。在此,货币的排序尽量确保以年代进行分类。因此,印度王朝货币在穆斯林王朝之前,早期西部王朝货币在晚期东部王朝之前。在每个王朝中,货币按照统治者排序,每个统治者中按照金属排序(银、吉塔尔、铜),每个金属中按类别排序。吉塔尔类别由其自身的图案定义,大多数情况下,这些图案看起来代表了某个城市的标志(尽管为其他城市很多造币厂所借鉴)。根据其发源地,这些类别大致以从西到东的顺序列示。在最复杂的情况下,例如,花剌子模·沙阿拉 - 乌德 - 丁时期,主要类别顺序为:“塔里甘”马币类型在“伽兹尼”币文类型之前,而“伽兹尼”币文类型在“库拉曼”瘤牛类型之前。

同样,设计变体在文字变体之前。类型和变体的区分无论怎样,多少有些随意,但仍是以“设计为主导”进行布局的。有深远意义的图案变体通常只在变型图录中出现,望读者谨记。

排序方法并未直接考虑实际造币地,因为许多造币地打造一种以上的吉塔尔,同一造币厂打造的货币在列示清单内几乎呈无序散布。同样,相同类别的货币几乎散见于几个王朝。这令人遗憾,但也无可避免。各王朝名义上表明了造币政策:钱币上的设计似乎向使用者定义了“它是什么”。而钱币研究则应适当澄清:这些钱币是怎样使用相关信息的。忽视排序则会导致对这些信息断章取义。精通古阿拉伯语和那伽里语的人能立即认出哪些钱币由哪个统治者发行。而对于像我一样的单一语言使用者,希望精缩式、设计导向的展现方式能对读者有所帮助。

大部分钱币按以下方式归于某一造币厂。

德里——造币厂的名字“德里”刻在钱币上。

德里?——似乎读作“德里”的造币厂的名字刻在钱币上。

造币厂?——似乎有造币厂名字刻在钱币上,但已无法读出。

(德里)——虽然钱币上未铭刻,但这种钱币类型很有可能由德里发行。

(德里?)——这种风格的钱币似乎很可能由德里造币厂发行,但仍存疑。

在后几任德里苏丹德统治下,几乎所有吉塔尔都在德里打造。这些币的面值虽不同,但都被印刻在币面的图案上。各种类型的金属成分用“AR、W、B、AE”等编码大致说明。

AR:看似为银,含银量至少为30%;

W:亮白合金,含银量为8%至30%;

B:暗黑合金,可辨识非红色铜,含银量为2%至8%;

AE:黄铜,裸露金属可辨识为红色,含银量可能低于2%。

沙希王朝[①]

1. 斯帕拉帕提(Spalapati) 公元750～900年 4.3克标准重量  AR	8. 斯帕拉帕提(续) 铜币  AE	15. 萨曼塔(续) “Ta”  AR
2. 同上  AR	9. 瓦卡（Vakka) 公元800～1000年  AE	16. 同上 右上方徽记  AR
3. 同上 3.3克标准重量  AR	10. 同上  AE	17. 同上 哈他(Hata)  AR
4. 同上 “Gu” 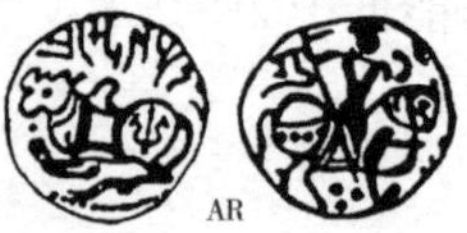 AR	11. 比马(Bhima) 约公元990年  AR	18. 同上 2.2克标准重量  AR
5. 同上 “A”  AR	12. 同上 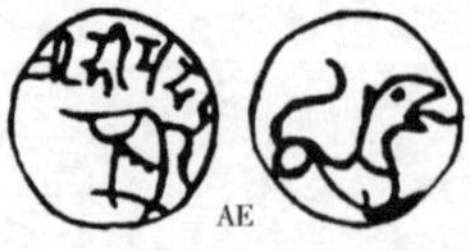 AE	19. 同上 铜币  AE

① 排列顺序为先从上至下，再从左至右。——译者注

续表

6. 同上 "Ka"  	13. 鸠摩罗(Kumara) 约公元950年 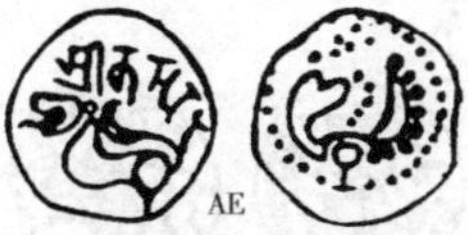 	20. 同上 
7. 同上 "Da"  	14. 萨曼塔(Samanta) 公元850~1000年  	21. 沙希王朝? 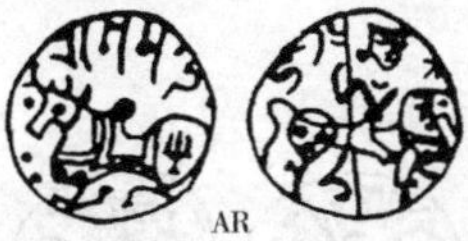

伊斯兰王朝、佚名王朝和小王朝(公元900~1200年)

21e1. 沙希王朝?  	27. 未读出 公元900年  	34. 佚名王朝 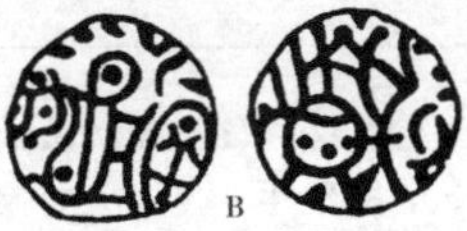
克什米尔 21e2. 第达(Didda) 约公元1000年 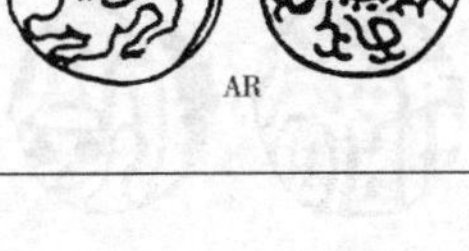 	未归类 28. 比马(Bhima)? 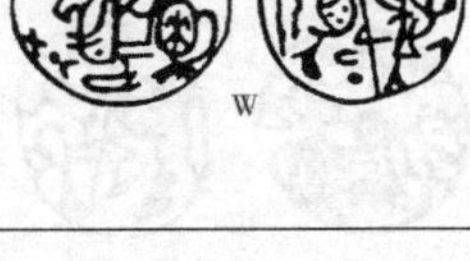 	35. 同上 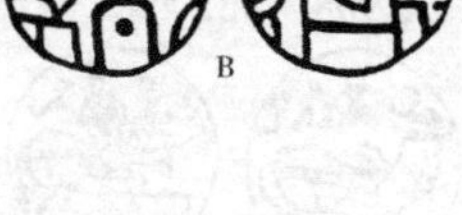

续表

沙希王朝结构，伊斯兰王朝发行 22. 库达拉雅卡（Khudrayaka） 公元 870 ~ 875 年  AR	29. 同上 “Te”  W	小王朝 36. 卡哈 · 提婆（Kalha Deva）  B
23. 同上  AR	30. 同上 “Ku”  W	37. 伽伽那 · 帕沙（Gagana Patha）？  AE
24. 同上  AE	31. 同上 “Ti”  B/AE?	38. 索马雷克哈（Somale-kha） 公元 1110 ~ 1120 年  AE
25. 穆瓦法克（al-Muwaffaq） 公元 878 年 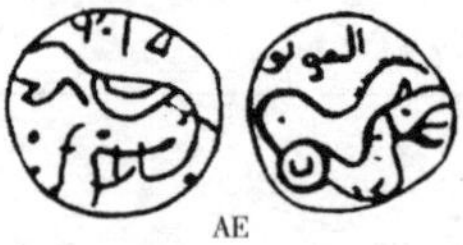 AE	32. 佚名王朝 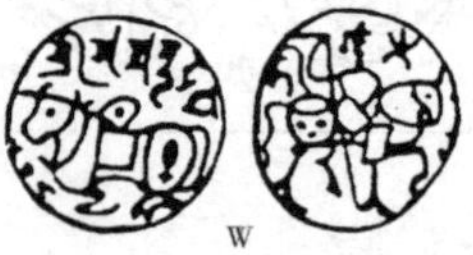 W	39. 玛希 · 帕拉（Mahi Pala） 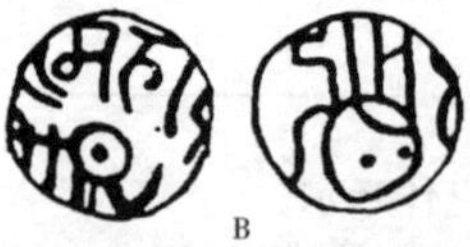 B
26. 穆卡塔德（al Muqtadir） 公元 908 ~ 932 年  AR	33. 同上 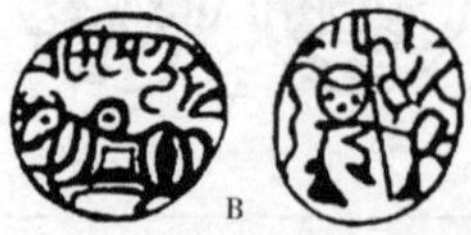 B	40. 同上 “Ma” 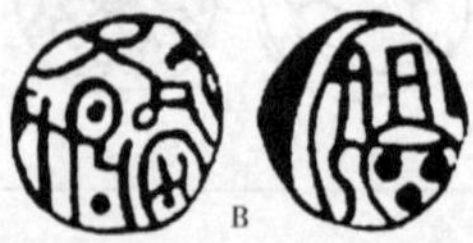 B

布达翁、德里、纳瓦尔土王及其他

40e1. 马希帕拉二世(Mahipala Ⅱ，身份未知) 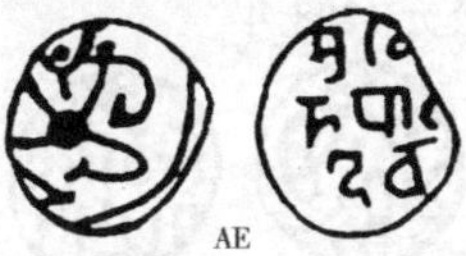 AE	德里土王(续) 47. 皮帕拉(Pipala) 约公元 1168 年  W	54. 佚名王朝(续) (公元 13 世纪?)  AE
布达翁土王 41. 艾姆瑞塔(Amrita) 公元 1195 年  W	48. 克提(Kirtti) 约公元 1169 年 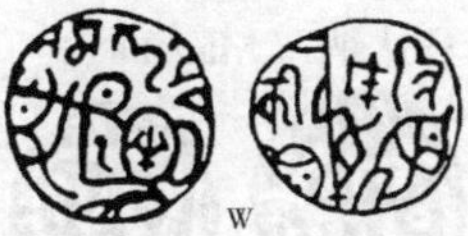 W	未归类 55. 室利·卡－(Sri Ka-) (公元 13 世纪?) 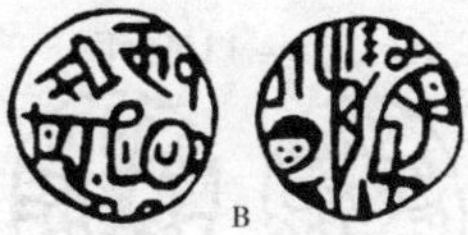 B
德里土王 42. 萨拉卡斯夏那(Sallakshana) 公元 1120 ~ 1130 年 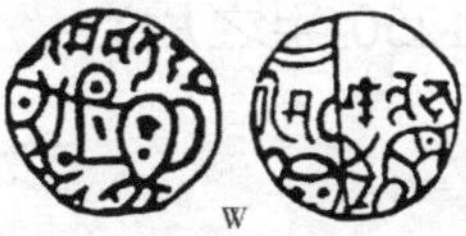 W	49. 索米斯瓦拉(Somesvara) 公元 1169 ~ 1172 年 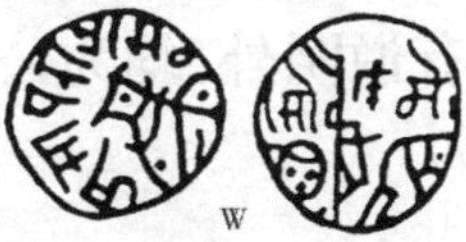 W	纳瓦尔土王 56. 马拉雅·瓦尔玛(Malaya Varma) 公元 1223 ~ 1233 年  W
43. 安南嘎(Ananga) 公元 1130 ~ 1145 年  W	50. 查哈达(Chahada) 公元 1172 ~ 1191 年 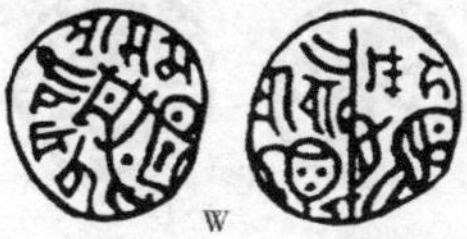 W	57. 查哈达 公元 1245 ~ 1259 年 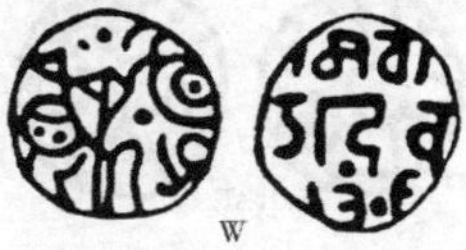 W

续表

44. 同上 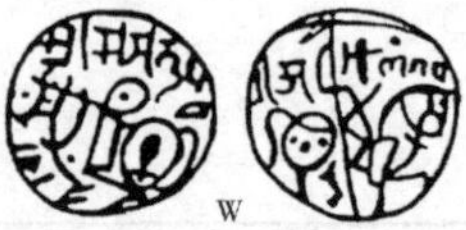 W	51. 同上 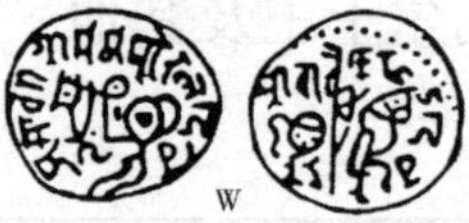 W	58. 阿萨拉(Asala) 公元 1255 ~ 1297 年 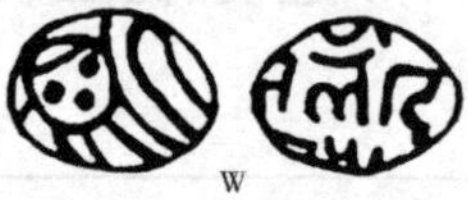 W
45. 马达纳(Madana) 公元 1145 ~ 1167 年 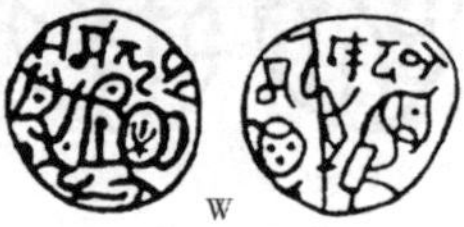 W	52. 普利斯威三世(Prithvi Ⅲ) 公元 1191 ~ 1192 年  W	59. 查哈达二世 公元 1298 年  W
46. 普利斯威二世(Prithvi Ⅱ) 公元 1167 ~ 1169 年 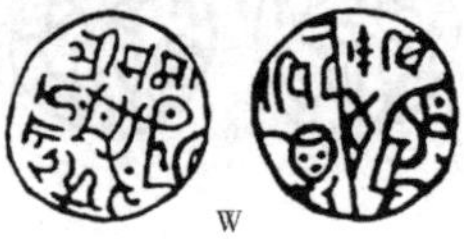 W	53. 佚名王朝 (公元 13 世纪?) “马达纳”(Madana) 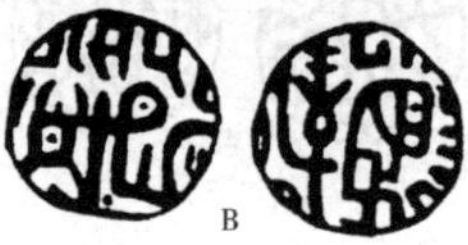 B	60. 甘那帕提(Ganapati) (13 世纪早期) 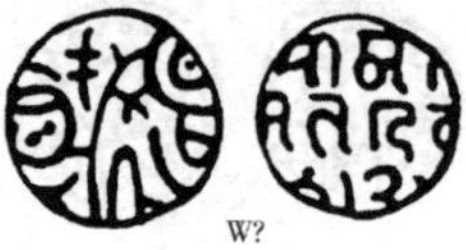 W?

坎格拉土王(除另有说明外,均为公元 1250 年之后)

61. 鲁帕(Rupa) 约公元 1200 年  B/AE	68. 崔罗卡(Triloka) 约公元 1240 年 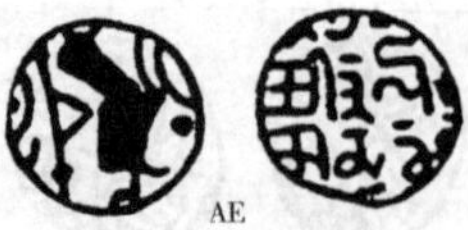 AE	75. 古纳(Guna)  AE

续表

62. 同上 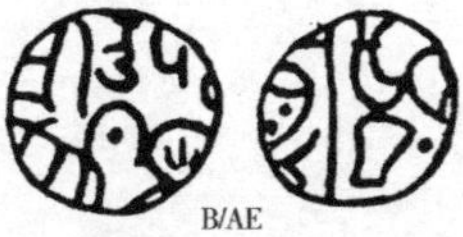 B/AE	69. 皮撒玛(Pithama) 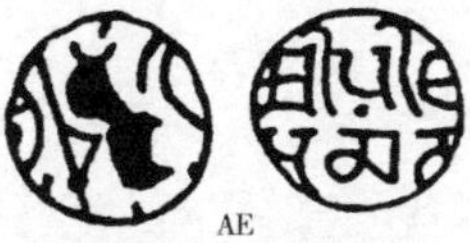 AE	76. 阿瓦塔拉(Avatara)  AE
63. 同上  B/AE	70. 辛格拉(Singara)  AE	77. 那兰德拉(Narendra) 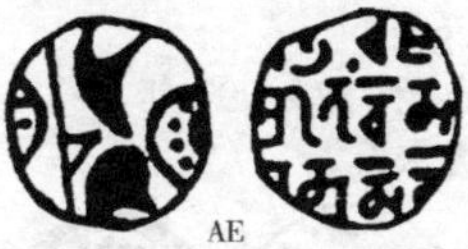 AE
64. 卡帕(Kapa) 约公元 1215 年  AE	71. 哈利 (Hari) 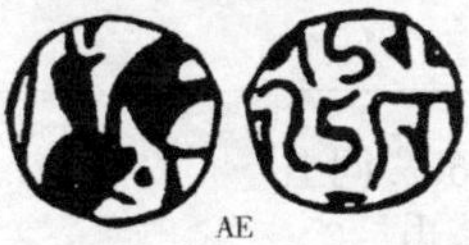 AE	78. 苏维拉(Suvira)  AE
65. 同上  AE	72. 麦格哈(Megha)  AE	79. 普雷亚戈尊奉易卜拉欣(Prayaga ack. Ibrahim) 公元 1517 ~ 1520 年  AE
66. 阿普尔瓦(Apurva) 公元 1230 年  AE	73. 卡玛 (Karma) 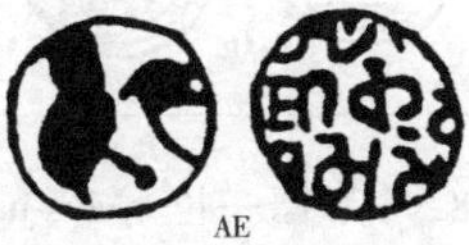 AE	80. 拉玛尊奉易卜拉欣(Rama ack. Ibrahim) 公元 1520 ~ 1527 年  AE
67. 同上  AE	74. 杉萨拉(Sansara) 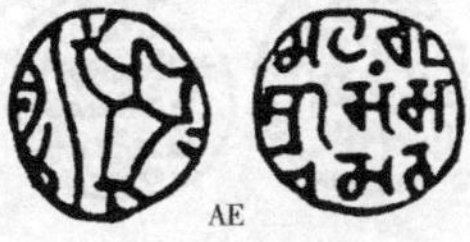 AE	81. 未归类(坎格拉?) "卡玛"(Kama)  AE

伽兹尼王朝

82. 苏布克特勤(Sebuk-tegin) 公元 977 ~ 997 年 法尔万 	86e1. 马哈茂德(续) 巴斯特(Bust)? 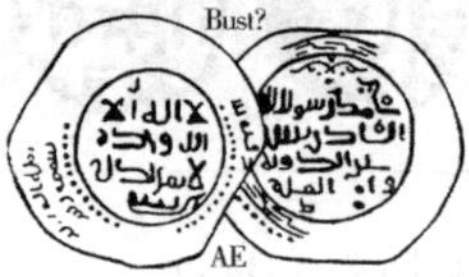	89e3. 马苏德(几世?) (伽兹尼?) 
83. 同上 (伽兹尼) 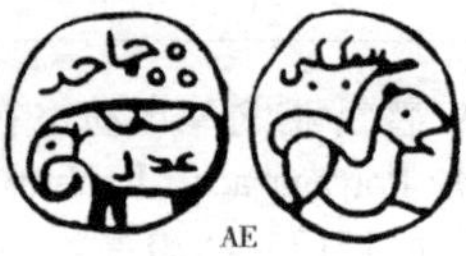	86e2. 同上 造币厂? 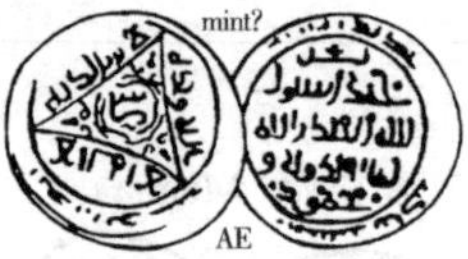	89e4. 马苏德? (伽兹尼?) 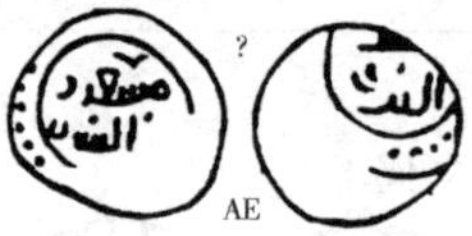
83e1. 同上 造币厂? 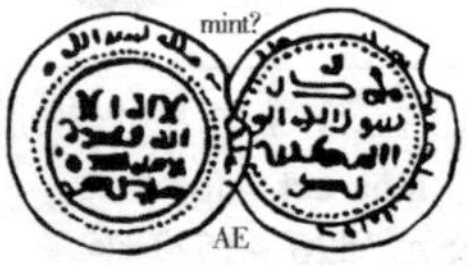	87. 穆罕默德 (Muhammad) 公元 1031 年(伽兹尼) 	90. 马乌杜德(Mawdud) 公元 1041 ~ 1050 年 伽兹尼 
84. 伊斯玛伊尔(Isma'il) 公元 997 年 (法尔万?) 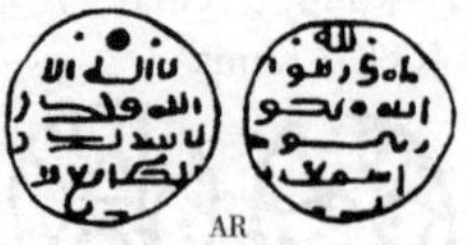	88. 马苏德一世(Mas'ud I) 公元 1031 ~ 1041 年 (伽兹尼) 	91. 同上 (拉合尔) 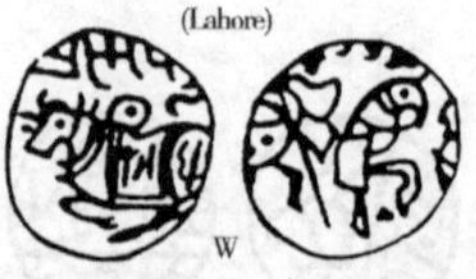

续表

84e1. 伊斯玛伊尔(Isma'il?) 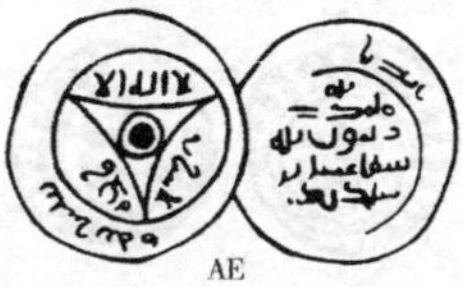	89. 同上 (拉合尔) 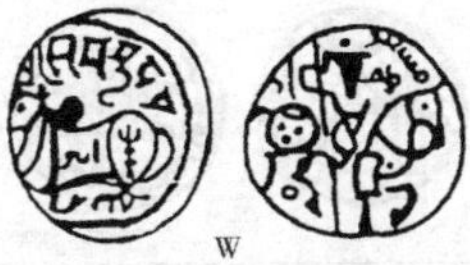	92. 同上 (拉合尔) 
85. 马哈茂德(Muhmud) 公元 998 ~ 1030 年(伽兹尼) 	89e1. 同上 造币厂? 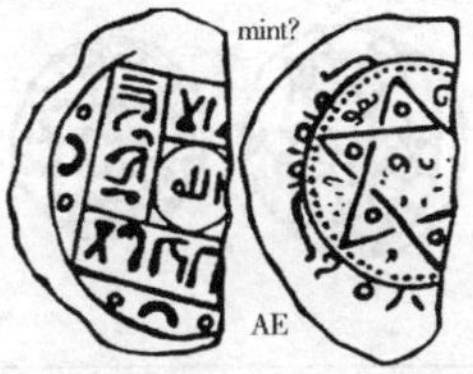	93. 同上 拉合尔 
86. 同上 "马哈茂德布尔"即拉合尔 	89e2. 同上 (伽兹尼?) 	94. 同上 (拉合尔) 

伽兹尼王朝(续)

95. 阿卜杜勒·拉希德 公元 1050 ~ 1053 年 伽兹尼 	101. 易卜拉欣(Ibrahim) 公元 1059 ~ 1099 年 伽兹尼 	107. 阿尔斯兰(续) (拉合尔) 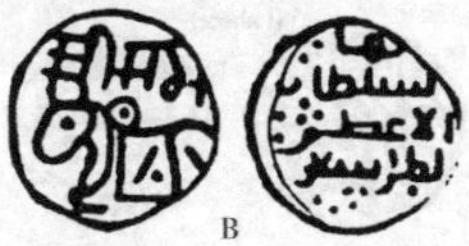

续表

96. 同上 拉合尔 Lahore  W	102. 同上 拉合尔  W	107e1. 同上 （伽兹尼）  AE
97. 同上 （拉合尔） (Lahore)  W	103. 同上 （拉合尔）  W	108. 巴拉姆沙（Bahram-shah） 公元 1118～1152 年 伽兹尼 Ghazna  W
98. 法鲁克扎德（Farrukhzad） 公元 1053～1059 年 （拉合尔） (Lahore)  AR	104. 马苏德三世（Ma'sud Ⅲ） 公元 1099～1115 年 伽兹尼  W	109. 同上 尊奉：桑贾尔（ack. Sinjar） （拉合尔） 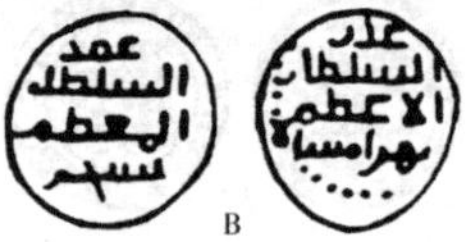 B
99. 同上 （拉合尔） (Lahore) 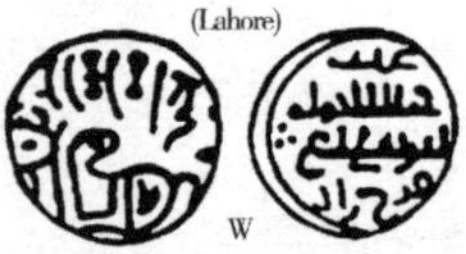 W	105. 同上 （拉合尔） 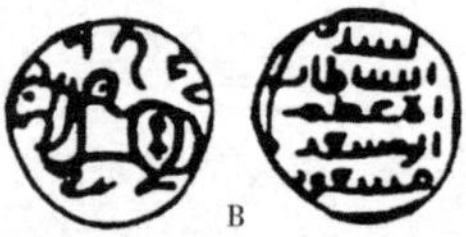 B	110. 同上单枚 （拉合尔） 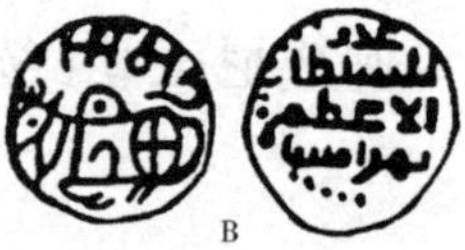 B
100. 同上 （拉合尔） (Lahore)  W	105e1. 马苏德三世？ （伽兹尼） 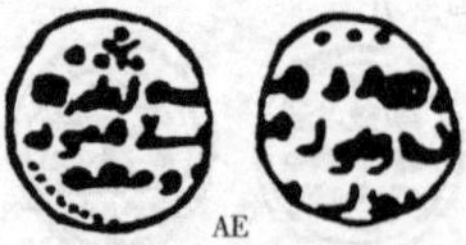 AE	110e1. 同上 （伽兹尼） 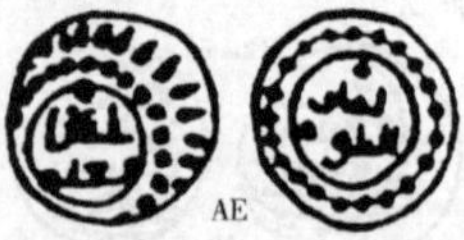 AE

续表

	106. 阿尔斯兰(Arslan) 公元 1115 ~ 1118 年 伽兹尼 	111. 巴拉姆沙? (拉合尔?) 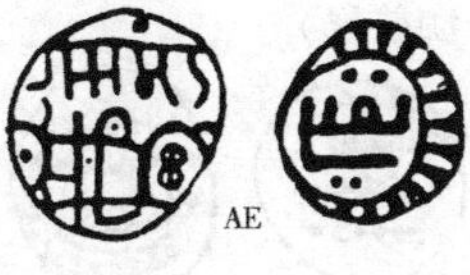

伽兹尼王朝(续)和锡斯坦

112. 胡斯鲁 · 沙(Khusru Shah) 公元 1152 ~ 1160 年 (伽兹尼) 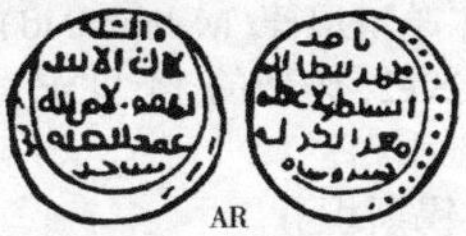	119. 库斯鲁 · 马利克(续) (拉合尔) 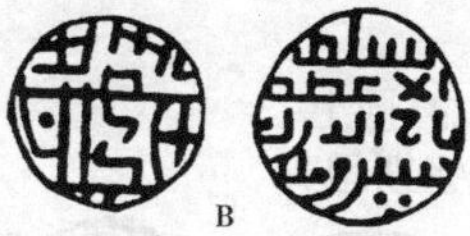	126. 巴拉姆 · 沙(Bahram Shah) 公元 1215 ~ 1221 年 (锡斯坦) 实物币有相关报道,但未见过
113. 同上 (拉合尔) 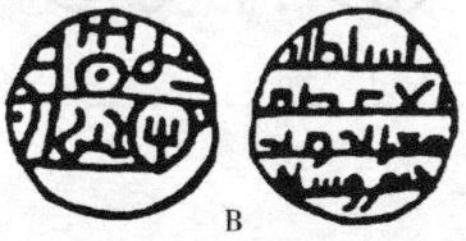	120. 同上 (拉合尔) 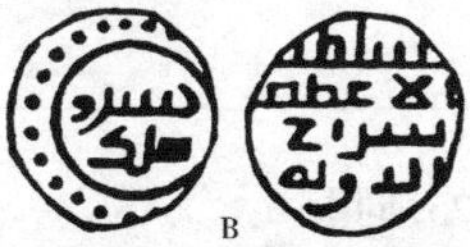	127. 那塞尔 公元 1221 年(锡斯坦) 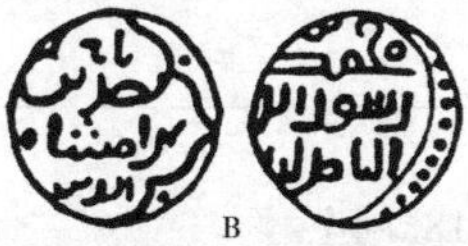
114. 胡斯鲁沙? (拉合尔?) 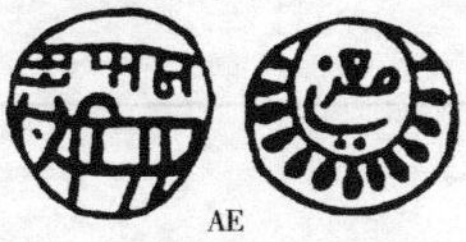	121. 同上 (拉合尔) 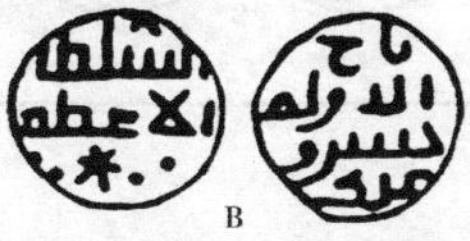	128. 阿布 · 曼塞尔(Abu Mansur) 公元 1221 ~ 1222 年 (锡斯坦) 

续表

115. 库斯鲁·马利克 公元 1160 ~ 1186 年 (伽兹尼) 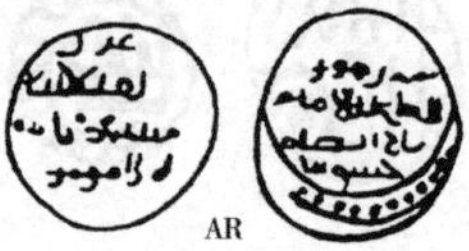 AR	122. 库斯鲁·马利克? (拉合尔?) 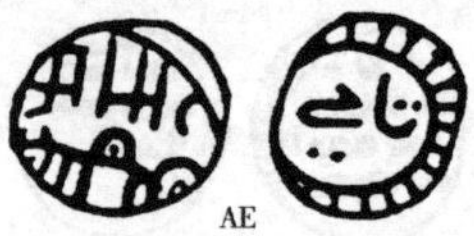 AE	129. 穆扎法(Abu'l-Muzaffar) 公元 1222 年 (锡斯坦) 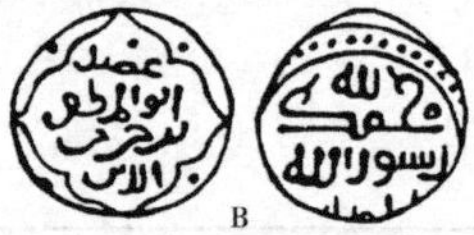 B
116. 同上 库拉曼 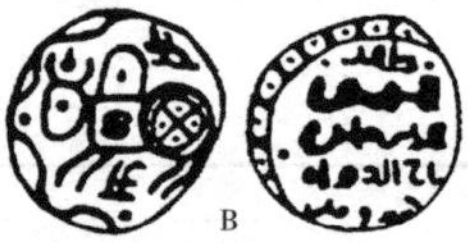 B	萨法尔王朝(Saffarids) 123. 哈布(Harb) 公元 1167 ~ 1215 年 (锡斯坦) 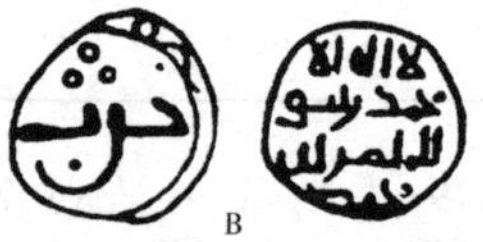 B	伊尔汗(Ilkhan) 129e1. 诺鲁兹(Nawruz) 公元 13 世纪晚期 (锡斯坦) 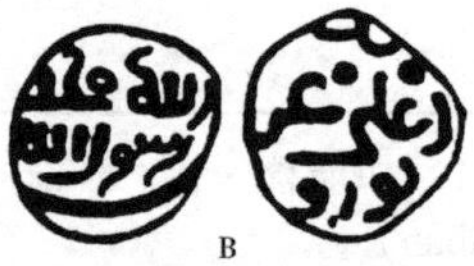 B
117. 同上 (库拉曼) 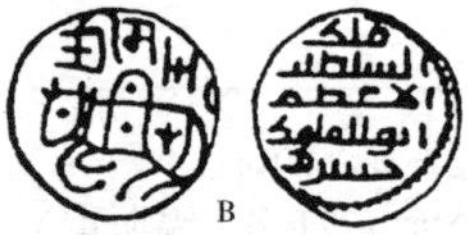 B	124. 同上 (锡斯坦) 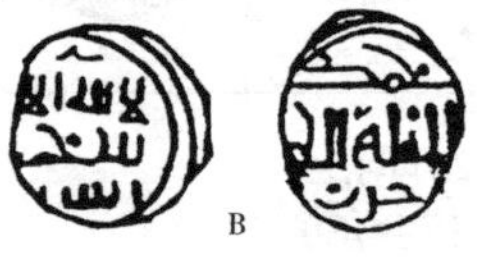 B	米哈班尼德(Mehrabanid) 129e2. 典型的 14 世纪发行币 (锡斯坦) 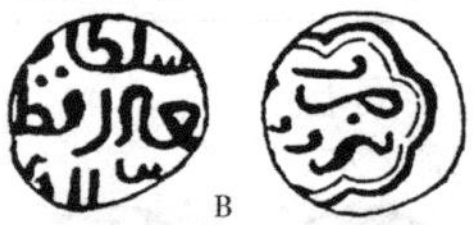 B
118. 同上 (拉合尔) 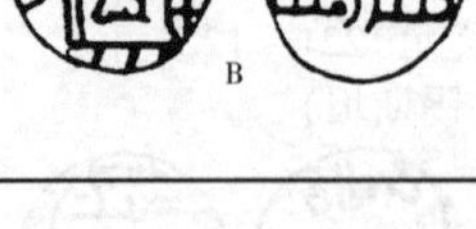 B	125. 同上 (锡斯坦) (Sistan) 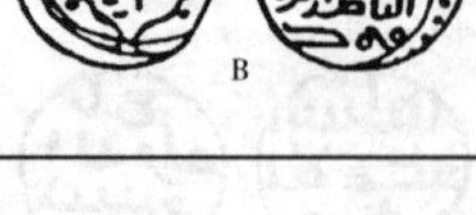 B	

古尔王朝 - 古尔

130. 基亚斯(Ghiyath) 公元 1163 ~ 1203 年 塔里甘(Taliqan)  B	137. 基亚斯(续) 法尔万  W	144. 马哈茂德(续) (沙夫坎?)  B
131. 同上 塔里甘  B	138. 同上 库拉曼  B	145. 同上 法尔万? Farwan? 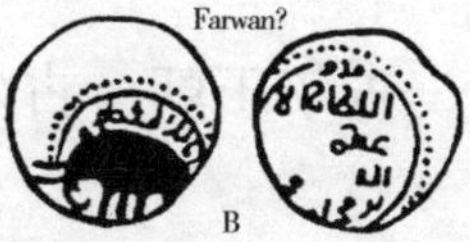 B
132. 同上 科兹宛  B	139. 同上 沙夫坎 Shafurqan  AE	146. 同上 造币厂?  B
133. 同上 沙夫坎  B	140. 同上 造币厂? mint?  AE	147. 同上 (沙夫坎?)  B
134. 同上 (沙夫坎?)  B	141. 马哈茂德 公元 1206 ~ 1212 年 塔里甘  B	148. 同上 (沙夫坎?) 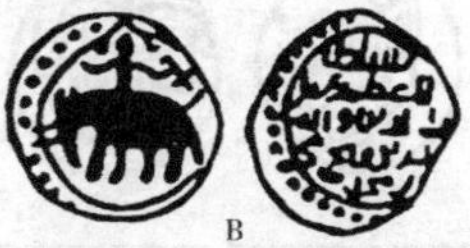 B

续表

135. 同上 造币厂？  B	142. 同上 达瓦尔 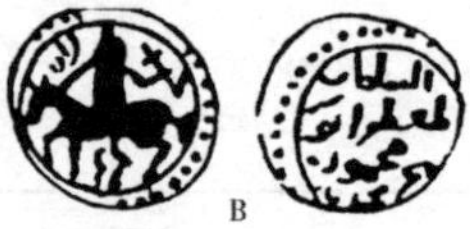 B	149. 同上 （拉合尔） 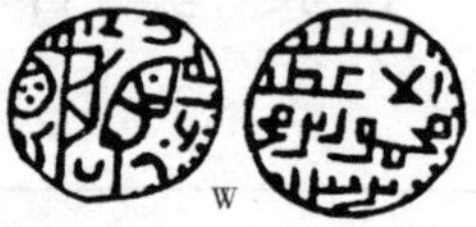 W
136. 同上 （塔里甘？） 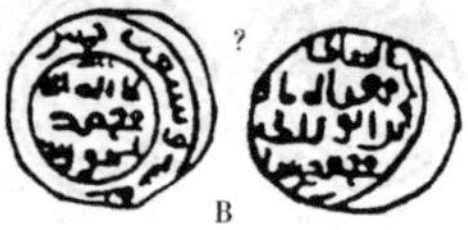 B	143. 同上 赫拉特  B	150. 同上 （科兹宛）  AE

古尔王朝－古尔（续）和古尔王朝－巴米扬

古尔王朝－古尔（续） 151. 马哈茂德（续） （科兹宛？）  AE	158. 巴哈 · 乌德 · 丁（续） 瓦尔瓦利吉 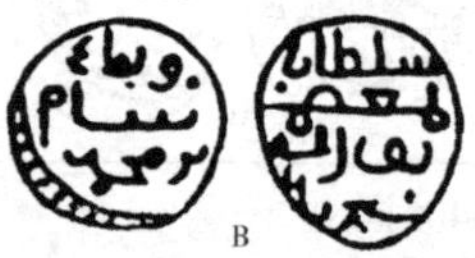 B	165. 阿里（’Ali） 公元 1206～1215 年 造币厂？  W
古尔王朝－巴米扬 152. 沙姆斯 · 乌德 · 丁（Shams-ud-din） 公元 1163～1192 年 造币厂？  W	159. 同上 法尔万？  B	166. 同上 巴米扬 Bamiyan  B

续表

153. 巴哈－乌德－丁 (Baha-ud-din) 公元1192～1206年 法尔万 Farwan  W	160. 同上 (巴米扬?)  B	167. 同上 (巴米扬?)  B
154. 同上 (造币厂?) (mint?) 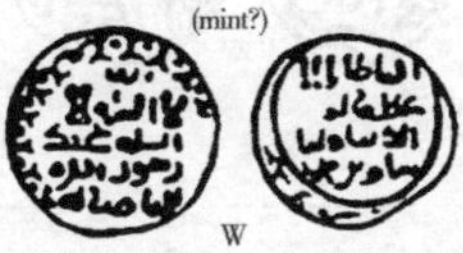 W	161. 同上 (巴米扬?)  B	168. 同上 (巴米扬?) (Bamiyan?) 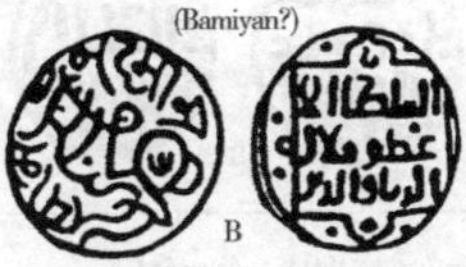 B
155. 同上 (造币厂?) (mint?) 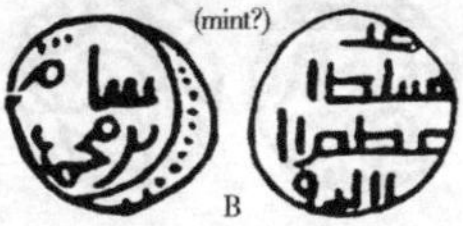 B	162. 巴哈? (巴米扬?) 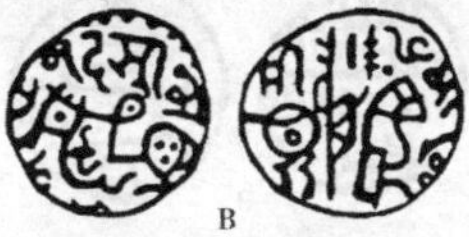 B	169. 同上 (巴米扬?) 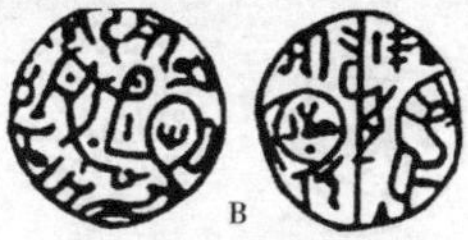 B
156. 同上 造币厂? mint? 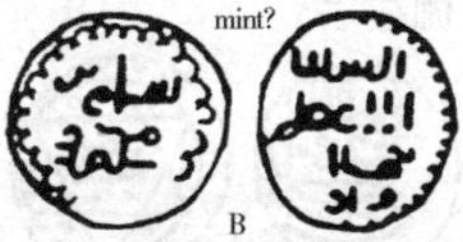 B	163. 佚名 (巴米扬?) 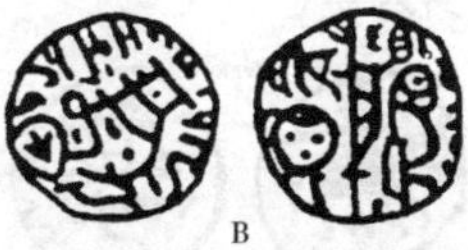 B	170. 同上 瓦尔瓦利吉  B
157. 同上 巴尔赫 Balkh 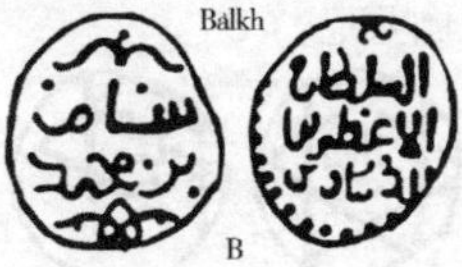 B	164. 同上 (巴米扬?) 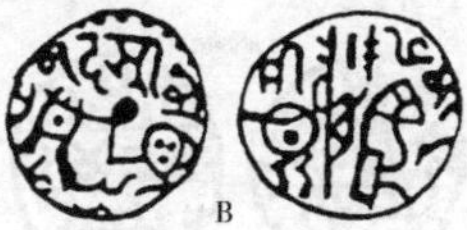 B	171. 同上 造币厂?  AE

古尔王朝 – 巴米扬(续)和古尔王朝 – 伽兹尼

古尔王朝 – 巴米扬(续) 172. 阿里 尊奉：花剌子模·沙 (ack. Khwarezm Shah) (巴米扬?) 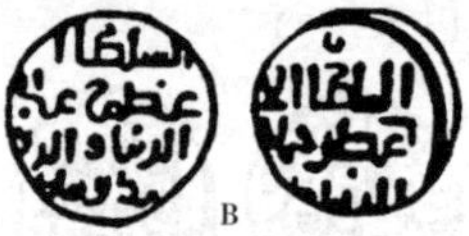 B	179. 穆伊兹(续) (拉合尔) 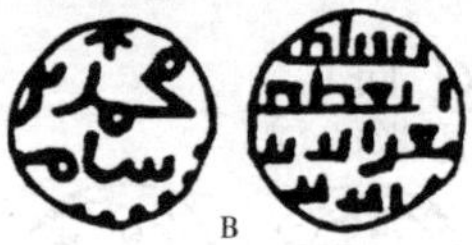 B	186. 穆伊兹(续) (德里 – {骡子}) 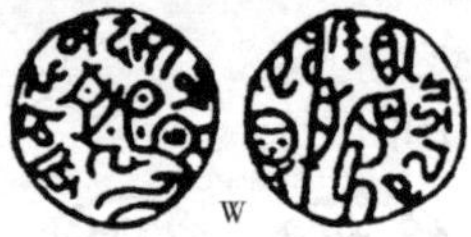 W
古尔王朝 – 伽兹尼 173. 穆伊兹(Mu'izz) 公元 1173 ~ 1203 年 塔里甘  B 参见 136	180. 同上 (拉合尔) 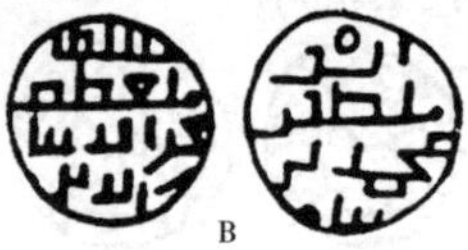 B	187. 同上 (布达翁)  W
174. 同上 库拉曼  B	181. 同上 (拉合尔) (Lahore)  W?	188. 同上 (伽兹尼)  ? AE
175. 同上 (库拉曼) 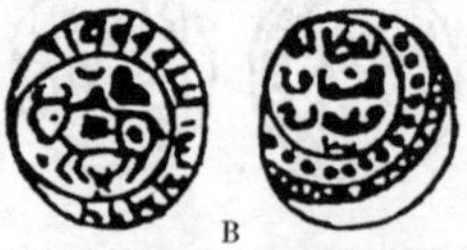 B	182. 同上 (拉合尔) (Lahore) 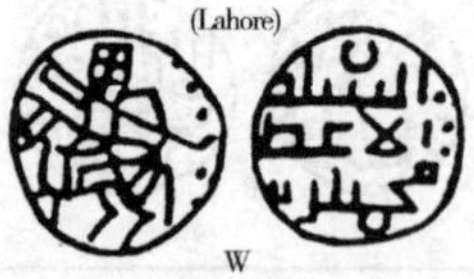 W	189. 同上 (伽兹尼?) 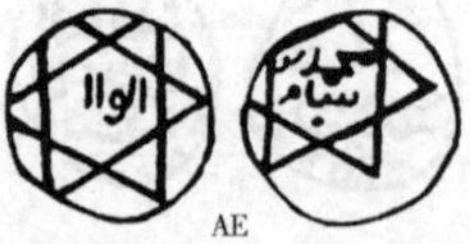 AE

续表

176. 同上 (库拉曼?) 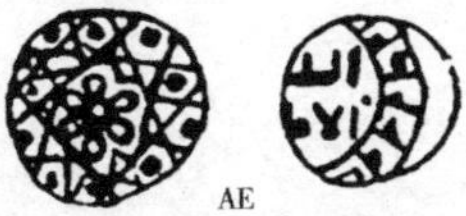 AE	183. 同上 (拉合尔)  W	190. 同上 (伽兹尼) 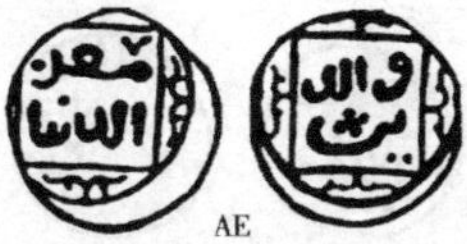 AE
177. 同上 (库拉曼) 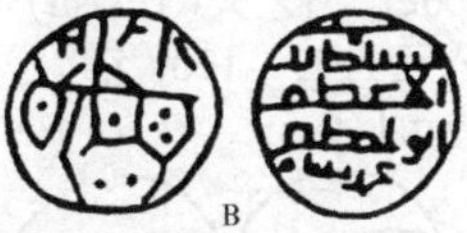 B	184. 同上 (拉合尔)  W	191. 同上 (伽兹尼)  AE
178. 同上 (库拉曼)  B	185. 同上 (德里) 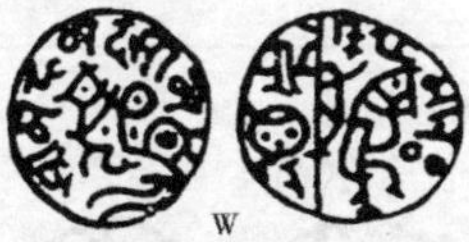 W	192. 同上 (拉合尔?)  AE

伊尔迪兹、库巴卡和花剌子模·沙

193. 伊尔迪兹 公元 1206 ~ 1215 年 塔金(阿巴德)  B	200. 伊尔迪兹(续) (库拉曼) 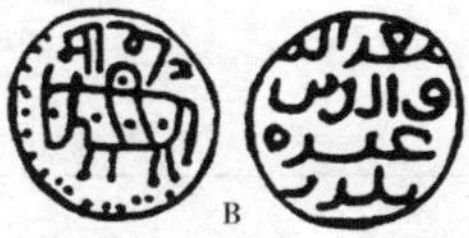 B	205. 库巴卡 (公元 1203 ~ 1228 年) (木尔坦)  W
194. 同上 塔金阿巴德?  B	201. 同上 (拉合尔) 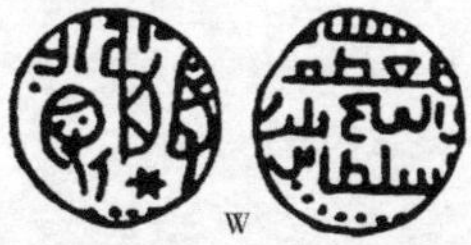 W	206. 同上 (木尔坦)  W

续表

195. 同上 达瓦尔 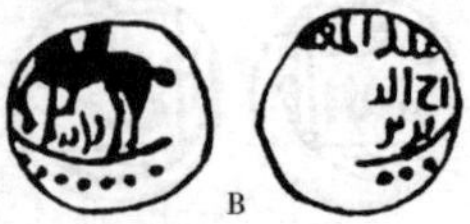 B	202. 同上 （伽兹尼） 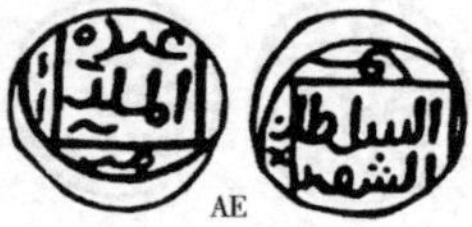 AE	
196. 同上 （达瓦尔？）  B	203. 同上 （伽兹尼） 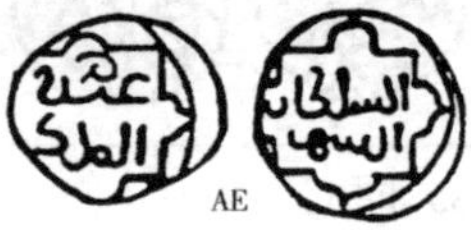 AE	花剌子模·沙 206e1. 帖乞失（Tekish） 公元 1172～1200 年 造币厂？ 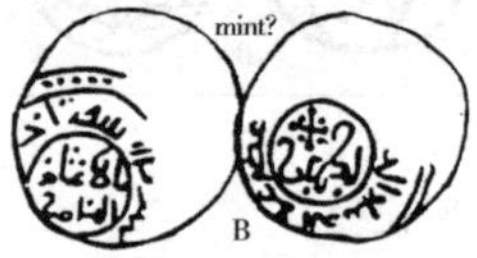 B
197. 同上 巴斯特（Bust）  B	204. 同上 （拉合尔？） 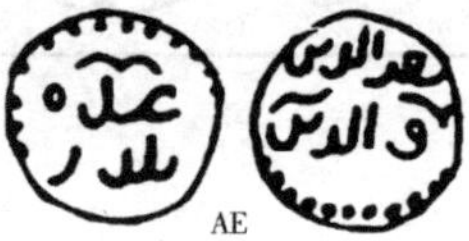 AE	206e2. 同上 （造币厂？） 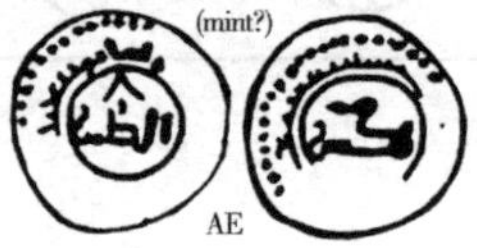 AE
198. 同上 （造币厂？）  B		207. 阿拉－乌德－丁·穆罕默德（Ala-ud-din Muhammad） 公元 1200～1220 年 （伽兹尼）  AR
199. 同上 （伽兹尼）  W		207e1. 同上 铁尔梅兹 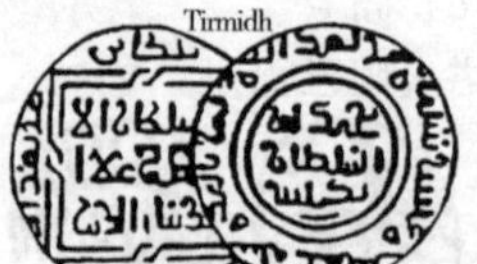

花刺子模·沙(续)

208. 阿拉－乌德－丁·穆罕默德(续) 塔里甘 	215. 阿拉－乌德－丁·穆罕默德(续) 达瓦尔 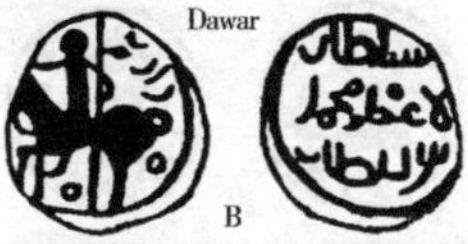	222. 阿拉－乌德－丁·穆罕默德(续) 造币厂? 
209. 同上 塔里甘 	216. 同上 达瓦尔 	223. 同上 造币厂? 
210. 同上 沙夫坎 	217. 同上 (造币厂?) 	224. 同上 沙夫坎 
211. 同上 沙夫坎 	218. 同上 锡比 	225. 同上 (造币厂?) 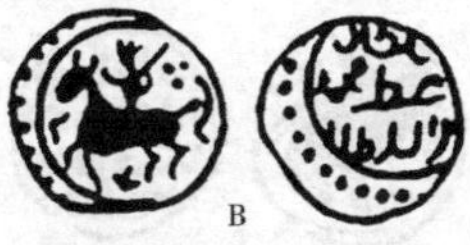
212. 同上 沙夫坎 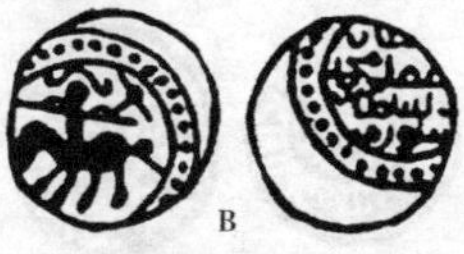	219. 同上 塔金(阿巴德) 	226. 同上 巴鲁干 

续表

213. 同上 (沙夫坎)  B	220. 同上 巴斯特  B	227. 同上 科兹宛 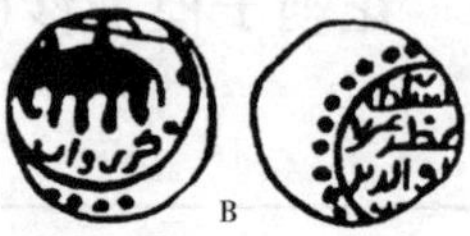 B
214. 同上 达瓦尔 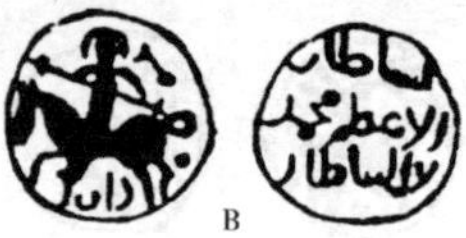 B	221. 同上 赫拉特 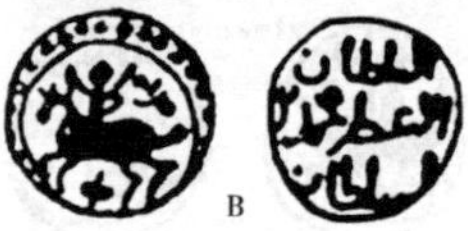 B	228. 同上 科兹宛  B

花剌子模·沙(续)

229. 阿拉 – 乌德 – 丁·穆罕默德(续) 科兹宛  B	236. 阿拉 – 乌德 – 丁·穆罕默德(续) 巴米扬  B	243. 阿拉 – 乌德 – 丁·穆罕默德(续) 昆都士  B
230. 同上 沙夫坎  B	237. 同上 (巴米扬)  B	244. 同上 (“x”造币厂) 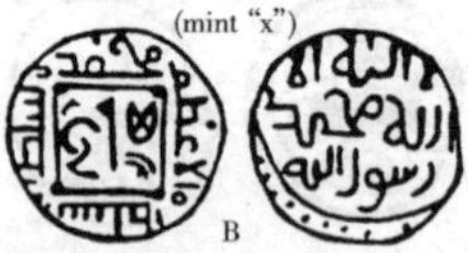 B
231. 同上 (造币厂?)  B	238. 同上 昆都士  B	245. 同上 塔里甘  B

续表

232. 同上 沙夫坎  AE	239. 同上 (昆都士) (Qunduz)  B	246. 同上 科兹宛  B
233. 同上 昆都士  B	240. 同上 (昆都士) (Qunduz)  B	247. 同上 沙夫坎  B
234. 同上 昆都士 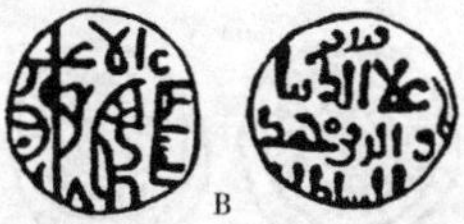 B	241. 同上 (昆都士?) 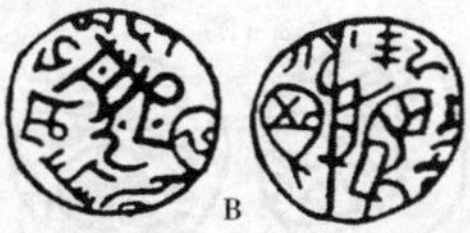 B	248. 同上 (“x”造币厂) (mint “x”) 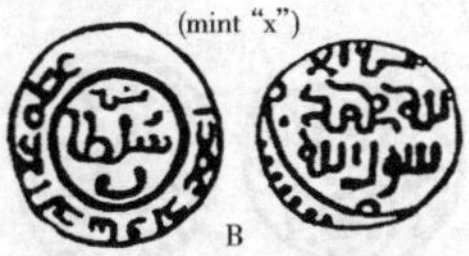 B
235. 同上 巴尔赫 Balkh  B	242. 同上 (昆都士?) 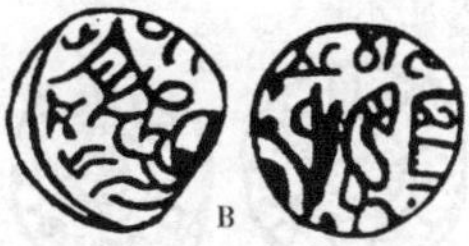 B	249. 同上 锡比 Sibi  B

花剌子模·沙(续)

250. 阿拉－乌德－丁· 穆罕默德(续) 达瓦尔 Dawar 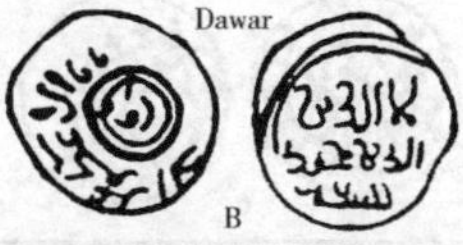 B	257. 阿拉－乌德－丁· 穆罕默德(续) (“y”造币厂?) (mint “y”?) 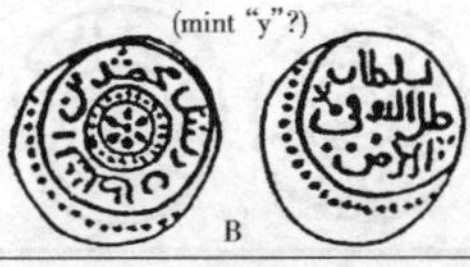 B	264. 阿拉－乌德－丁· 穆罕默德(续) 菲瓦 Fivar 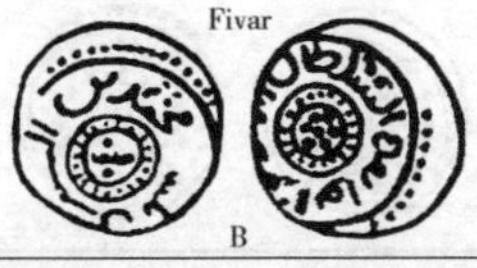 B

续表

251. 同上 达瓦尔 Dawar 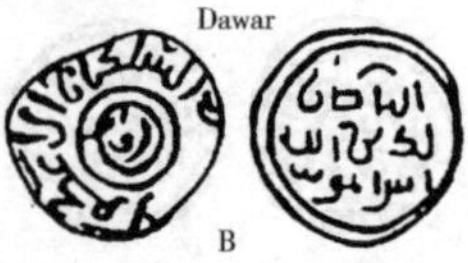 B	258. 同上 塔金阿巴德 Talomanad 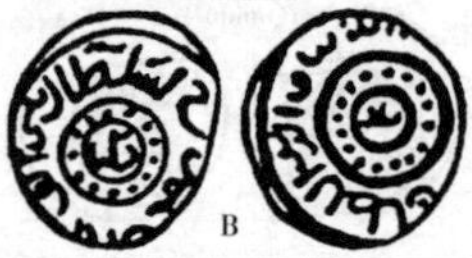 B	265. 同上 桑戈 Sangah 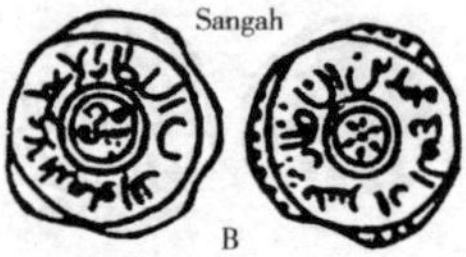 B
252. 同上 塔金阿巴德 Takinabad 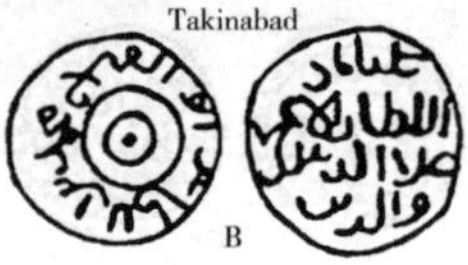 B	259. 同上 塔金(阿巴德) Takin(abad) 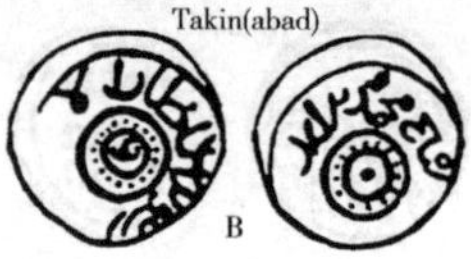 B	266. 同上 造币厂? mint? 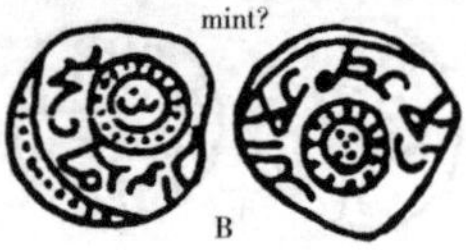 B
253. 同上 库斯特? Khust?  B	260. 同上 扎敏达瓦尔 Zamin Dawar  B	267. 同上 ("y"造币厂) (mint "y") 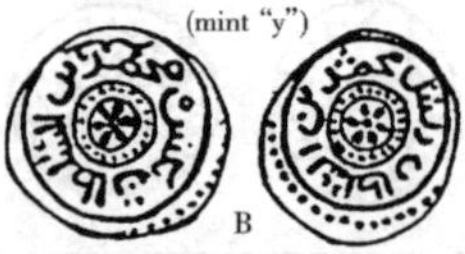 B
254. 同上 ("y"造币厂) (mint "y") 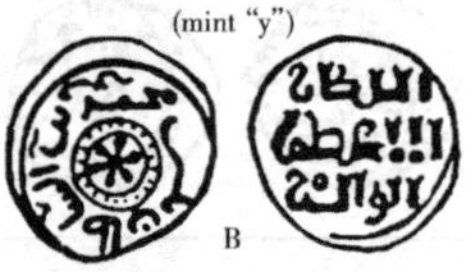 B	261. 同上 达瓦尔 Dawar 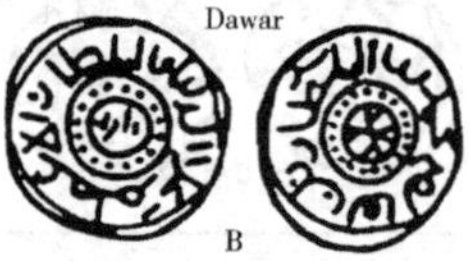 B	268. 同上 (塔金阿巴德) (Takinabad) 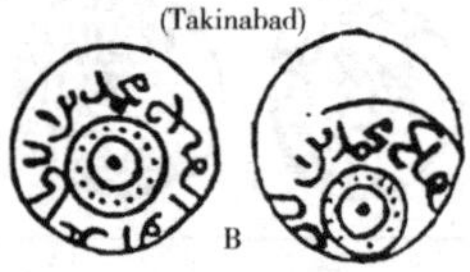 B
255. 同上 ("y"造币厂) (mint "y") 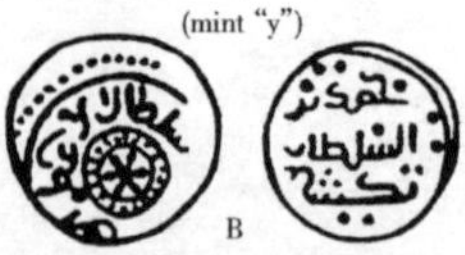 B	262. 同上 达瓦尔 Dawar 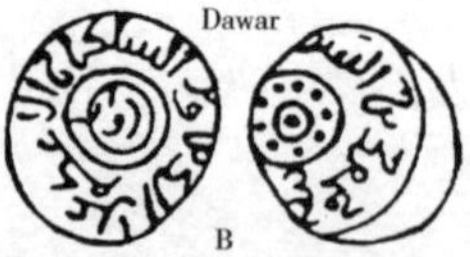 B	269. 同上 未提及! NM! 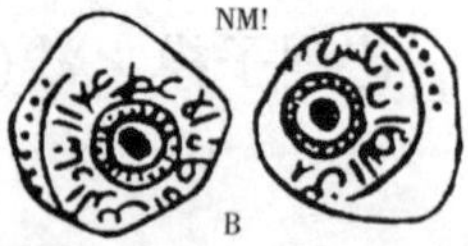 B
256. 同上 ("y"造币厂?) (mint "y"?) 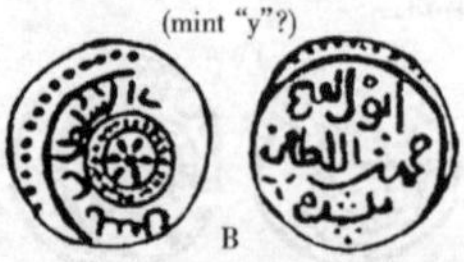 B	263. 同上 "沙/-? -"? "Shah/-?-"?  B	270. 同上 科兹宛 Kurzuwan  W

花刺子模·沙(续)

271. 阿拉 – 乌德 – 丁·穆罕默德(续) 科兹宛 Kurzuwan  B	278. 阿拉 – 乌德 – 丁·穆罕默德(续) 法尔万 Farwan  B	285. 阿拉 – 乌德 – 丁·穆罕默德(续) (“y”造币厂) (mint “y”) 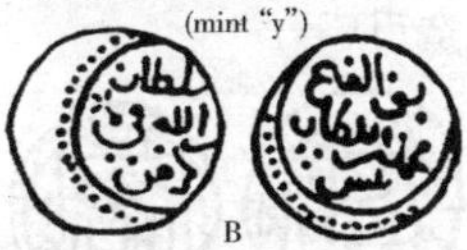 B
272. 同上 科兹宛 Kurzuwan 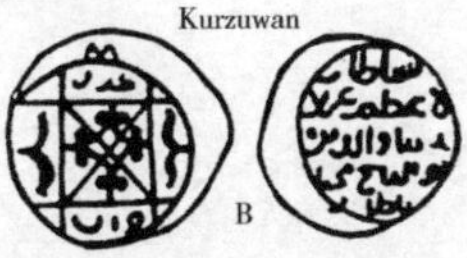 B	279. 同上 达瓦尔 Dawar  B	286. 同上 (造币厂?) (mint?) 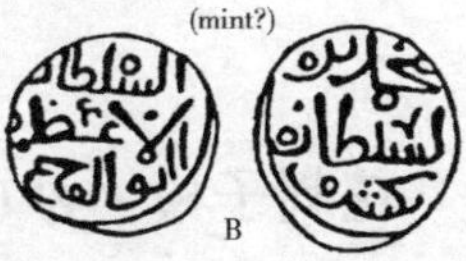 B
273. 同上 (造币厂?) (mint?) 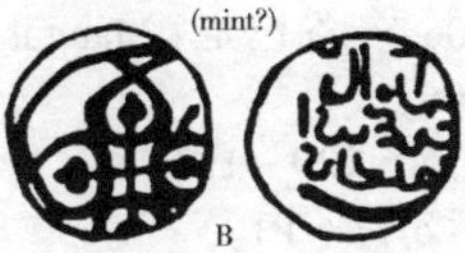 B	280. 同上 库斯特? Khust?  B	287. 同上 (造币厂?) (mint?) 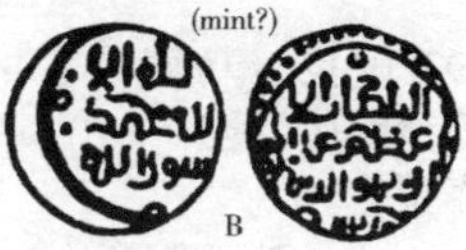 B
274. 同上 (“x”造币厂) (mint “x”) 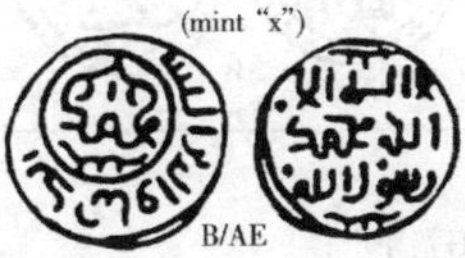 B/AE	281. 同上 沙夫坎 Shafurqan  B	288. 同上 (“x”造币厂) (mint “x”) 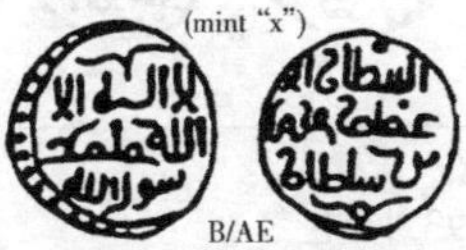 B/AE
275. 同上 巴斯特 Bust  B	282. 同上 赫拉特 Heral 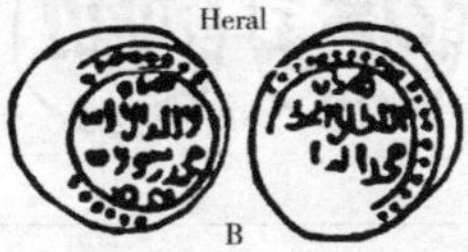 B	289. 同上 (昆都士?) (Qunduz?) 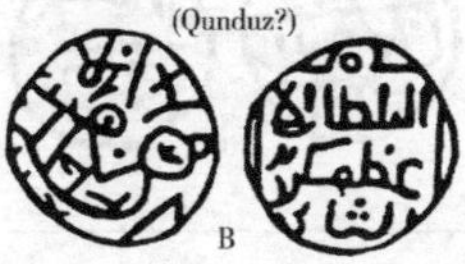 B

续表

276. 同上 (巴米扬?) (Bamiyan?)  B	283. 同上 (伽兹尼) (Ghazna) 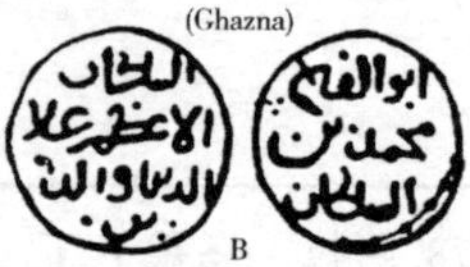 B	290. 同上 (造币厂?) (mint?) 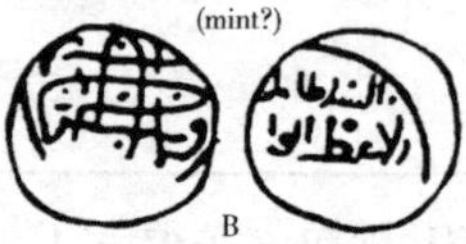 B
277. 同上 (造币厂?) (mint?) 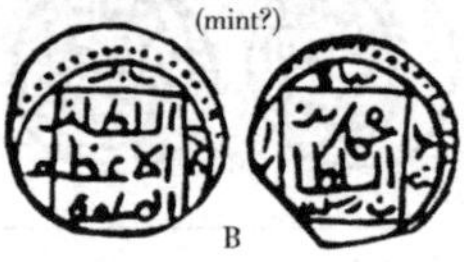 B	284. 同上 ("y"造币厂) (mint "y") 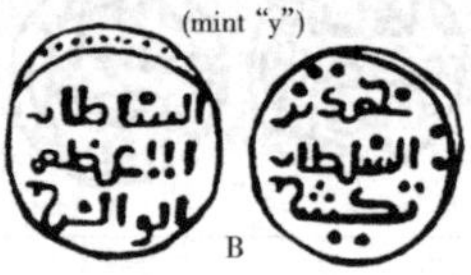 B	291. 同上 库拉曼 Kurraman 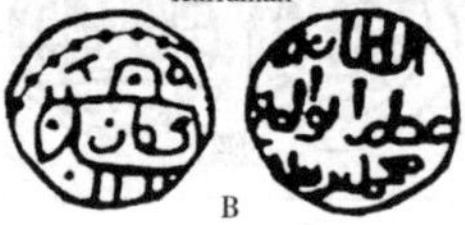 B

花剌子模·沙(续)

292. 阿拉-乌德-丁·穆罕默德(续) 库拉曼 Kurraman 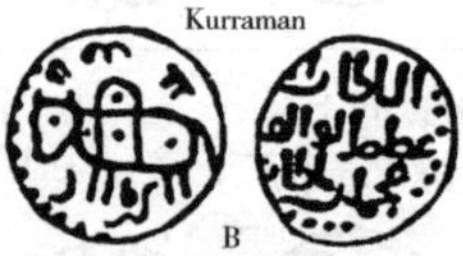 B	299. 阿拉-乌德-丁·穆罕默德(续) (造币厂?) (mint?) 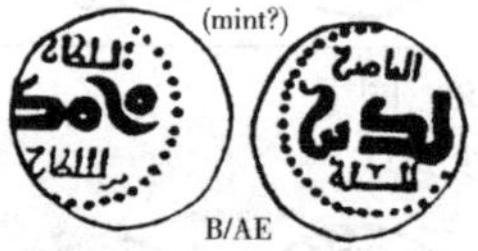 B/AE	306. 曼谷巴尼(Mangub-arni) 公元 1220~1224 年 卡尔拉·内 Qal'a Nay 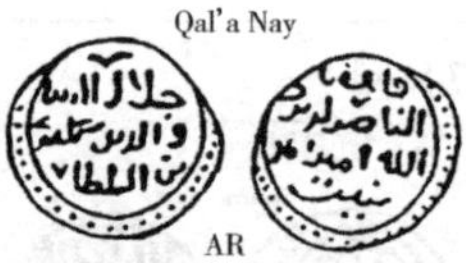 AR
293. 同上 白沙瓦 Peshawar 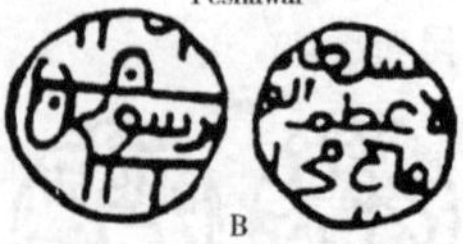 B	300. 同上 (造币厂?) (mint?) 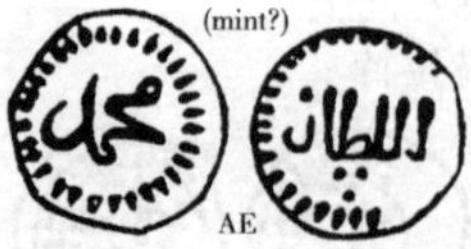 AE	307. 同上 造币厂 mint 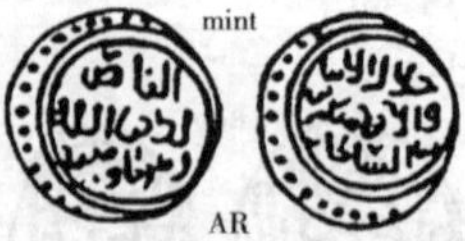 AR

续表

294. 同上 伽兹尼？ Ghazna? 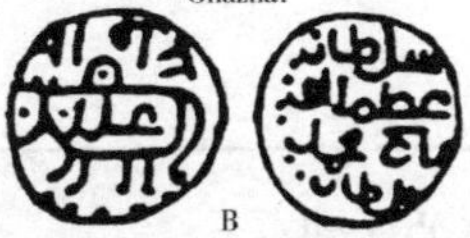 B	301. 同上 （造币厂？） (mint?) 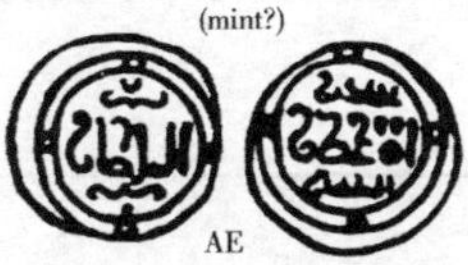 AE	308. 同上 造币厂？ mint? 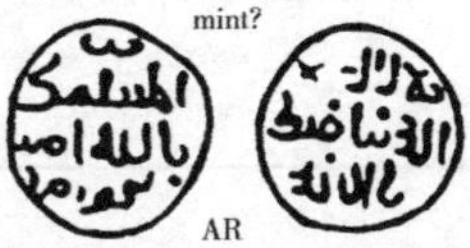 AR
295. 同上 纳加达？ Naghada?  B	302. 同上 （造币厂？） (mint?) 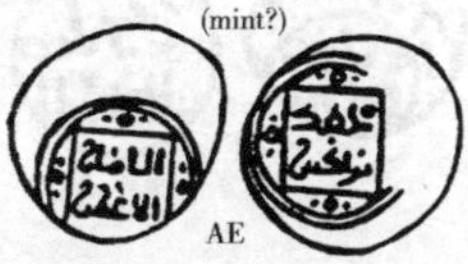 AE	309. 同上 塔里甘 Taliqan  B
296. 同上 （库拉曼） (Kurraman) 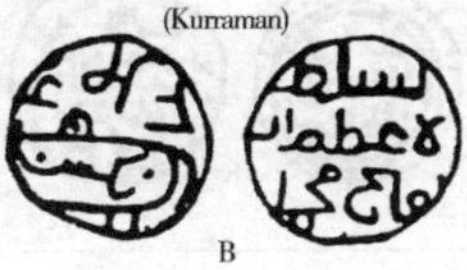 B	303. 同上 （伽兹尼） (Ghazna) 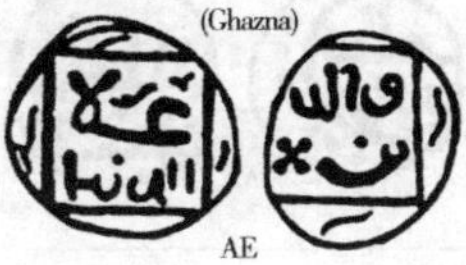 AE	310. 同上 （锡斯坦） (Sistan) 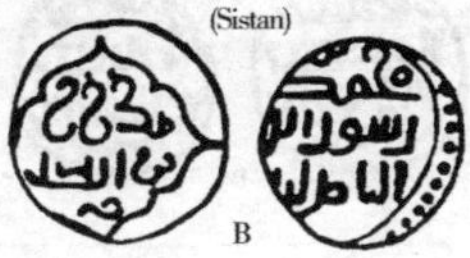 B
297. 同上 （库拉曼） (Kurraman) 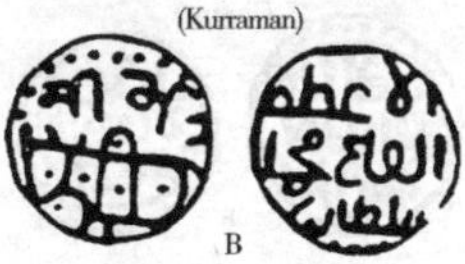 B	304. 同上 （伽兹尼） (Ghazna) 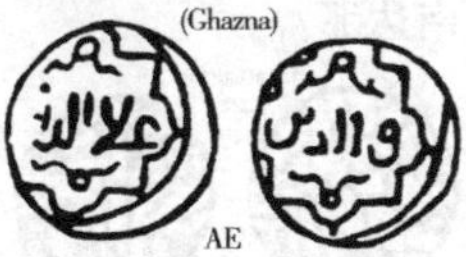 AE	311. 同上 图拉克 Tulak 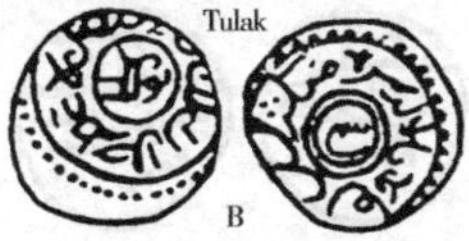 B
298. 同上 （造币厂？） (mint?)  B/AE	305. 同上 （造币厂？） (mint?)  AE	312. 同上 图拉克 Tulak 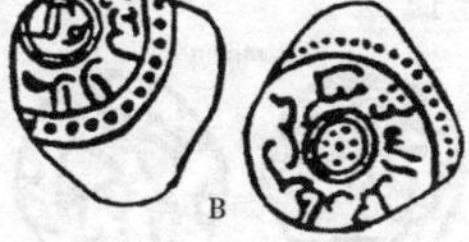 B

花剌子模·沙(续)、独立城邦和蒙古

313. 曼古巴尼(续) (伽兹尼?) (Ghazna?)  B/AE	320. 曼古巴尼(续) (造币厂?) (mint?) 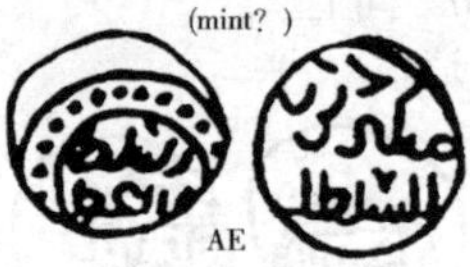 AE	蒙古王朝 327. 成吉思汗 公元 1220 ~ 1227 年 (伽兹尼) (Ghazna) 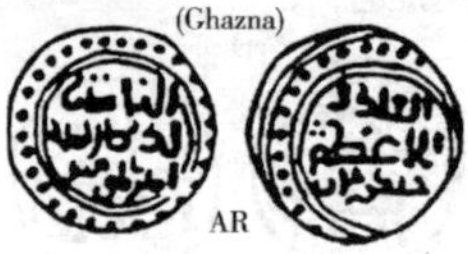 AR
314. 同上 (库拉曼) (Kurraman) 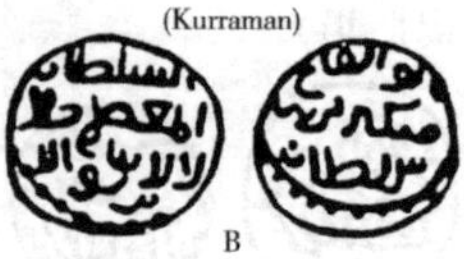 B	321. 同上 (造币厂?) (mint?) 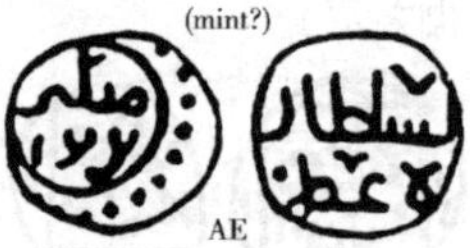 AE	328. 同上 库拉曼 Kurraman  AR
315. 同上 (伽兹尼?) Ghazna? 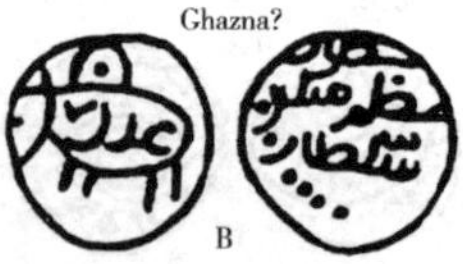 B	322. 沙里夫·贝格 (Sharaf Beg) 约公元 1224 年 (南达那?) (Nandana?) 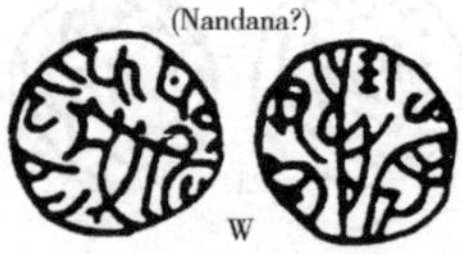 W	329. 同上 (伽兹尼) (Ghazna)  B
316. 同上 库拉曼 Kurraman 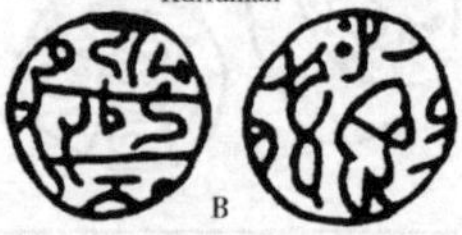 B	323. 沙里夫·贝格? (南达那?) (Nandana?) ? 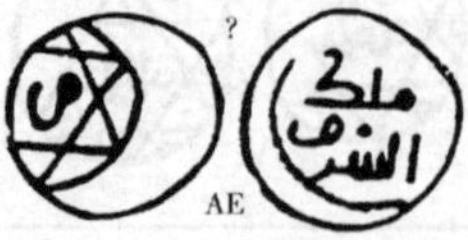 AE	330. 同上 库拉曼 Kurraman 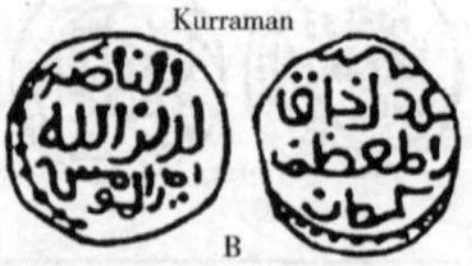 B

续表

317. 同上 （南达那） (Nandana) 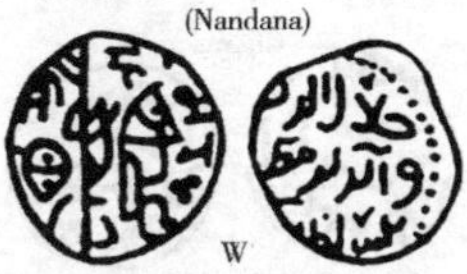 W	324. 科兹宛马利克 科兹宛 Kurzuwan  AE	331. 同上 库拉曼 Kurraman 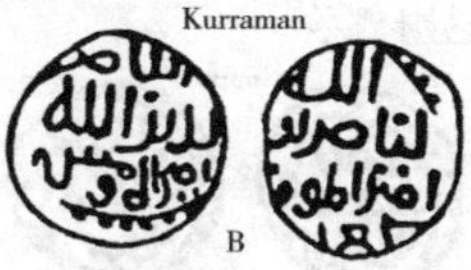 B
318. 同上 （南达那？） (Nandana?)  W	325. 沙夫坎 “哈里发·那塞尔” “Caliph al Nasir”  B	332. 同上 （伽兹尼） (Ghazna) 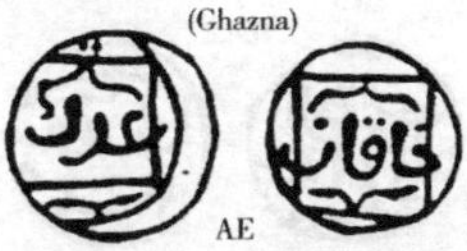 AE
319. 同上 （伽兹尼？） (Ghazna?) 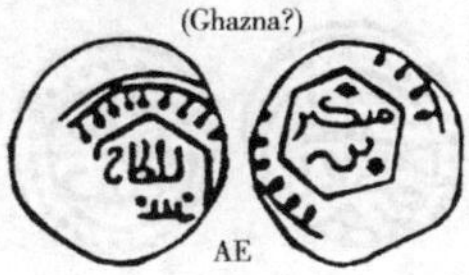 AE	326. 库拉曼 “哈里发·那塞尔” “Caliph al Nasir” 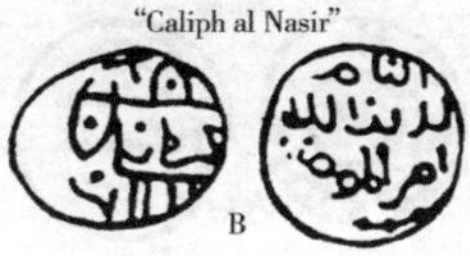 B	333. 同上 （伽兹尼） (Ghazna) 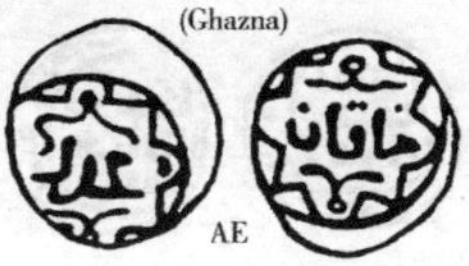 AE

蒙古（续）和葛罗禄

334. 成吉思汗？ 昆都士 Qunduz 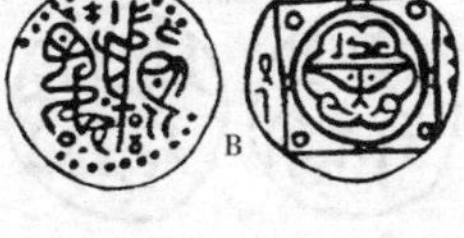 B	340. 忽都鲁火者（Qutlugh Khwaja） 公元 1299 年 （伽兹尼） (Ghazna) 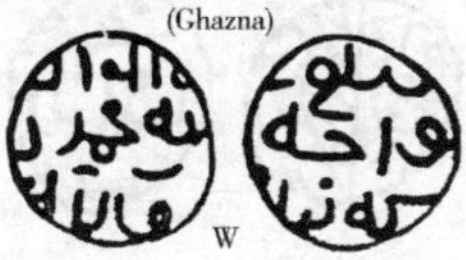 W	347. 那塞尔 公元 1249 ~ ？ 年 （造币厂？） (mint?) 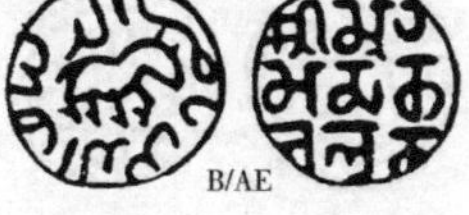 B/AE

续表

335. 蒙哥(Mongke) 公元 1251～1260 年 尼姆鲁兹 Nimruz  AR	341. 同上 伽兹尼 Ghazna 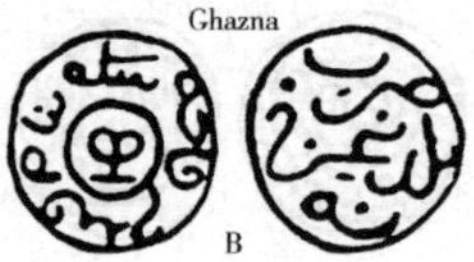 B	348. 同上 伽兹尼 Ghazna 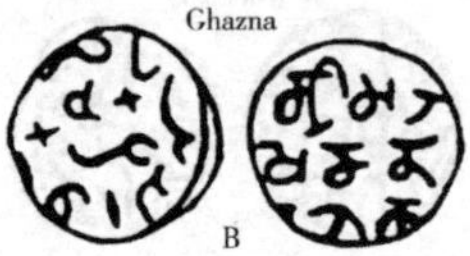 B
336. 同上 赫拉特 Heral 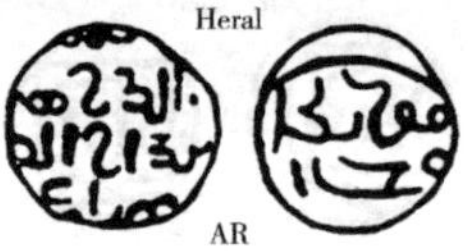 AR	342. 同上 伽兹尼 Ghazna 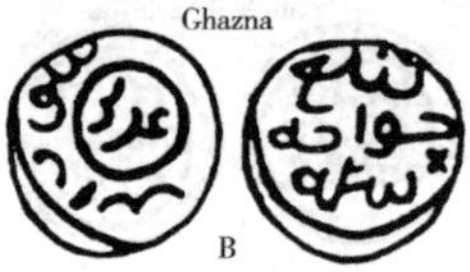 B	349. 同上 (造币厂?) (mint?) 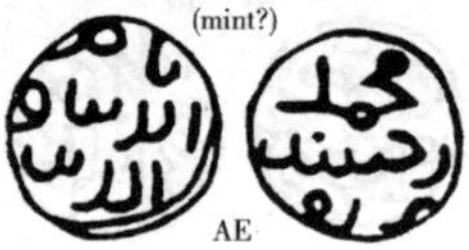 AE
337. 同上 伽兹尼 Ghazna 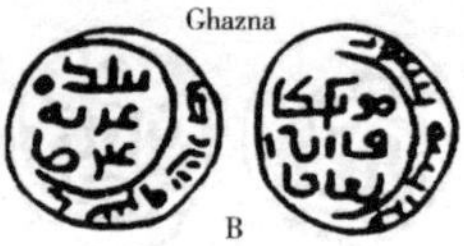 B	343. 同上 伽兹尼 Ghazna 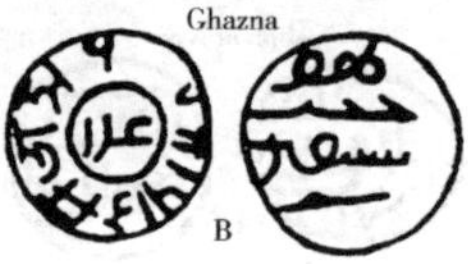 B	350. 同上 (造币厂?) (mint?) 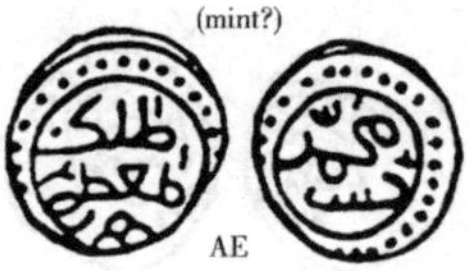 AE
338. 同上 沙夫坎?? Shafurqan??  AE	344. 葛罗禄(Qarlugh) 公元 1224～1249 年 (库拉曼) (Kurraman) 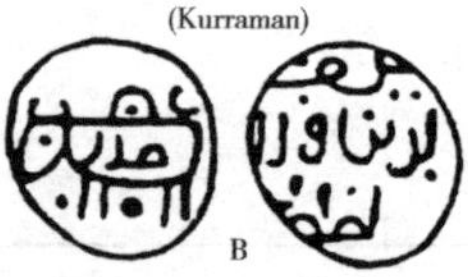 B	351. 葛罗禄? (造币厂?) (mint?) 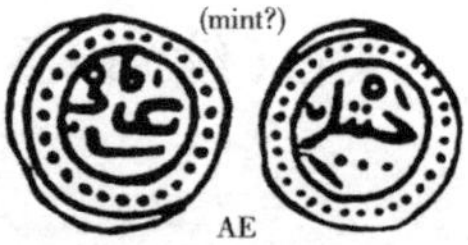 AE
339. 蒙哥? (尼姆鲁兹) (Nimruz) 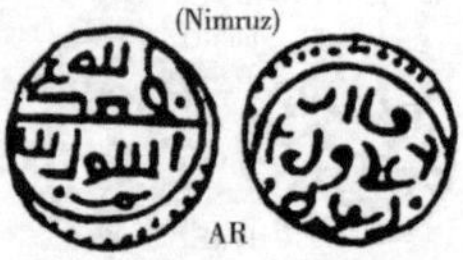 AR	345. 同上 (木尔坦?) (Multan?) 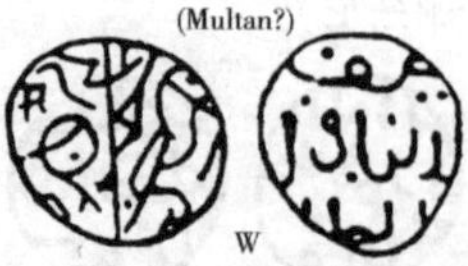 W	352. 同上 库拉曼? Kurranzan? 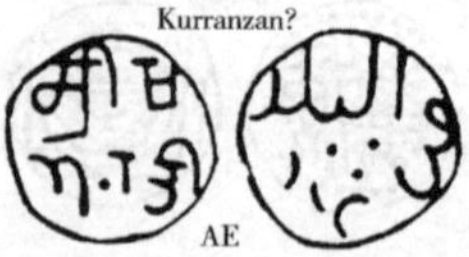 AE

续表

339e1. 阿鲁浑(Arghun) 公元 1284～1291 年 吉尔间 Jurjan  AR	346. 同上 (南达那?) (Nandana?) 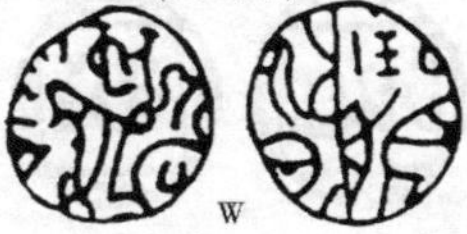 W	353. 未归类 (造币厂?) (mint?) 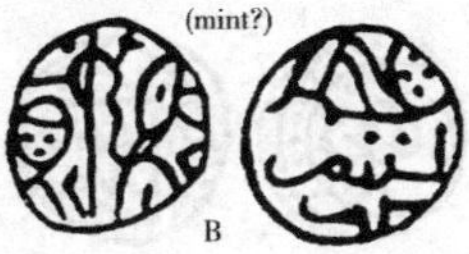 B

佚名和未归类 13 世纪铜币

354. 佚名 伽兹尼 Ghazna 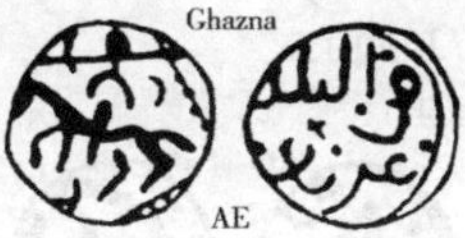 AE	361. 佚名(续) 木尔坦 Multan  AE	368. 早期德里苏丹(续) (造币厂?) (mint?) 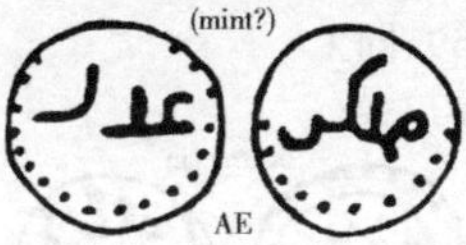 AE
355. 同上 伽兹尼? Ghazna? 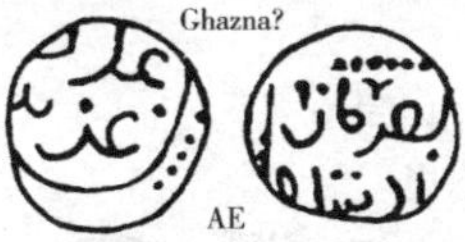 AE	362. 同上 巴米扬?? Bamiyan?? ?  AE	369. 同上 (造币厂?) (mint?) 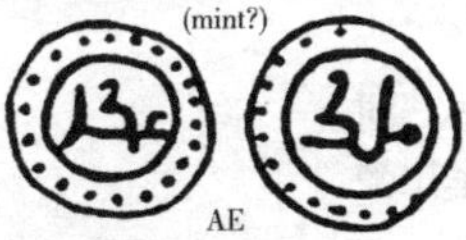 AE
356. 同上 库拉曼 Kurraman 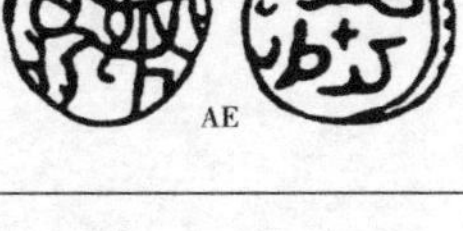 AE	363. 同上 (造币厂?) (mint?) 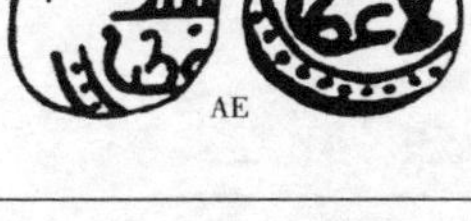 AE	370. 同上 木尔坦 Multan 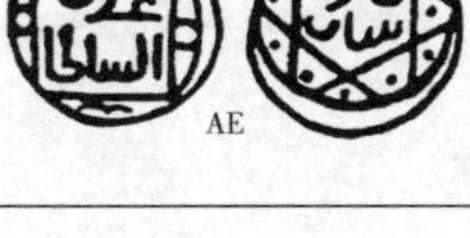 AE

续表

357. 同上 库拉曼  	364. 早期德里苏丹 (造币厂?) 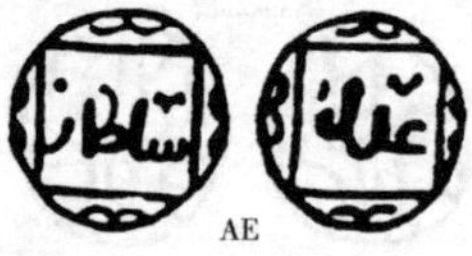 	371. 同上 (拉合尔) 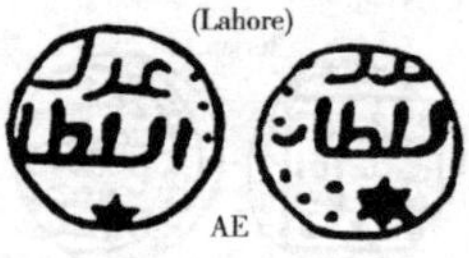
358. 同上 库拉曼  	365. 同上 (造币厂?) 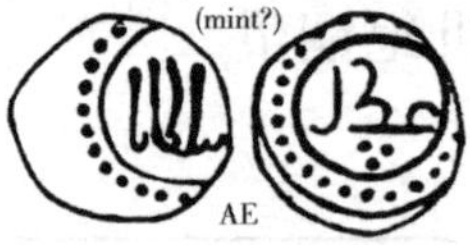 	372. 同上 拉合尔 
359. 同上 库拉曼  	366. 同上 (造币厂?) 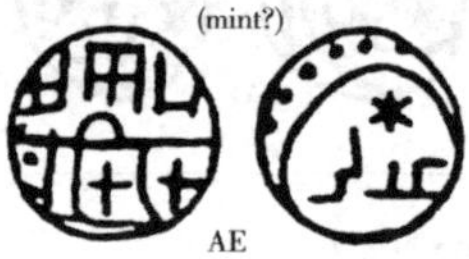 	373. 同上 德里 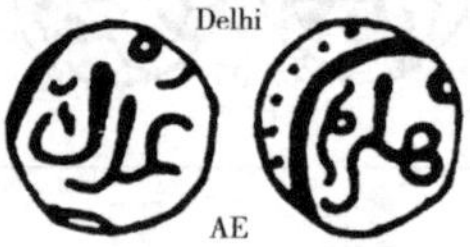
360. 同上 库拉曼 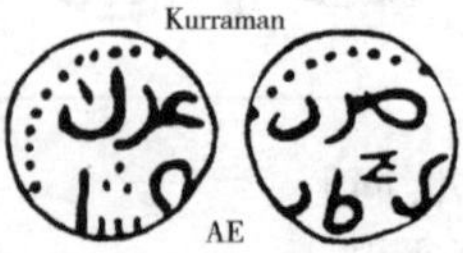 	367. 同上 (造币厂?) 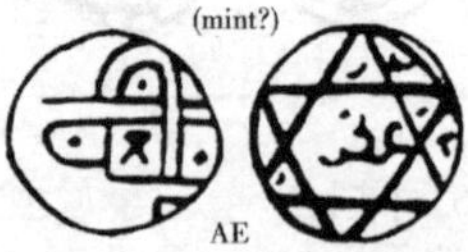 	374. 同上 德里 

德里苏丹

375. 伊杜米思(Iltutmish)
公元 1211 ~ 1236 年
(拉合尔)

(Lahore)

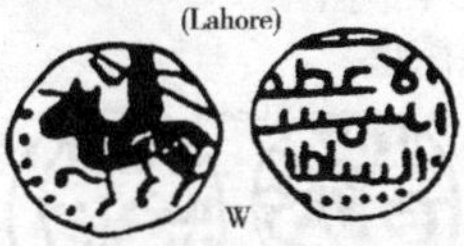

W

376. 同上
(拉合尔)

(Lahore)

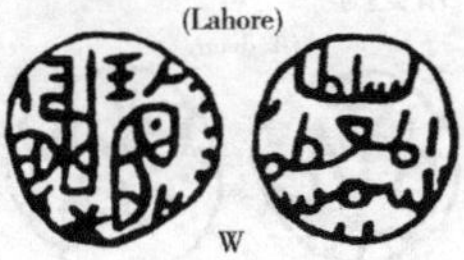

W

377. 同上
(拉合尔)

(Lahore)

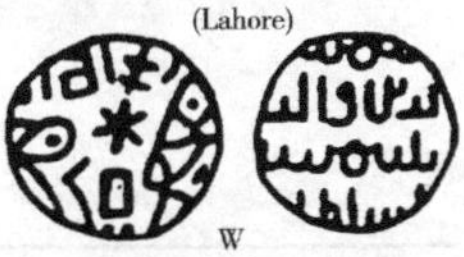

W

378. 同上
(木尔坦)

(Mulian)

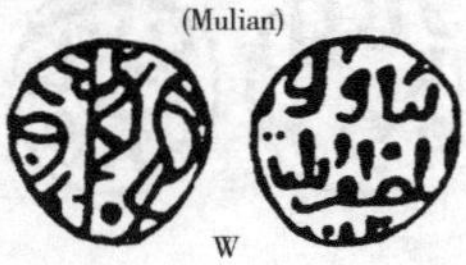

W

382. 伊杜米思(续)
(布达翁)

(Budaon)

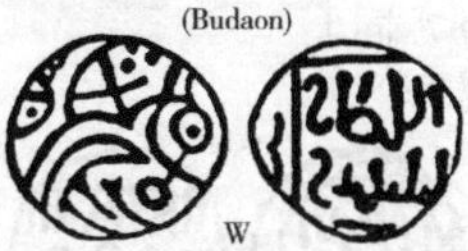

W

383. 同上
(布达翁)

(Budaon)

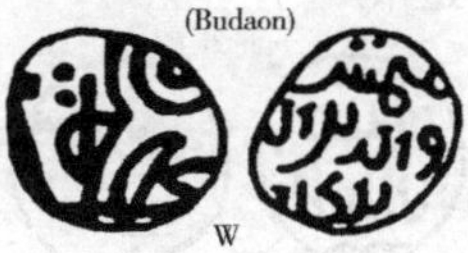

W

384. 同上
(布达翁)

(Budaon)

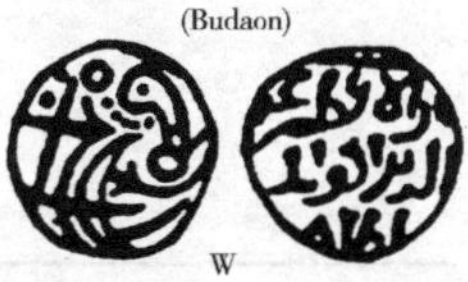

W

385. 同上
(南达那?)

(Nandana?)

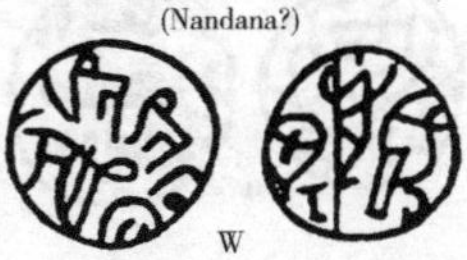

W

389. 哈里发 · 穆斯坦绥尔(Caliph Mustansir)
(德里)

(Delhi)

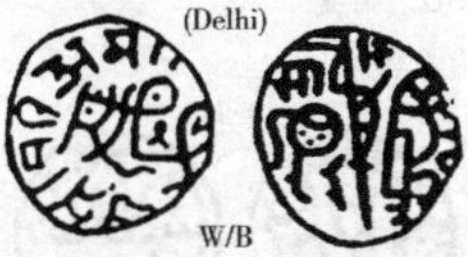

W/B

390. 菲罗兹一世(Feroz Ⅰ)公元 1236 年
(德里)

(Delhi)

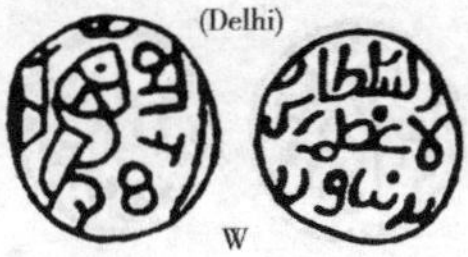

W

391. 同上
(布达翁)

(Budaon)

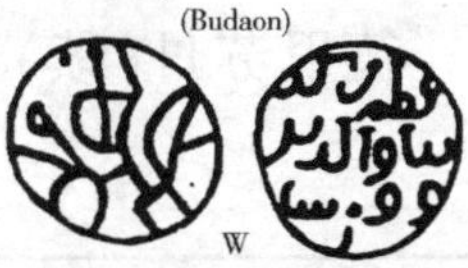

W

392. 同上
(德里)

(Delhi)

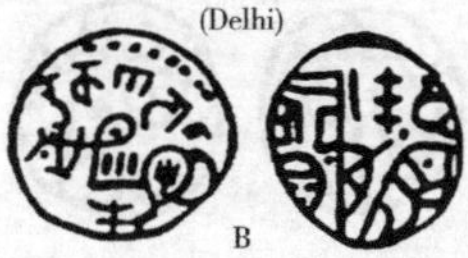

B

续表

379. 同上 德里 Delhi 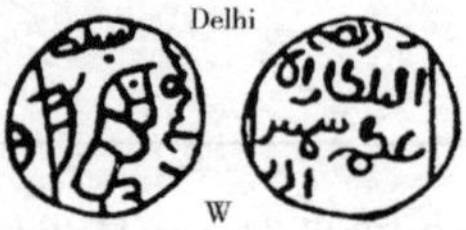 W	386. 同上 （德里） (Delhi) 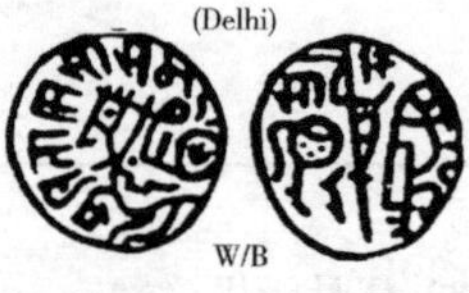 W/B	393. 拉齐耶（Raziyyah） 公元 1236～1240 年 （拉合尔?） (Lahore?) 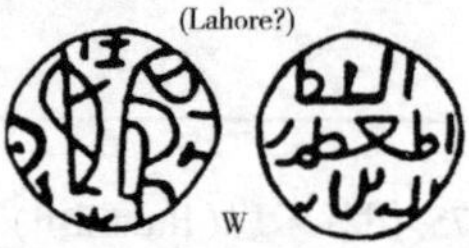 W
380. 同上 （德里） (Delhi) 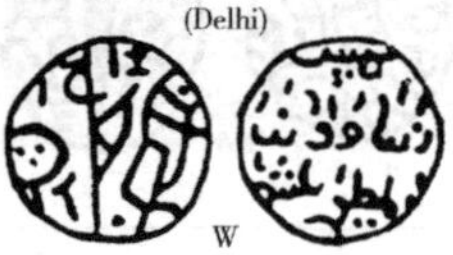 W	387. 同上 德里 Delhi 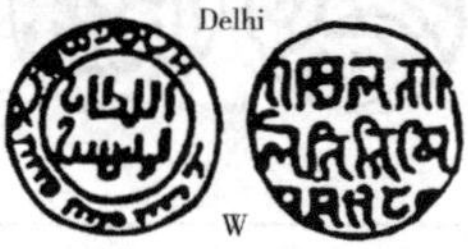 W	394. 同上 （德里） (Delhi) 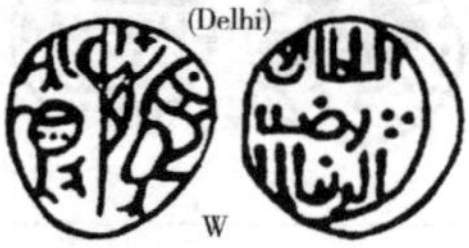 W
381. 同上 （德里） (Delhi) 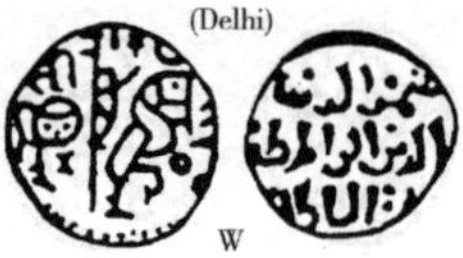 W	388. 同上 （造币厂?） (mint?) 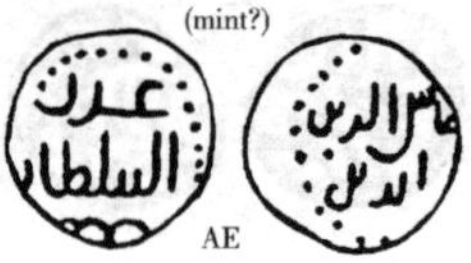 AE	395. 同上 （布达翁） (Budaon) 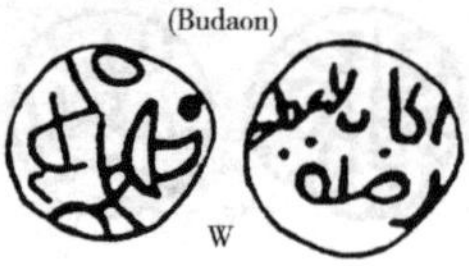 W

德里苏丹（续）

396. 巴拉姆（Bahram） 公元 1240～1242 年 德里 Delhi 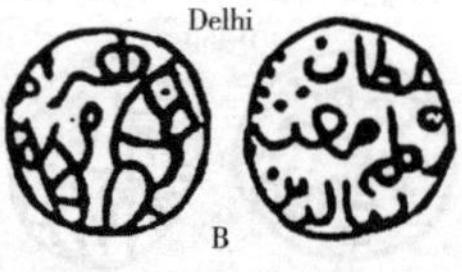 B	403. 马苏德（续） （布达翁） (Budaon) 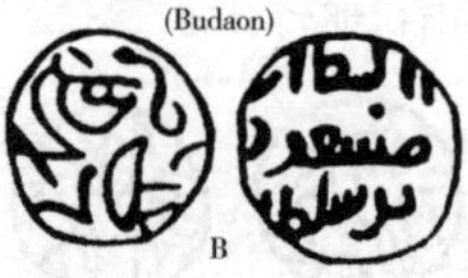 B	410. 巴尔班（续） 佩卡 paika  AE

续表

397. 同上 德里 Delhi 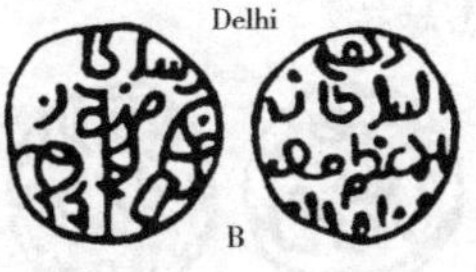 B	404. 同上 （德里） (Delhi) 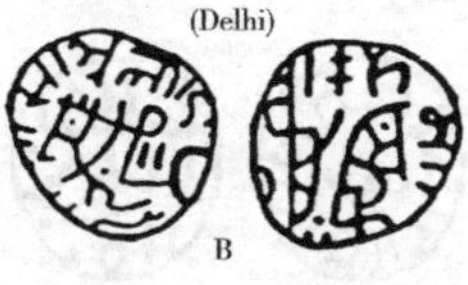 B	411. 卡库巴德（Kaikubad） 公元 1287 ~ 1290 年 4 – 汉尼 4–gani 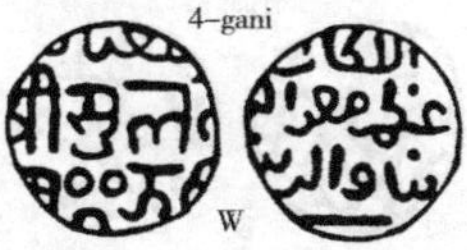 W
398. 同上 （布达翁） (Budaon) 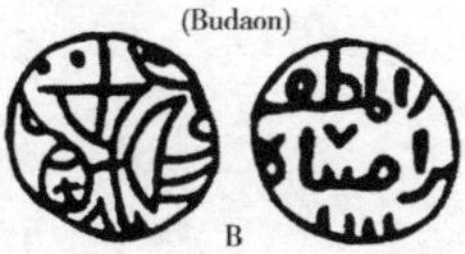 B	405. 马哈茂德一世（Mahmud Ⅰ） 公元 1246 ~ 1266 年 （德里） (Delhi) 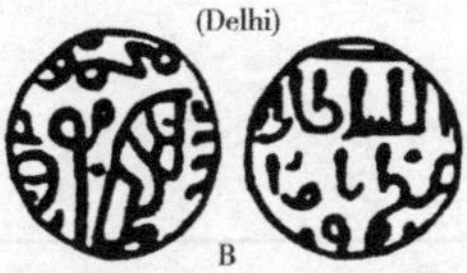 B	412. 同上 佩卡 paika  AE
399. 同上 （德里） (Delhi) 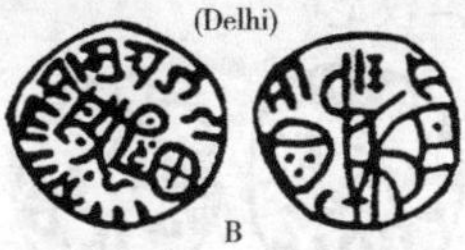 B	406. 同上 （布达翁） (Budaon) 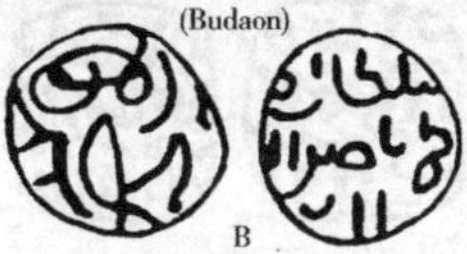 B	413. 卡于马斯（Kayumars） 公元 1290 年 佩卡 paika 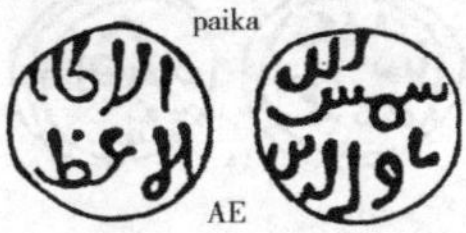 AE
400. 马苏德（Mas'ud） 公元 1242 ~ 1246 年 （乌奇） (Uch) 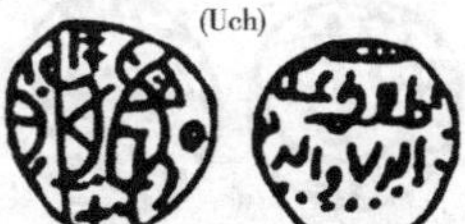 B	407. 同上 （德里） (Delhi) 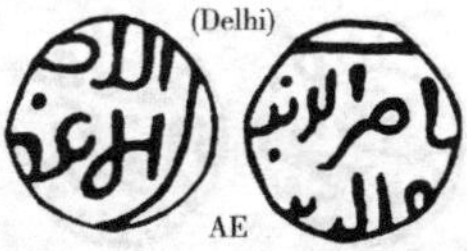 AE	414. 菲罗兹二世（Feroz Ⅱ） 公元 1290 ~ 1296 年 杰瑟拉 jaithala 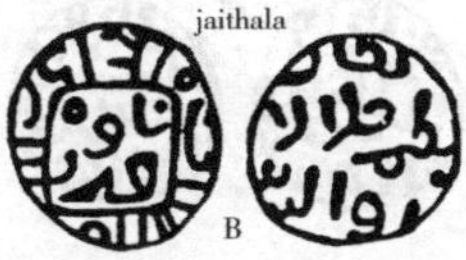 B
401. 同上 （德里） (Delhi) 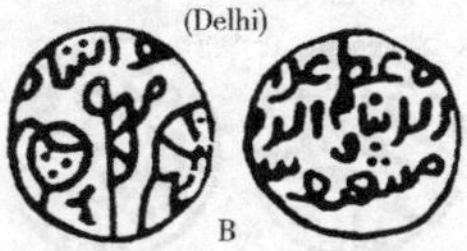 B	408. 巴尔班（Balban） 公元 1266 ~ 1287 年 （德里） (Delhi) 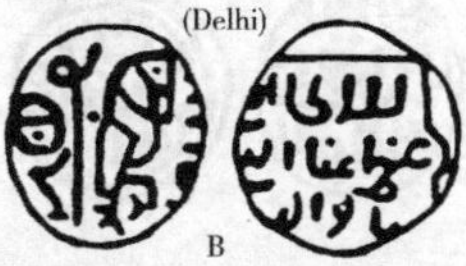 B	415. 同上 佩卡 paika  AE

续表

402. 同上 (德里) 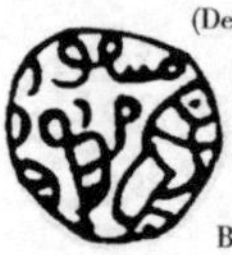	409. 同上 2 – 汉尼 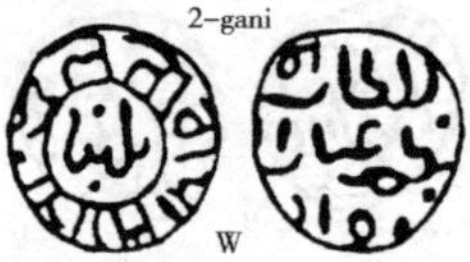	416. 易卜拉欣 公元 1296 年 杰瑟拉? 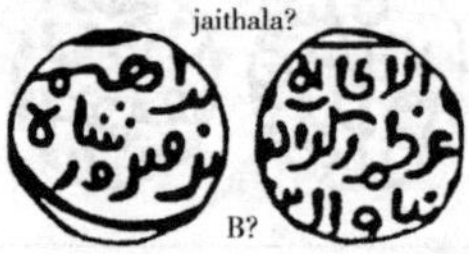

德里苏丹(续)

417. 易卜拉欣(续) 佩卡 	424. 穆巴拉克(续) 4 – 汉尼 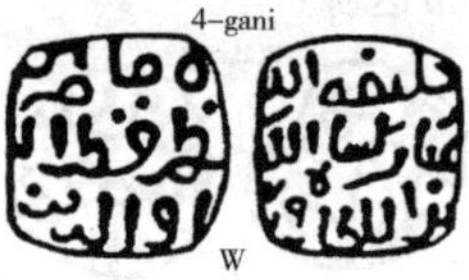	431. 马哈茂德二世 (Mahmud Ⅱ) 公元 1318 年 6 – 汉尼? 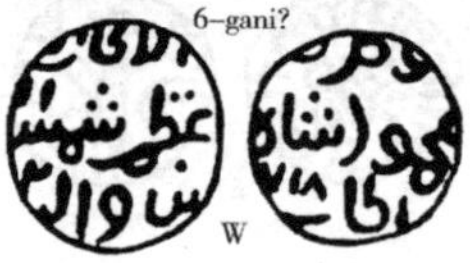
418. 穆罕默德二世 公元 1296 ~ 1315 年 6 – 汉尼 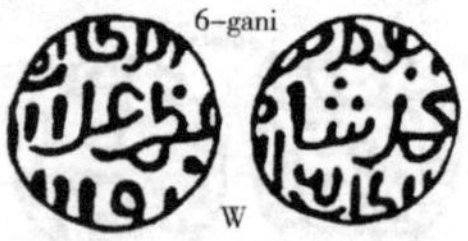	425. 同上 4 – 汉尼 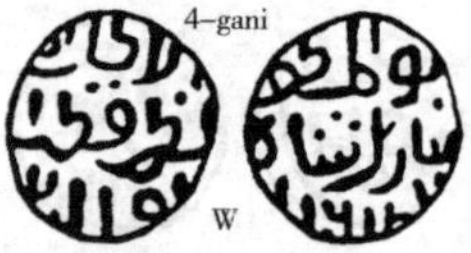	432. 同上 2 – 汉尼 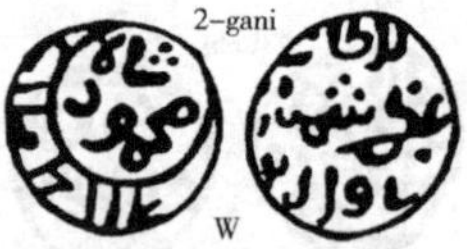
419. 同上 2 – 汉尼 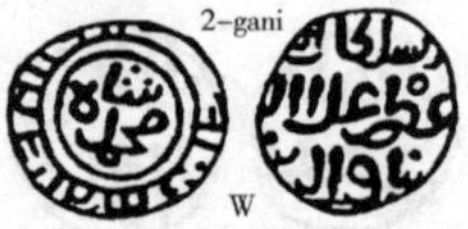	426. 同上 4 – 汉尼 	433. 胡斯鲁 公元 1320 年 6 – 汉尼 

续表

420. 同上 佩卡 	427. 同上 4－汉尼 	434. 同上 2－汉尼？ 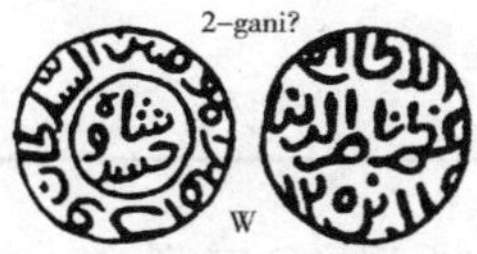
421. 乌玛尔 公元 1316 年 6－汉尼 	428. 同上 4－汉尼 	435. 同上 佩卡 
422. 穆巴拉克 公元 1316～1320 年 8－汉尼 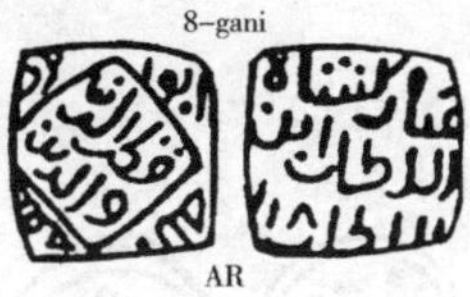	429. 同上 2－汉尼？ 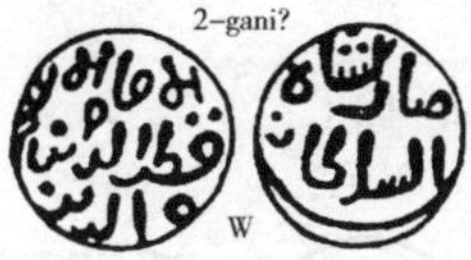	436. 图格鲁克 公元 1320～1325 年 6－汉尼 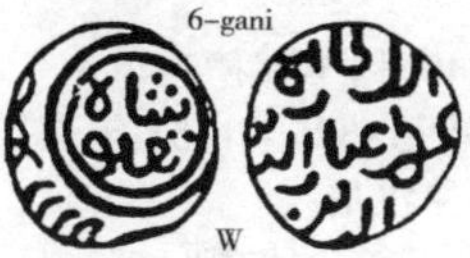
423. 同上 6－汉尼 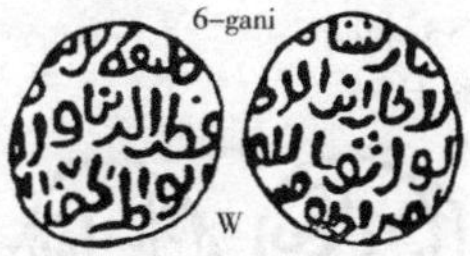	430. 同上 佩卡 	437. 同上 4－汉尼 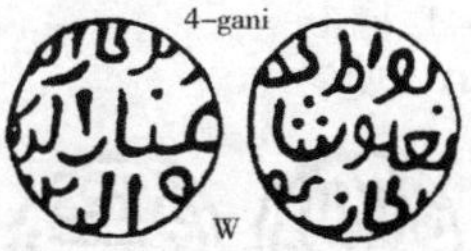

德里苏丹(续)

438. 图格鲁克(续)
2－汉尼

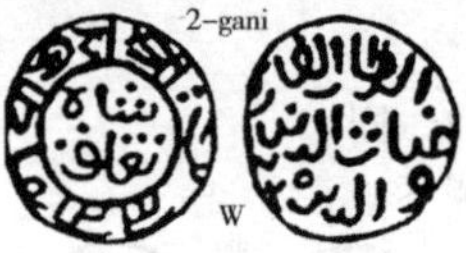

439. 同上
佩卡

440. 穆罕默德三世
公元 1325～1351 年
6－汉尼

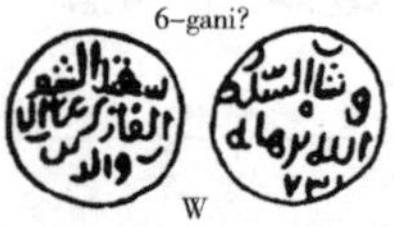

441. 同上
10－汉尼

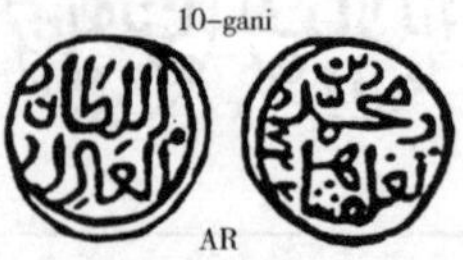

444. 穆罕默德三世(续)
6－汉尼

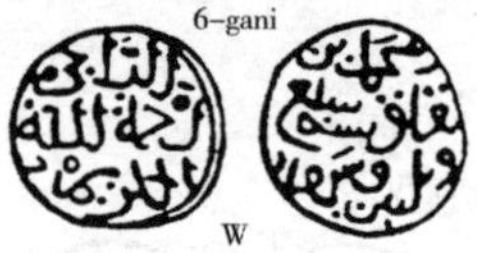

445. 同上
6－汉尼

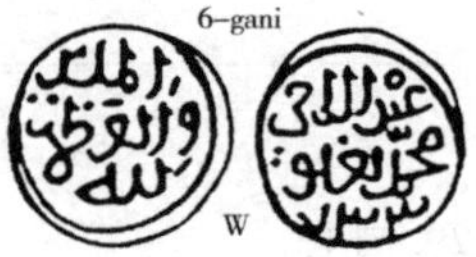

446. 同上
2－汉尼

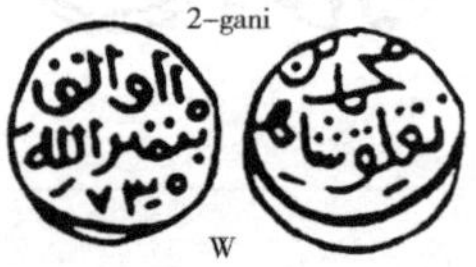

447. 同上
2－汉尼

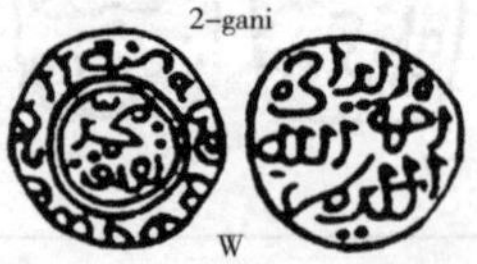

450. 穆罕默德三世(续)
6－汉尼代币？

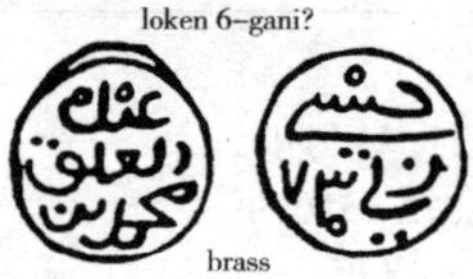

黄铜

451. 同上
2－汉尼代币？

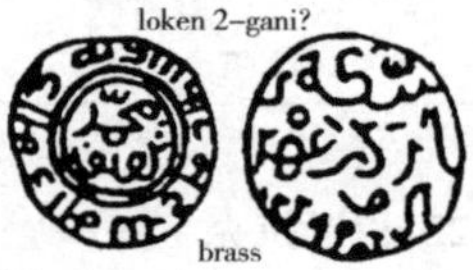

黄铜

452. 同上
佩卡？

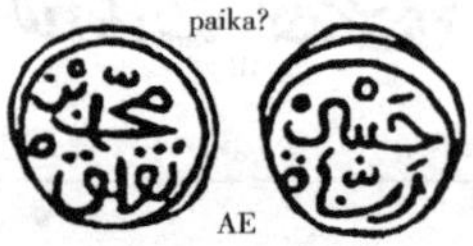

453. 同上
佩卡

续表

442. 同上 8－汉尼？ 8-gani? 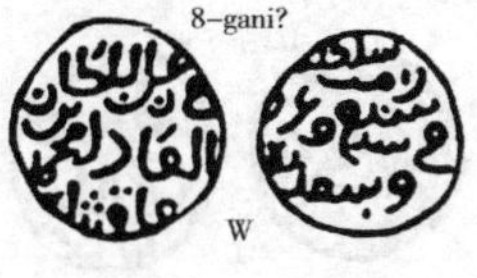 W	448. 同上 2－汉尼？ 2-gani?  B	454. 同上 佩卡 paika  AE
443. 同上 6－汉尼 6-gani 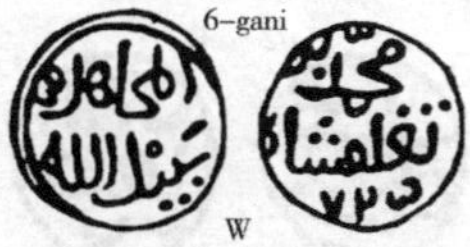 W	449. 同上 8－汉尼代币 loken 8-gani 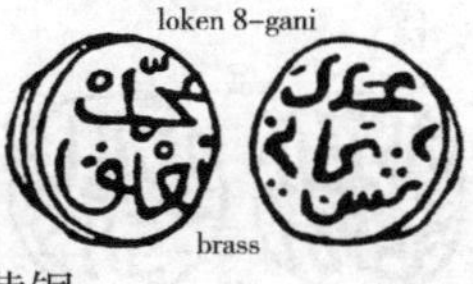 brass 黄铜	

马杜赖苏丹

455. 阿赫桑 公元 1334～1339 年 10－汉尼？ 10-gani? 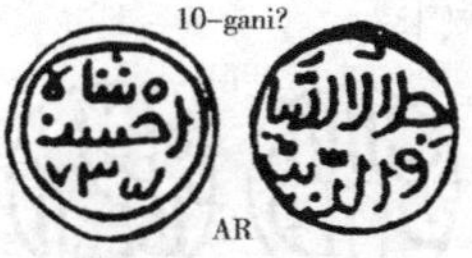 AR	462. 菲罗兹 公元 1341 年 8－汉尼？ 8-gani?  AR	469. 阿迪勒(续) 1/2－佩卡 1/2-paika  AE
456. 同上 6－汉尼？ 6-gani? 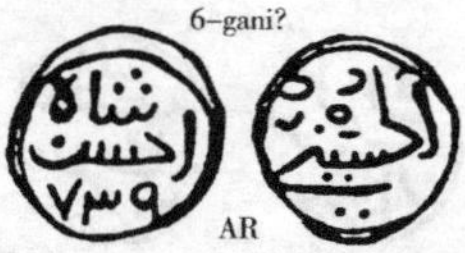 AR	463. 同上 佩卡 paika 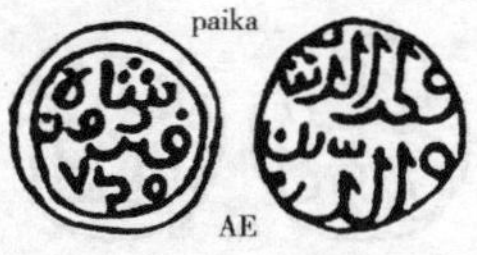 AE	470. 穆巴拉克 公元 360～1372 年 佩卡 paika  AE

续表

457. 同上 5 – 汉尼? 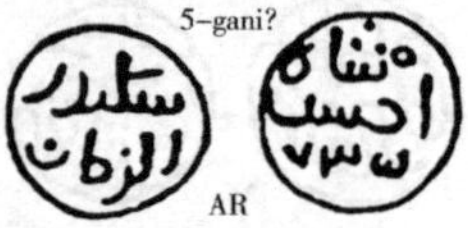	464. 穆罕默德 公元 1341 ~ 1345 年 “10 – 汉尼” 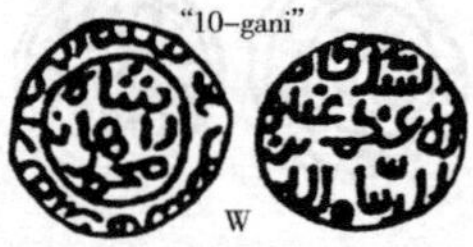	471. 同上 1/2 – 佩卡 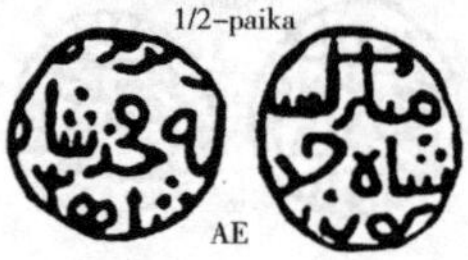
458. 同上 2 – 汉尼? 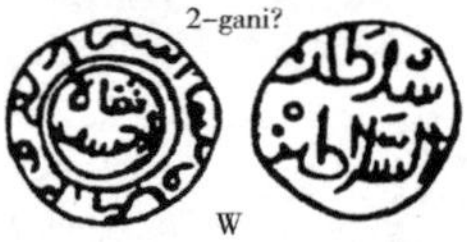	465. 同上 佩卡 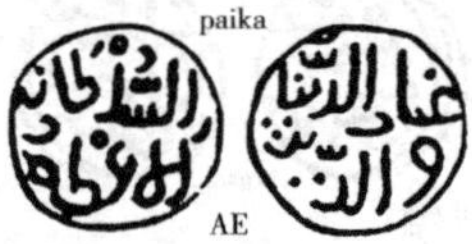	472. 同上 1/2 – 佩卡 
459. 同上 佩卡 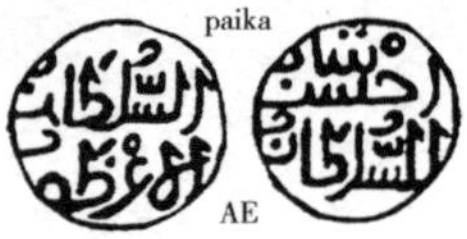	466. 马哈茂德 公元 1345 ~ 1356 年 “10 – 汉尼” 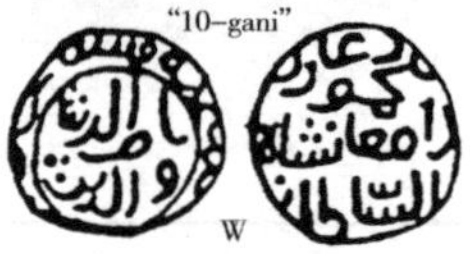	473. 同上 1/2 – 佩卡 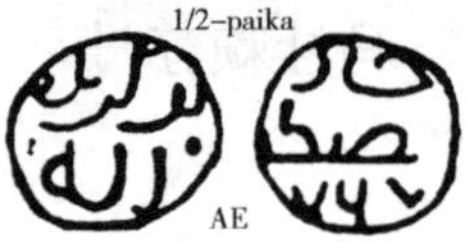
460. 乌都贾 公元 1339 ~ 1341 年 “10 – 汉尼” 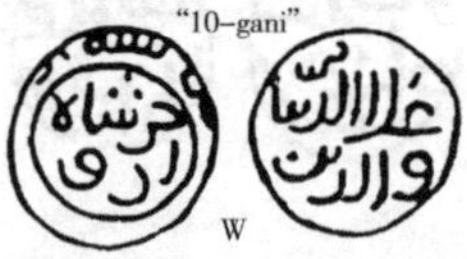	467. 阿迪勒 公元 1356 ~ 1359 年 “10 – 汉尼” 	474. 西坎德尔 公元 1372 ~ 1378 年 佩卡 
461. 同上 佩卡 	468. 同上 佩卡 	475. 同上 1/2 – 佩卡 

古尔伯加、德里、马尔瓦和江布尔苏丹

古尔伯加叛乱时期 476. 伊兹梅尔 公元 1346 年 “2 – 汉尼” 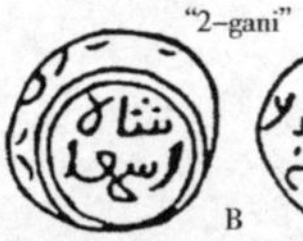 	德里 479. 穆罕默德 公元 1390 ~ 1393 年 “2 – 汉尼” 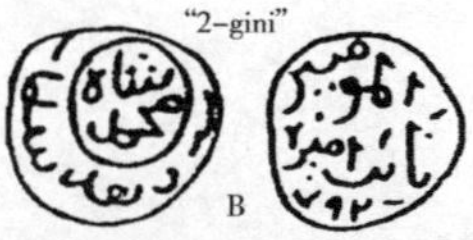
477. 同上 佩卡 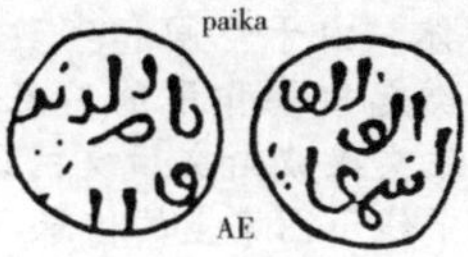 	马尔瓦 480. 马哈茂德 公元 1436 ~ 1469 年 “2 – 汉尼” 
独立苏丹国时期 478. 巴赫曼(Bahman) 公元 1347 ~ 1358 年 佩卡 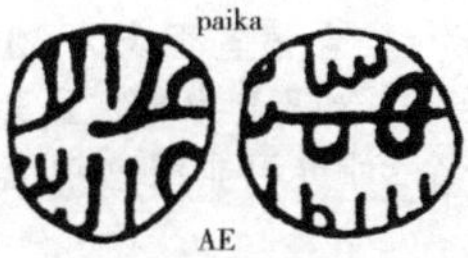 	江布尔 481. 马哈茂德 公元 1440 ~ 1457 年 “2 – 汉尼” 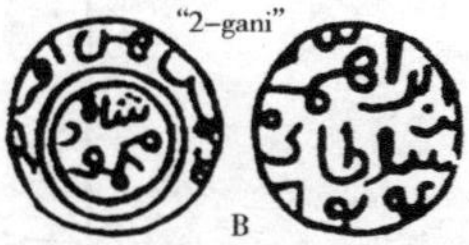

变型图录

变型图录使用指南

信息列表	列表中的信息是关于整个类型,而非具体某个变体。由于空间和字数所限,只包含对归类起重要作用的信息,尤其不包含阿拉伯文或波斯文币文的译文。大多数情况下钱币图案上的信息已足够
首行/第一项	造币厂名称与币型图录相同:[德里:已知;(德里):可能;(德里?):猜测等]
首行/第二项	典型实物币的金属外观: AR:看似为银,含银量至少为30%; W:亮白合金,含银量为8%至30%; B:暗黑合金,可辨识非红色铜,含银量为2%至8%; AE:黄铜,裸露金属可辨识为红色,含银量可能低于2%; Ag:银质

续表

首行/第三项	重量精确到0.1克。可能为平均重量,得出该平均重量的钱币数标注在括号内。一些钱币重量信息来自我的观测,一些来自大英博物馆或阿什莫尔博物馆(Ashmolean),一些来自戴耶尔或莱特,还有一些来自以上信息的综合。与平均币重差别较大的样币,用符号 v 标明
O.	正面适当位置的简要信息
R.	背面简要信息(尤其是判断为那伽里文的)
底行/第一项	钱币成分中银所占百分比。虽然有很多重要钱币值得注意,但实际上我们很少对钱币进行冶金成分分析,所有数据应谨慎对待,大部分数据仅为有根据的猜测
底行/第二项	稀缺度或收藏点:以A、C或S分类[A(abundant)代表充沛,C(common)代表常见,S(scare)代表稀有]的钱币常见于顶级的国家或私人收藏。其他稀缺币以其可能的国家收藏点表示,如大英博物馆(BM),或牛津阿什莫尔博物馆(Ashmolean)、剑桥菲茨威廉博物馆(Fitzwilliam)、法国国家博物馆(Bibliotèque Nationale,BN)或杜宾根大学(Tübingen University)。据我们所知,仅由我们收藏的稀有币标为"Tye"(泰尔),其余大部分稀有币或来自图片,或由戴耶尔友情提供,或由莫哈默德·里巴达(Mohammed Limbada)友情告知相关信息并提供图片
底行/第三项	参考图录:可能单指另一图录中有一高质量币,缩略语见本书第三部分"参考资料"及"地名"内容
变型图录	变体范围以图形呈现,由于空间和类型设置困难,注释很少。因此,变体区分成为"找不同"的游戏。而控制标记大部分出现在币坯特定位置,如瘤牛尾部或鞍布上,或马的下部或周围,只需稍加练习就能了解。除了可能表示年份的控制标记,还有更多显著的标记,例如,可能表示某些商行的拉合尔星星、新月标记。本图录的该部分还显示币文变化、日期变化等。 钱币风格变化较小时,为省力起见,变体通常用单个主图例示。类型钱币的先后顺序排列相当随机,但大可放心:如某处只画了钱币的一面,那么另一面肯定与类型钱币十分相似。偶然会出现相同一个变体包含两个样币的情况(分别标为N. x和N. xa),这是因为我们认为此处单凭某个钱币不足以呈现模具全貌

沙希王朝

斯帕拉帕提·提婆（Spalapati Deva，公元750～900年）

1	（喀布尔）	AR	4.3g(1)
	O.	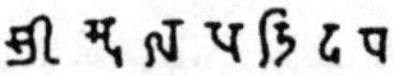	
	R.	巴克特里亚语草体？	
	？Ag	大英博物馆	未公开

1.1 1.2 1.3

2	（喀布尔）	AR	4.3g(7)
	O.	类似类型1	
	R.	“讹写婆罗米文”：沙希·提婆(Shahi Deva)？	
	？Ag	大英博物馆	未公开

2.1 2.2 2.3 2.4 2.5 2.6 2.7 2.8

3	（喀布尔）	AR	3.4g(30)
	O.	类似类型1	
	R.	类似类型2	
	约69% Ag	C	D 17 +

3.1

3.2

3.3

3.4

3.5

3.6

3.7

3.8

3.9

4 （喀布尔） AR 约 3.4g(19)

O. 类似类型 1

R. 上左：

约 69% Ag C D 20 +

4.1

4.2

5 （喀布尔） AR 约 3.3g(1)

O. 类似类型 1

R. 上左： 上右：

约 69% Ag C D 24

5.1

6 （喀布尔） AR 约 3.3g(1)

O. 类似类型 1

R. 上左： 上右同 5

约 69% Ag C D 25 +

6.1

6.2

6.3

7	(喀布尔)	AR	约 3.1g(3)
	O.	类似类型 1	
	R.	上左: 上右同 5	
	约 69% Ag	C	D 27 +

7.1

7.2

7.3

7.4

7.5

8	(喀布尔)	AE	3.0g^{v}(2)
	O.	类似类型 1	
	R.	无币文	
	0.1% Ag	C	D 33

8.1

8.2

瓦卡·提婆(Vakka Deva,公元 800 ~ 1000 年)

9	(喀布尔)	AE	2.9g^{v}(7)
	O.		
	R.	无币文	
	0% Ag	C	D 39 +

9.1

9.2

9.3

9.4

9.5

9.6

10	（喀布尔）	AE	1.6g^{V}(1)
	O.	类似类型 9	
	R.	无币文	
	0% Ag	牛津大学麦道尔	36a

10.1

比马·提婆(Bhima Deva,约公元950年)

11	（喀布尔）	AR	3.2g(1)
	O.	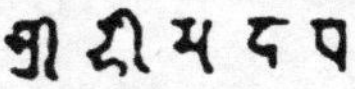	
	R.	左：或：	
	69% Ag?	牛津大学或大英博物馆	D 37

11.1

11.2

12	（喀布尔）	AE	?
	O.	类似类型 2	
	R.	无币文	
	0% Ag	大英博物馆	D 38

12.1

鸠摩罗(Kumara Deva,公元950年?)

13	（喀布尔）	AE	? g
	O.		
	R.	无币文	

0% Ag　　大英博物馆　　Cun. VII/1

13.1

萨曼塔(Samanta Deva,公元 850 ~ 1000 年)

14　(俄欣德?)　　AR　　3.3g(55)

O.　　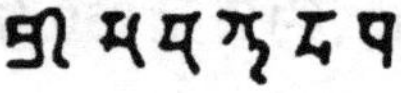

R.　　上左:　上右:

约 69% Ag　　A　　D 45

14.1

14.2

15　(俄欣德?)　　AR　　3.3g(18)

O.　　类似类型 14

R.　　右上:

约 69% Ag　　C　　D 44

15.1

16　(俄欣德?)　　AR　　3.3g(2)

O.　　类似类型 14

R.　　右上羽毛

约 69% Ag?　　牛津大学或大英博物馆　　D 50 +

16.1

16.2

17　(俄欣德?)　　AR　　? g

O.　　类似类型 14

	R.	右上: 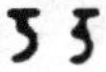	
	?% Ag	法国国家博物馆	D 49

17.1

18	(俄欣德?)	AR	2.2g(1)
	O.	类似类型 14	
	R.	右上羽毛	
	?% Ag	P	Cun. VII/1

18.1

19	(俄欣德?)	AE	2.3g^{v}(2)
	O.	类似类型 14	
	R.	无币文	
	0% Ag	C	D 54

19.1

20	(喀布尔?)	AE	1.1g^{v}(1)
	O.	类似类型 14	
	R.	无币文	
	0% Ag	大英博物馆	D 55

20.1　20.2

非确定时期及克什米尔和伊斯兰时期发行币(公元 990 ~ 1200 年)

沙希?

21	?	AR	3.2g(2)

	O.	“室利·萨曼塔·提婆”	
	R.	类似类型 14	
	?% Ag	S	D 52

21.1

21.2

21.3

21e1	(喀布尔?)	AE	? g
	O.	?	
	R.	无币文	
	0% Ag	法国国家博物馆	未公开

21e1.1

克什米尔:“第达”(Didda)

21e2	斯利那加(Srinagar)	AR	? g
	O.	无币文	
	R.	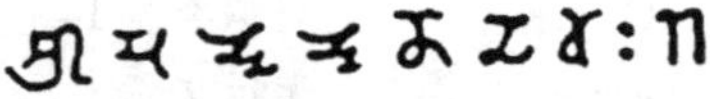	
	约 69% Ag?	西姆拉(Simla)	D 61

21e2.1

伊斯兰:沙希时期

库达拉雅卡(Khudarayaka,公元 870 ~ 875 年)

22	(喀布尔)	AR	2.9g[v](19)
	O.	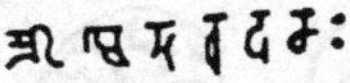	
	R.	上左: 上右:	
	69% Ag ?	S	D 34

22.1

23	(喀布尔)	AR	2.8g[v](11)
	O.	类似类型 22	
	R.	上左: 上右:	
	69% Ag ?	S	D 35

23.1

24	(喀布尔)	AE	(3g[v]?)
	O.	类似类型 22	
	R.	无币文	
	0% Ag	?	D 36

24.1

穆瓦法克（al-Muwaffaq，约公元878年）

25	（喀布尔？）	AE	？g
	O.	“室利·萨曼塔·提婆”？	
	R.	穆瓦法克	
	0% Ag	法国国家博物馆	D 56

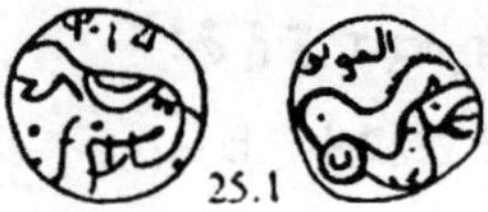

25.1

伊斯兰和“后沙希”时期发行币（公元900～1200年）

阿拔斯王朝：穆卡塔德（al-Muqtadir，公元908～932年）

26	（巴格达？）	AR	3.7g^{v}（2）
	O.	穆卡塔德·比拉（al-Muqtadir billah）	
	R.	里拉·贾法（Lillah ja’far）	
	?% Ag	大英博物馆	D 58 +

26.1

26.2

未归类“后沙希”发行币

27	（喀布尔？）	AR	（3.3g?）
	O.	忽尔（jhul）：	
	R.	羽毛	
	69% Ag?	R	未公开

27.1

28 （印度西北部） AR/W 3.1g（1）

O. “室利·萨曼塔·提婆”

R. भी = 比马？

?% Ag 泰尔 未公开

28.1

29 （印度西北部） W 3.1g（1）

O. “室利·萨曼塔·提婆”

R. ते = Te

?% Ag S D 53

29.1

30 （印度西北部） W 3.1g（1）

O. “室利·萨曼塔·提婆”

R. कु = Ku

?% Ag S D 234

30.1

31 （印度） B/AE 3.1g（1）

O. “室利·萨曼塔·提婆”

R. ति = Ti

?% Ag 泰尔 未公开

31.1

佚名后沙希发行币

32	（印度西北部）	W	3.2g（5）
	O.	“室利·萨曼塔·提婆”	
	R.	类似类型 14	
	25% Ag?	A	? D 48

32.1

佚名币、后沙希和小王朝时期发行币（公元 900～1200 年）

佚名币

33	（印度西北部）	W/B	3.4g(21)
	O.	“室利·萨曼塔·提婆”	
	R.	类似类型 14	
	?% Ag	A	D 235

33.1

33.2

33.3

33.4

33.5

33.6

33.7

33.8

34	?	B	3.1g(15)
	O.	“室利·萨曼塔·提婆”	
	R.	无币文?	
	?% Ag	C	D 237

34.1

34.2

34.3

34.4

35 (印度西北部) B/AE 3.1g(2)

O. “室利·萨曼塔·提婆”

R. 无币文?

?% Ag S 未公开?

35.1

小王朝

卡哈·提婆(Kalha Deva,公元11~12世纪)?

36 (印度西北部) B ? g

O. 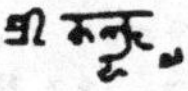

R. 无币文

?% Ag 大英博物馆 Deyell Phd 95

36.1

“伽伽那·帕沙”(Gagana Patha)?

37 (印度) AE? ? g

O. 骑士 R. 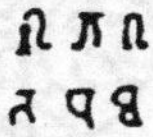

0% Ag? 大英博物馆 未公开

37.1

37.2

索马雷克哈（Somalekha,公元1110～1120年）

38	萨卡姆哈利(Sakambhari)?	AE	1～3g^{V}
	O. 骑士	R. 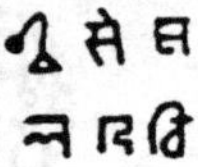	
	0% Ag	S	D 181 +

38.1

小王朝和印度土王时期发行币(公元900～1200年)

马希・帕拉（Mahi Pala,公元12～13世纪）

39	(印度)	B/AE	3.2g(4)
	O.	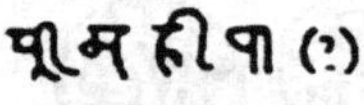	
	R.	类似类型14	
	?% Ag	C	D 232 +

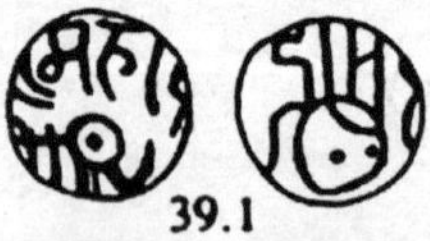

39.1

39.2

39.3

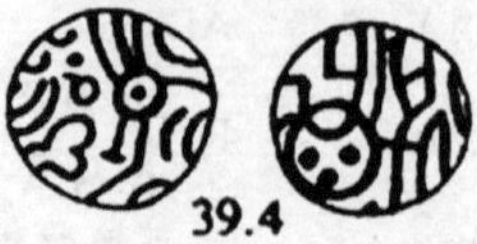

39.4

“马”(“Ma”)

40　(印度)　B/AE　? g

O. 

R.　类似类型 14

?% Ag　大英博物馆　未公开

40.e1.1

马希·帕拉二世(Mahi Pala Ⅱ)

40e1　(印度)　B/AE　2.8g(1)

O. 吉祥天女　R. 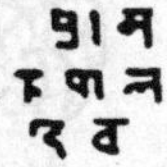

?% Ag　剑桥大学　T 36

40.e1.1

布达翁:艾姆瑞塔 (Amrita Palla,公元 12 世纪晚期)

41　(布达翁)　W　3.6g(1)

O. 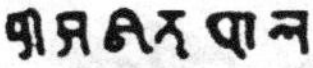

R.　无币文?

?% Ag　大英博物馆　D 226 +

41.1　41.2　41.3

41.4　41.5　41.6

德里土王

萨拉卡斯夏那（Sallakshana Pala Deva，公元1120～1130年）

42　(德里)　W　3.3g(45)

O.　“室利·萨曼塔·提婆”

R.　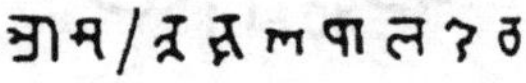

18% Ag?　C　D 184

42.1

42.1a

42.2

安南嘎（Ananga Palla Deva，公元1130～1145年）

43　(德里)　W　3.2g(1)

O.　查(Cha)/室利·萨曼塔·提婆

R.　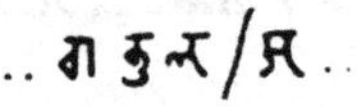

18% Ag?　泰尔　D 186

43.1

44　(德里)　W　3.3g(241)

O.　查/室利·萨曼塔·提婆

R.　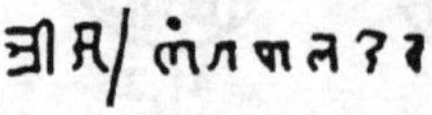

18% Ag?　C　D 187 +

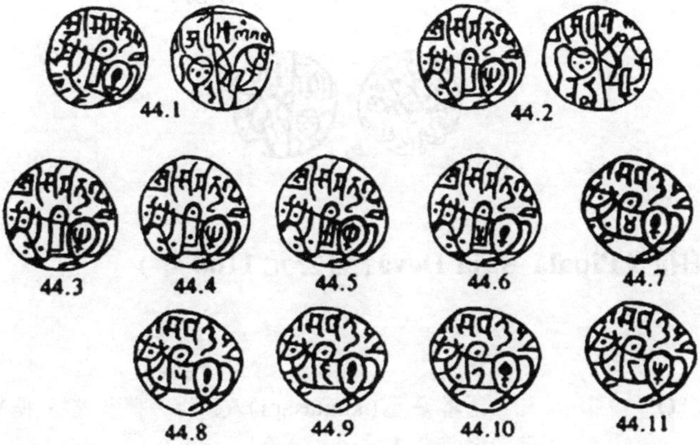

马达纳(Madana Pala Deva,公元 1145 ~ 1167 年)

45 (德里) W 3.3g(259)

O. 马达哈瓦(Madhava)/室利·萨曼塔·提婆

R. 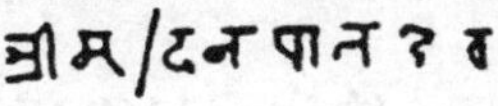

18% Ag? C D 201 +

普利斯威(Prithvi Raja Deva Ⅱ,公元 1167 ~ 1169 年)

46 (德里) W 3.4g(6)

O. 詹达·拉杰(Jenda Raja)/室利·萨曼塔·提婆

R. 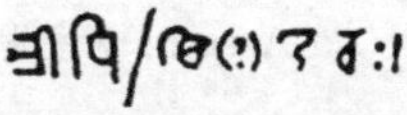

	18% Ag?	S	D 214

46.1

皮帕拉（Pipala Raja Deva，约公元 1168 年）

47	（德里）	W	3.4g(5)
	O.	昆塔萨尼(kuntasani)/室利·萨曼塔·提婆	
	R.	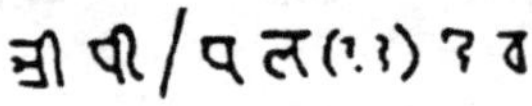	
	18% Ag?	S	D 215

47.1

克提（Kirtti Pala Deva，约公元 1169 年）

48	（德里）	W	3.3g(2)
	O.	卡(拉萨)拉[Ca(rasa)la]/室利·萨曼塔·提婆	
	R.	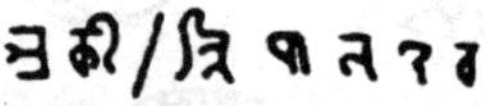	
	18% Ag?	S	D 216

48.1

索米斯瓦拉（Somesvara Deva，公元 1169～1172 年）

49	（德里）	W	3.4g(47)
	O.	阿萨瓦力(Asavari)/室利·萨曼塔·提婆	

R. 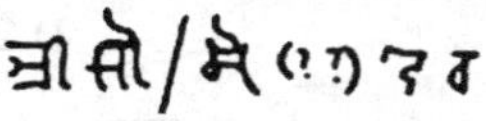

18% Ag? S D 217 +

49.1

49.2

49.3

查哈达（Chahada Deva，公元1172～1191年）

50 （德里） W 3.4g(351)

O. 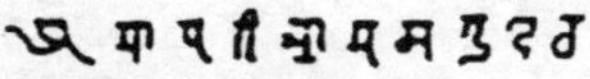

R. 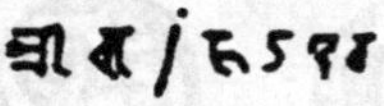

18% Ag? C D 220 +

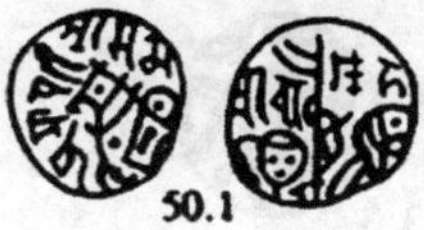
50.1

50.2

51 （德里） W 3.3g(230)

O. 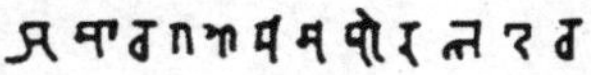

R. 如类型50

18% Ag? C D 222 +

51.1

普利斯威三世（Prithvi Raja Deva Ⅲ，公元1191～1192年）

52 （德里） W 3.3g(44)

O. 阿萨瓦力(Asavari)/室利·萨曼塔·提婆

R. 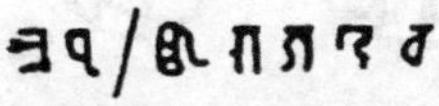

	18% Ag?	C	D 225

52.1

佚名:"马达纳"币,公元13世纪?

53	?	W/B	3.1g(6)
	O.	类似类型45	
	R.	类似类型45	
	?% Ag	S	D 208 +

53.1

53.2

53.3

佚名、未归类和纳瓦尔土王时期发行币

佚名币:公元13世纪?

54	(印度)	AE约	2.9g(2)
	O.	无?	
	R.	无?	
	0% Ag?	S	未公开?

54.1

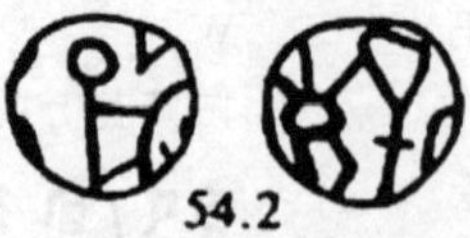

54.2

未归类:室利·卡-(Sri Ka-,公元13世纪?)

55	(印度)	B?	? g
	O.	室利·卡-	
	R.	?	
	?% Ag	大英博物馆	未公开?

55.1

纳瓦尔土王

马拉雅·瓦尔玛(Malaya Varma Deva,公元1223~1233年)

56	(纳瓦尔)	W	3.5g(10)
	O. 骑士	R. 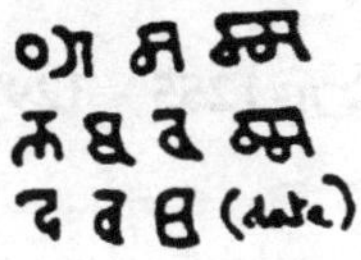	
	?% Ag	S	D 362

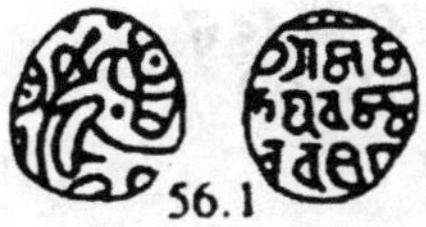

56.1

已知年份(萨卡历)①

1280、1281、1283、1284

1287、1288、1289、129x

① 参见第五章最后一页关于"萨卡历"的注释。——译者注

查哈达(Chahada Deva,公元1245～1259年)

57 (纳瓦尔) W 3.4g(183)

O. 骑士 R. 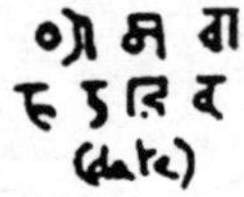

?% Ag C D 363

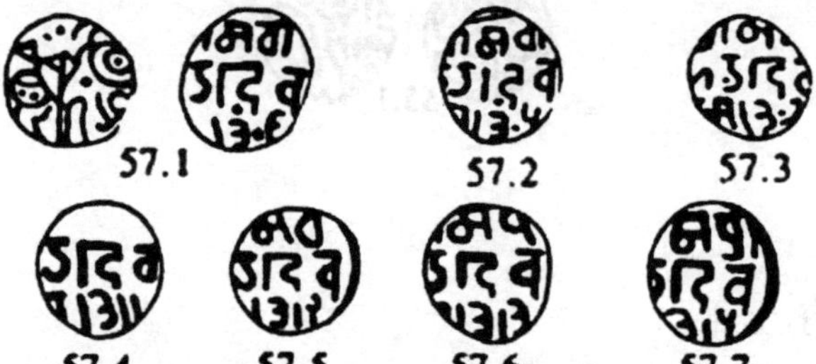

57.1 57.2 57.3

57.4 57.5 57.6 57.7

已知年份(萨卡历)

129x、1302、1303、1304、1305、1306

1307、1308、1311、1312、1316

阿萨拉(Asala Deva,公元1255～1297年)

58 (纳瓦尔) W 3.3g(1651)

O. 骑士 R. 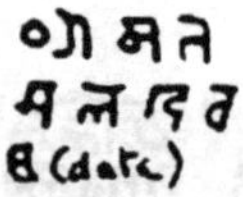

?% Ag S D 364

58.1

已知年份(萨卡历)

1312、1315、1318、1319、1320、1322、1327、1328、1329、1330

1332、1336、1340、1344、1346、1348、1349、1353、1354、1363、1364、1365

查哈达二世（Chahada Deva Ⅱ，约公元 1298 年）

59	（纳瓦尔）	B	3.3g
	O. 骑士	R. 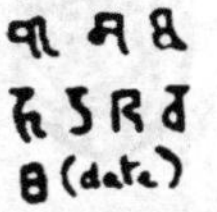	
	?% Ag	大英博物馆	D 365

59.1

已知年份（萨卡历）

1355

甘那帕提（Ganapati，13 世纪早期）

60	（纳瓦尔）	B	（3.3g?）
	O.	无币文	
	R.	未完整解读	
	?% Ag	大英博物馆	Deyell Phd 302

60.1

坎格拉土王

鲁帕（Rupa Chandra Deva，约公元 1200 年）

61	（坎格拉）	B/AE	3.2g(8)

O. 类似类型 14

R. 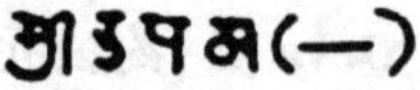

约 17% Ag? S Jha 1 +

61.1

62 (坎格拉) B/AE 3.2g(7)

O. 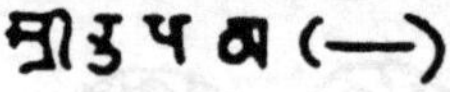

R. 无

约 17% Ag S Jha 9 +

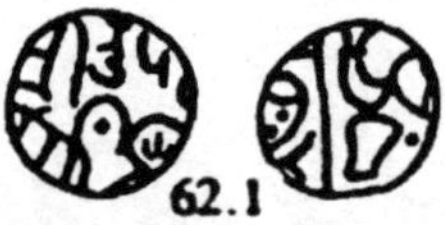

62.1

63 (坎格拉) B/AE 3.9g(1)

O. 骑士 R. 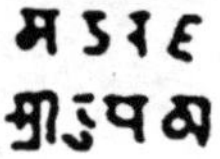

约 17% Ag? 纳西克(Nasik) Jha 16 +

63.1

卡帕(Kapa Chandra Deva,约公元 1215 年)

64 (坎格拉) AE 3.2g(20)

O. 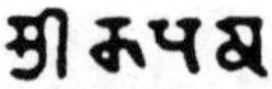

R. 无

0% Ag? S Jha 126 +

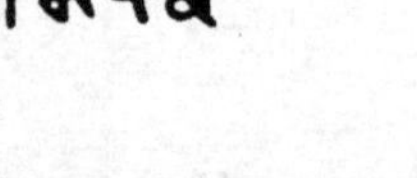

64.1

65 (坎格拉) AE ? g

O. 骑士 R. 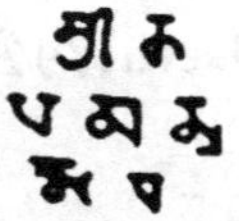

0% Ag? ? Cun. Ⅺ/3 -4

65.1

阿普尔瓦(Apurva Chandra Deva,约公元1230年)

66 (坎格拉) AE 3.2g(17)

O. 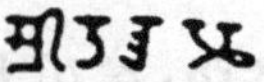

R. 无

0% Ag? C Jha 146 +

66.1

66.2

66.3

阿普尔瓦(约公元1230年)

67 (坎格拉) AE 3.3g(80)

O. 骑士 R. 

0% Ag? C Jha 189 +

67.1

67.1a

崔罗卡(Triloka Chandara Deva,约公元1240年?)

68　(坎格拉)　AE　3.3g(108)

O. 骑士　R. 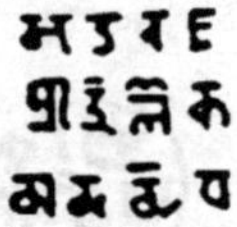

0% Ag?　C　Jha 17 +

68.1

皮撒玛(Pithama Chandra Deva,公元1250年后)

69　(坎格拉)　AE　3.3g(10)

O.(骑士)　R. 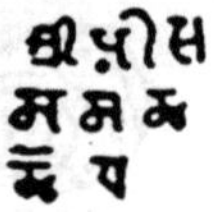

0% Ag?　S　Jha 358

69.1

辛格拉(Singara Chandra Deva,公元1250年后)

70　(坎格拉)　AE　3.2g(41)

O.(骑士)　R. 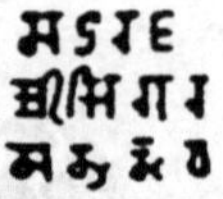

0% Ag?　S　Jha 457 +

70.1

哈利(Hari Chandra Deva,公元1250年后)

71　(坎格拉)　AE　3.2g(18)

O.(骑士)　R. 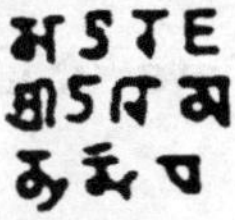

0% Ag?　C　Jha 369 +

71.1

麦格哈(Megha Chandra Deva,公元1250年后)

72　(坎格拉)　AE　3.0g(44)

O.(骑士)　R. 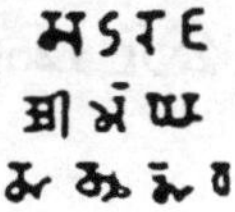

0% Ag?　C　Jha 519 +

72.1

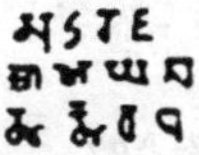

72.2

卡玛(Karma Chandra Deva,公元1250年后)

73　(坎格拉)　AE　3.0g(57)

O.（骑士） R. 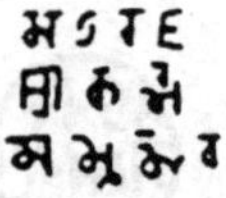

0% Ag? C Jha 577 +

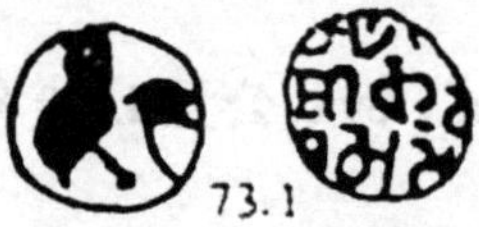

73.1

杉萨拉（Sansara Chandra Deva，公元 1250 年后）

74 （坎格拉） AE ? g

O.（骑士） R. 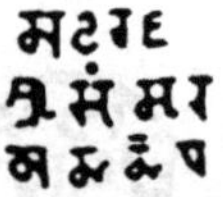

0% Ag? R Cun. Ⅺ/20 +

74.1

古纳（Guna Chandra Deva，公元 1250 年后）

75 （坎格拉） AE ? g

O.（骑士） R. 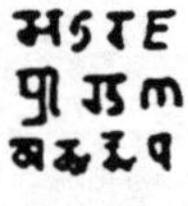

0% Ag? R Cun. Ⅺ/19

75.1

阿瓦塔拉(Avatara Chandra Deva,公元 1250 年后)

76 (坎格拉) AE 2.7g (18)

O.(骑士) R. 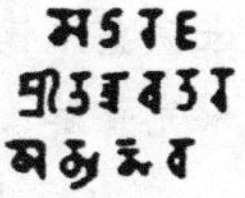

0% Ag? S Jha 499 +

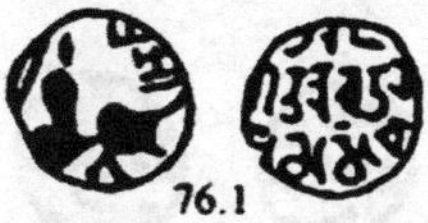

76.1

那兰德拉(Narendra Chandra Deva,公元 1250 年后)

77 (坎格拉) AE ? g

O.(骑士) R. 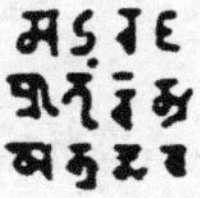

0% Ag? R Cun. Ⅺ/24

77.1

苏维拉(Suvira Chandra Deva,公元 1250 年后)

78 (坎格拉) AE ? g

O.(骑士) R. 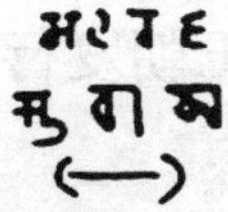

0% Ag? R Cun. Ⅺ/25

78.1

普雷亚戈(Prayaga ack. Ibrahim,公元1517~1520年)

79	(坎格拉)	AE	? g
	O.	阿拉伯文,未完整解读	
	R.	那伽里文,未完整解读	
	0% Ag?	R	Rodgers JASB 1886 Ⅸ/14

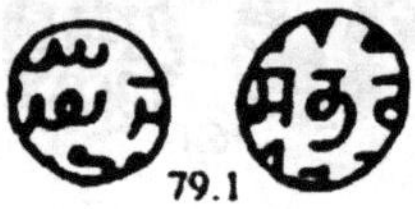

79.1

拉玛(Rama ack. Ibrahim,公元1520~1527年)

80	(坎格拉)	AE	? g
	O.	阿拉伯文,未完整解读	
	R.	那伽里文,未完整解读	
	0% Ag?	R	Rodgers JASB 1886 Ⅸ/13

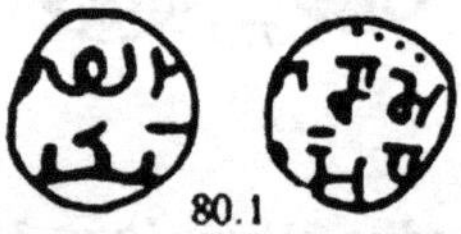

80.1

未归类(坎格拉?)伽兹尼王朝发行币

"卡玛"(Kama)?

81	(坎格拉)	AE	2.6g(2)
	O.	"卡玛"?	

	R.	无币文	
	0% Ag?	大英博物馆	未公开

81.1

81.2

伽兹尼王朝

苏布克特勤(Nasir-ud-daula Sebuktgin,公元977~997年)

82	法尔万	AR	$3.0g^{V}$ (190)
	O.		
	R.		
	69% Ag?	C	A 1599

82.1

83	(伽兹尼)	AE	? g^{V}
	O.	不确定	
	R.	苏布克特勤	
	0% Ag	美国钱币学会	D 57

83.1

83e1	(造币厂?)	AE	$3.4g^{V}$ (1)
	O.		
	R.		
	0% Ag	大英博物馆	未公开?

83e1.1

伊斯玛伊尔(Daud-ud-daula? Isma'il,公元 997 年)

84	(法尔万?)	AR	(3.0g?[V])
	O.		
	R.		
	69% Ag?	S	A 1601

84.1

84e1	(法尔万)	AE	3.1g?[V](1)
	O.		
	R.		
	0% Ag?	大英博物馆	未公开?

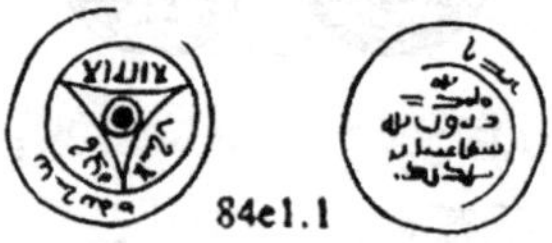

84e1.1

马哈茂德(Yamin-ud-daula Mahmud,公元 998 ~ 1030 年)

85	伽兹尼	AR	2.7g[V](2)
	O.		
	R.		
	69% Ag?	C	A 1605

85.1

该耶敏努第尔汗及其后耶敏努第尔汗的变体有很多,此处仅列示一枚代表性样币。

86	马哈茂德布尔(Mahmudpur)(=拉合尔)	AR	3.1g^{V}(1)
	O.	(阿拉伯语)	
	R.	(梵语)	
	69% Ag?	S	A 1610

86.1

86e1	巴斯特?	AE?	5.4g^{V}(1)
	O.		
	R.		
	0% Ag?	大英博物馆	A 1614

86e1.1

86e2	(伽兹尼?)	AE?	? g^{V}
	O.		
	R.		
	0% Ag	S	A 1615

86e2.1

穆罕默德(Jalal-ud-daula Muhammad,公元1031年)

87	(伽兹尼)	AR	(3.0g?^{V})
	O.		
	R.		

	69% Ag?	R	A 1617

87.1

马苏德一世(Shihab-ud-daula Mas'ud I,公元1031～1041年)

88	(伽兹尼)	AR	(3.0g^{v})
	O.		
	R.		
	69% Ag?	C	A 1621

88.1

代表性样币

89	(拉合尔)	W	3.2g (3)
	O.		
	R.		
	18% Ag?	S	D 70

89.1 89.2 89.3 89.4

89e1	(巴斯特?)	AE	(5.0g^{v}?)
	O.		
	R.		
	0% Ag?	大英博物馆	未公开?

89e1.1

89e2 （伽兹尼?） AE （$3.0g^{V}$?）

O.

R.

0% Ag? 大英博物馆 未公开?

89e2.1

马苏德一世?（或三世?）

89e3 （伽兹尼?） AE $2.8g^{V}$（2）

O.

R.

0% Ag? 剑桥大学 未公开?

89e3.1

89e4 （伽兹尼?） AE ? g

O.

R.

0% Ag? R 未公开?

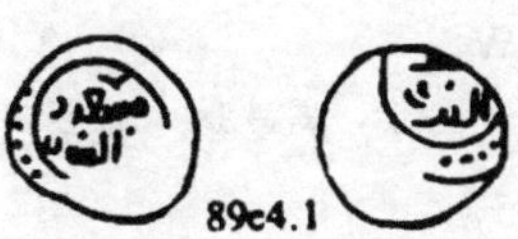

89e4.1

暂将该币归于伽兹尼王朝，可能为随葬币?

马乌杜德一世(Shihab-ud-daula Mawdud I,公元1041～1050年)

90	(伽兹尼)	AR	3.3g^{V}(1)
	O.		
	R.		
	69% Ag?	C	A 1626

90.1

代表性样币

91	(拉合尔)	W	(3.2g?)
	O.	"室利·萨曼塔·提婆"	
	R.		
	18% Ag?	大英博物馆	D 77

91.1

92	(拉合尔)	W	(3.2g?)
	O.	"室利·萨曼塔·提婆"	
	R.		
	18% Ag?	R	D 78

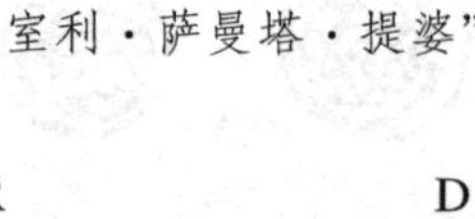

92.1

93	(拉合尔)	W	3.1g(1)
	O.	"室利·萨曼塔·提婆"	
	R.		
	18% Ag?	S	D 79 +

93.1

93.2

94 (拉合尔) W 3.1g(56)
O. "室利·萨曼塔·提婆"
R.
18% Ag? C D 81 +

94.1

阿卜杜勒·拉希德('Izz-ud-daula'Abd al-Rashid,公元1050～1053年)

95 伽兹尼 AR 2.6g^{v}(1)
O.
R.
69% Ag? S A 1630

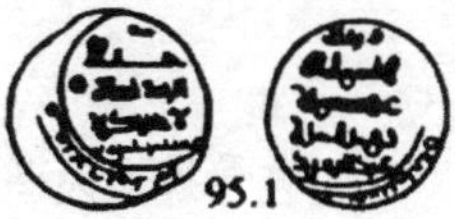
95.1

代表性样币

96 拉合尔 W 3.2g(31)
O. "室利·萨曼塔·提婆"
R.
18% Ag? S D 82 +

96.1 96.2 96.3 96.4 96.5

97	（拉合尔）	W	3.2g(11)
	O.	“室利·萨曼塔·提婆”	
	R.		
	18% Ag?	R	D 86 +

97.1 97.2 97.3

法鲁克扎德(Jamal-udvdaula Farrukhazd，公元1053～1059年)

98	（伽兹尼）	AR	3.2g^{V}(1)
	O.	“室利·萨曼塔·提婆”	
	R.		
	69% Ag?	C	A 1634

98.1

代表性样币

法鲁克扎德(公元 1053 ~ 1059 年)续

99	(拉合尔)	W	3.2g(78)
	O.		
	R.		
	18% Ag?	C	D 91 +

99.1

99.2

100	(拉合尔)	W	2.8g(1)
	O.	“室利·萨曼塔·提婆”	
	R.		
	?% Ag	RT	G 105

100.1

易卜拉欣(Nasir-ud-daula Ibrahim,公元 1059 ~ 1099 年)

101	(伽兹尼)	W	2.2g(183)
	O.		
	R.		
	各类 Ag?	A	A 1638 +

101.1

代表性样币

102	拉合尔	W	3.2g(195)
	O.	“室利·萨曼塔·提婆”	

R.

18% Ag? C D 93 +

102.1

102.2

103 (拉合尔) B/W 3.2g(26)

O. “室利 · 萨曼塔 · 提婆”

R.

约 8% Ag? C D 95 +

103.1

103.2

103.3

103.4

马苏德三世('Ala-ud-daula Mas'ud Ⅲ,公元1099~1115年)

104 伽兹尼 W (2.2g?)

O.

R.

?% Ag C A 1648

104.1

代表性样币

105 (拉合尔) B 3.2g(31)

O. “室利 · 萨曼塔 · 提婆”

R.

约 4% Ag?　　C　　　　　　D 99 +

105.1

105.2

105.3

105.4

105.5

105.6

105.7

105.8

105e1　（伽兹尼）　AE?　　2.6g^{v}（1）
O.　　“室利 · 萨曼塔 · 提婆”
R.
0% Ag?　　大英博物馆　　未公开

105e1.1

阿尔斯兰（Sultan-ud-daula Arslan，公元 1115～1118 年）

106　伽兹尼　　W　　2.8g^{v}（1）
O.
R.
？ Ag　　大英博物馆　　TG 140

106.1

代表性样币

107　(拉合尔)　B　3.1g(6)
O.　"室利·萨曼塔·提婆"
R.
约 4% Ag?　S　D 103

107.1

107.2

107e1　(伽兹尼)　AE　2.8g(1)
O.
R.
0% Ag　大英博物馆　T G CXLI

107e1.1

巴拉姆沙(Yamin-ud-daula Bahramshah,公元 1118~1152 年)

108　伽兹尼　AR　2.8g^v(67)
O.
R.
?% Ag　C　A 1652

108.1

代表性样币

109　(拉合尔)　B　3.2g(3)
O.　桑贾尔(ack. Sinjar)
R.　巴拉姆(Bahram)
约 4% Ag　S　D 105

109.1

110 (拉合尔) B 3.2g(61)

O. “室利 · 萨曼塔 · 提婆”

R.

约 4% Ag? C D 106 +

110.1

110.2

110.3

110e1 (伽兹尼) AE (2.0g?)

O.

R.

0% Ag 剑桥大学 A 1657

110e1.1

111 (拉合尔?) AE 2.9g(3)

O. “室利 · 萨曼塔 · 提婆”

R. 耶敏努(yamini)

0% Ag S W 49B +

111.1

111.2

111.3

111.4

111.5

111.6

胡斯鲁 · 沙(Mu'izz-ud-daula Khusraw Shah, 公元 1152 ~ 1160 年)

112	(伽兹尼)	AR	3.5g^{V}(7)
	O.		
	R.		
	?% Ag	S	A 1659

112.1

代表性样币

113	(拉合尔)	B	3.5g(1)
	O.	“室利 · 萨曼塔 · 提婆”和“凯尔”(Khair)	
	R.		
	?% Ag	S	D 108

113.1

胡斯鲁 · 沙?

114	(拉合尔?)	AE	约 3.3g(2)
	O.	“室利 · 萨曼塔 · 提婆”	
	R.	穆伊兹(mu'izz)	
	0% Ag	S	W 33 +

114.1

114.2

库斯鲁·马利克(Taj-ud-daula Khusraw Malik,公元1160～1186年)

115 (伽兹尼) AR 3.2g^{V}(4)
O.
R.
?% Ag S A 1662

115.1

代表性样币

116 库拉曼 B 3.5g(4)
O. 下部标有"Om"
R.
?% Ag 牛津大学 D 111

116.1

116.2

116.3

116.4

117 (库拉曼) B 3.1g(85)
O. "室利·萨曼塔·提婆"
R.
?% Ag C D 116

117.1

117.2

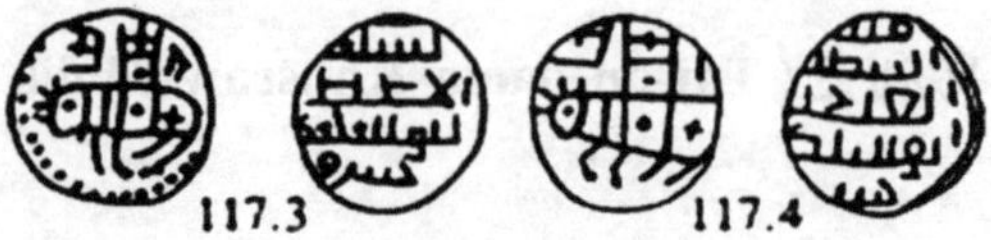

117.3　　117.4

118　（拉合尔）　B　3.4g(28)

O.　“室利·萨曼塔·提婆”和凯尔

R.

?% Ag　S　D 109

118.1

119　（拉合尔）　B　3.3g(40)

O.

R.

?% Ag　C　D 110

119.1

119.2

119.3

120　（拉合尔）　B　3.3g(53)

O.　库斯鲁·马利克

R.

?% Ag　C　戴耶尔 113 +

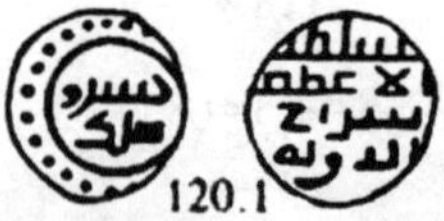

120.1

120.2

120.3

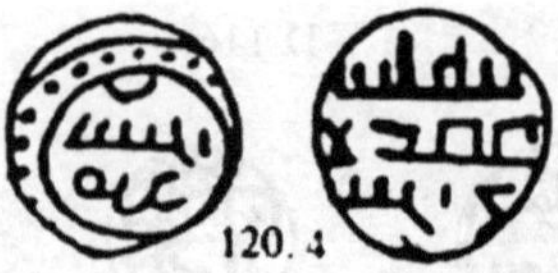

120.4　（该币疑为现代伪造）

121　（拉合尔）　B　3.3g(1)

O.

	R.		
	?% Ag	C	D 112

121.1

库斯鲁·马利克?

122	(拉合尔?)	AE	? g
	O.	室利·萨玛(Sri Sama)	
	R.	塔吉(Taj)	
	0% Ag	R	W 49A

122.1

锡斯坦萨法尔王朝(Saffarids of Sistan)

哈布(Taj-ud-din Harb,公元1167~1215年)

123	(锡斯坦)	B	2.8g(5)
	O.	哈布	
	R.		
	?% Ag	大英博物馆	未公开?

123.1

124	(锡斯坦)	B	2.7g(8)
	O.		
	R.		
	?% Ag	大英博物馆	未公开?

124.1

125	(锡斯坦)	B	2.7g(223)
	O.		
	R.		
	?% Ag	C	A 1427

125.1

巴拉姆沙(Shams-ud-din Bahramshah ,公元 1215 ~ 1221 年)

126	(锡斯坦)	B	? g
	O.		
	R.		
	?% Ag	杜宾根大学?	A 1428

126.1 实物币有相关报道,但未见过。

那塞尔(Taj-ud-din Nasr,公元 1221 年)

127	(锡斯坦)	B	2.5g(2)
	O.		
	R.		
	?% Ag	S	A 1429

127.1

阿布－曼塞尔(Rukn-ud-din Abu-Mansur,公元 1221 ~ 1222 年)

128 (锡斯坦) B ? g
O.
R.
?% Ag 杜宾根大学 A 1430

128.1

穆扎法(Abu'l-Muzaffar,公元 1222 年)

129 (锡斯坦) B 2.6g (16)
O.
R.
?% Ag S A 1431

129.1

伊尔汗统治时期的锡斯坦(?)

诺鲁兹(Nawruz 总督?,13 世纪晚期)

129e1 (锡斯坦) B/Pb 4.0g[v] (4)
O.
R.
0% Ag? S 未公开?

129e1.1

梅赫拉班(Mehrabanids)统治时期

129e2	(尼姆鲁兹)	B/Pb	3.5g v (3)
	O.		
	R.		
	0% Ag?	大英博物馆	A 2357 +

129e2.1

代表性样币

古尔王朝 - 古尔

基亚斯(Ghiyath-ud-din Muhammad,公元 1163 ~ 1203 年)

130	塔里甘	B	2.9g (31)
	O.		
	R.		
	8% Ag?	C	同 A 1758

130.1

130.2

131	塔里甘	B	3.0g (37)
	O.		
	R.		
	8% Ag?	C	同 A 1758

131.1

132 科兹宛 B 2.8g (2)

O.

R.

8% Ag? S A 1757

132.1

133 沙夫坎 B 2.6g (2)

O.

R.

8% Ag? 杜宾根大学 未公开

133.1

134 (沙夫坎?) B 2.8g (25)

O.

R.

8% Ag? S 未公开?

134.1

134.2

135 造币厂? B 2.9g (3)

O.

R.

?% Ag 泰尔 未公开

135.1

136 (塔里甘??) B ? g

O.

R.

?% Ag 法国国家博物馆 Num. Chron. ser. Ⅴ. vol. Ⅰ PI. Ⅸ/7

136.1 136.2

日期约为回历596年和回历598年(抑或回历576年或回历578年),阿富汗风格,可能至少为基亚斯时期发行。但背面币文可能解读为“穆伊兹”(Mu’izz),因而可能为伽兹尼发行币。

137 法尔万 B 2.8g(10)

O. (基亚斯)

R. (穆伊兹)

8% Ag? 泰尔 未公开

137.1

138 库拉曼 B (3.1g?)

O. 臀部有造币厂名称

R. “沙姆斯”[Shams,后面有“基亚斯”(Ghiyath’)]

?% Ag 法国国家博物馆 未公开

138.1 138.2 138.1a

138.3 138.4 138.5

139 沙夫坎 AE 2.6g(2)

O.

R.

0% Ag　　R　　未公开？

139.1

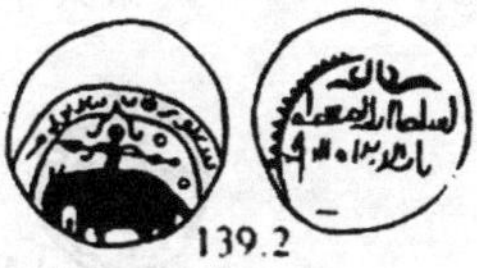
139.2

140　造币厂？　　AE　　2.6g(1)

O.

R.

0% Ag　　R　　未公开

140.1

140.2

马哈茂德(Ghiyath-ud-din Mahmud b. Muhammad,公元1206~1212年)

141　塔里甘　　B　　2.9g(4)

O.

R.

8% Ag?　　S　　未公开？

141.1

142　达瓦尔　　B　　3.2g(1)

O.

R.

8% Ag?　　泰尔　　未公开

142.1

143　赫拉特　B　(2.9g?)

O.

R.

8% Ag?　杜宾跟大学　同 A 1785

143.1

144　(沙夫坎?)　B　2.8g(185)

O.

R.

8% Ag?　S　未公开?

144.1

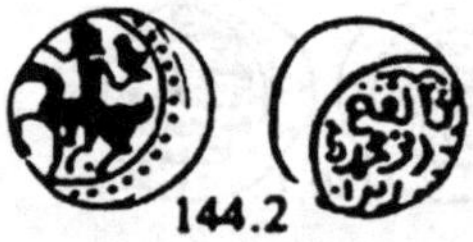

144.2

145　法尔万?　B　2.5g(1)

O.

R.

8% Ag?　泰尔　未公开

145.1

146　造币厂?　B　2.2g(1)

O.

R.

8% Ag?　泰尔　同 A 1787

146.1

146.2

147　(沙夫坎?)　B　2.7g(3)

O.

R.

8% Ag?　　R　　同 A 1786

147.1

147.2

147.3

148　(沙夫坎?)　　B　　2.9g(3)

O.

R.

8% Ag?　　R　　同 A 1786

148.1

148.2

149　(拉合尔)　　W　　3.2g(13)

O.

R.

18% Ag?　　S　　戴耶尔 261

149.1

150　(科兹宛)　　AE　　2.7g(1)

O.

R.

0% Ag　　杜宾根大学　　未公开

150.1

151　(科兹宛?)　　AE　　2.7g(4)

O.

R.

0% Ag　泰尔　未公开

151.1

古尔王朝 - 巴米扬

沙姆斯 - 乌德 - 丁(Shams-ud-din Muhammad,公元 1163 ~ 1192 年)

152　造币厂?　W　(3.0g^{v}?)

O.

R.

?% Ag　杜宾根大学　同 A 1802

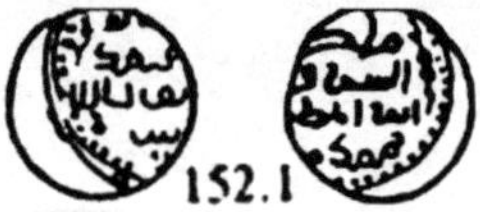

152.1

巴哈 - 乌德 - 丁(Baha-ud-din Sam b. Muhammad,公元 1192 ~ 1206 年)

153　法尔万　W　3.7g^{v}(1)

O.

R.

?% Ag　S　同 A 1804

153.1

154　(造币厂?)　W　(3g^{v}?)

O.　萨姆·本·穆罕默德(Sam bin Muhammad)

R.

?% Ag　　法国国家博物馆　　同 A 1804

154.1

155　(造币厂?)　　B　　3.1g(1)

O.

R.

?% Ag　　大英博物馆　　同 A 1805

155.1

156　造币厂?　　B　　2.9g(2)

O.

R.

?% Ag　　大英博物馆　　同 A 1805

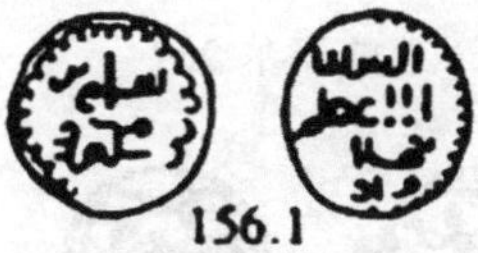

156.1

156.2

157　巴尔赫　　B　　(3.0g?)

O.

R.

?% Ag　　大英博物馆　　同 A 1805

157.1

157.2

157.3

157.4

157.5

158　瓦尔瓦利吉　B　(3.0g?)

O.

R.

?% Ag　大英博物馆　同 A 1805

158.1

159　法尔万?　B　(3.0g?)

O.

R.

?% Ag　大英博物馆　同 A 1805

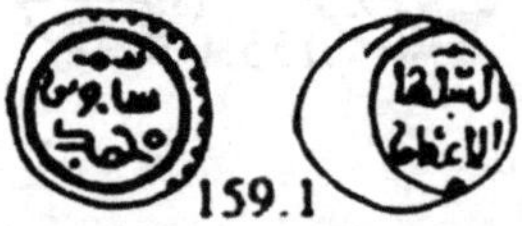

159.1

160　(巴米扬?)　B　3.3g(2)

O.

R.

?% Ag　牛津大学　戴耶尔 267

160.1

160.2

160.3

161　(巴米扬?)　B　2.9g(2)

O.

R.

8% Ag?　泰尔　未公开

161.1

巴哈－乌德－丁？

162	（巴米扬？）	B	3.4g(4)
	O.	187 复制版（＋巴哈？）	
	R.	187 复制版	
	?% Ag	泰尔	未公开

162.1

佚名："普利斯威"（Prithvi）

163	（巴米扬？）	B	(3.1g?)
	O.	52 复制版	
	R.	52 复制版	
	?% Ag	泰尔	未公开

163.1

佚名："穆罕默德·本·萨姆"（Muhammad bin Sam）

164	（巴米扬？）	B	3.1g(28)
	O.	187 复制版	
	R.	187 复制版	
	?% Ag	S	D 276 +

164.1

164.2

164.3

164.4

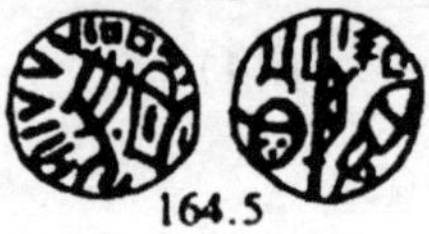
164.5

164.6

阿里(Jalal-ud-din'Ali,公元1206～1215年)

165	造币厂?	W	约3.4g(2)
	O.		
	R.		
	?% Ag	杜宾根大学	同 A 1807

165.1

165.2

166	巴米扬	B	(3.1g?)
	O.		
	R.		
	?% Ag	杜宾根大学	未公开?

166.1

166.2

167	(巴米扬?)	B	2.9g(3)
	O.		
	R.		
	?% Ag	法国国家博物馆	D 272 +

167.1

167.2

167.3

168 (巴米扬?) B 3.2g(2)

O.

R.

?% Ag 泰尔 未公开

168.1

169 (巴米扬?) B 3.4g(4)

O.

R. 臀部标有贾拉尔(Jalal)

?% Ag 法国国家博物馆 D 269 +

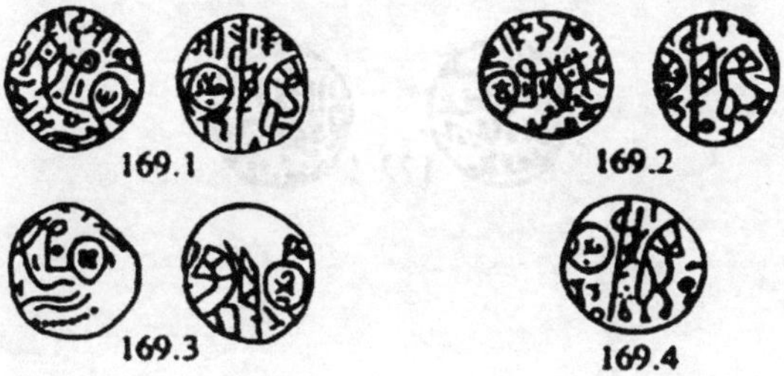

169.1 169.2 169.3 169.4

170 瓦尔瓦利吉(Walwalij)? B 2.9g(1)

(=昆都士)

O.

R.

?% Ag 杜宾根大学 未公开

170.1 170.2

171 造币厂? AE ? g

O.

R.

0% Ag 杜宾根大学 未公开

171.1

阿里尊奉花剌子模·沙('Ali ack. Khwarezm Shah)

172	(巴米扬?)	B	3.1g(8)
	O.	阿拉-乌德-丁(沙)[Ala-ud-din (Kh. Shah)]	
	R.	贾拉尔-乌德-丁(古尔王朝)[Jalal-ud-din (Ghorid)]	
	0% Ag	泰尔	未公开

172.1

古尔王朝-伽兹尼

穆伊兹(Mu'izz-ud-din Muhammad,公元1173~1203年)

173	塔里甘	B	3.4g
	O.		
	R.		
	8% Ag?	泰尔	未公开

173.1

174	库拉曼	B	? g
	O.	双语,臀部有造币厂名称(?)	
	R.	双语	

	?% Ag	R	唯一?

174.1

175	(库拉曼)	B	3.4g(1)
	O.	那伽里文	
	R.	阿拉伯文	
	?% Ag	泰尔	唯一?

175.1

176	(库拉曼?)	AE	2.5g(1)
	O.	复杂所罗门印花图案	
	R.	双语	
	0% Ag?	泰尔	唯一?

176.1

177	(库拉曼)	B	3.0g(5)
	O.		
	R.		
	?% Ag	S	D 240 +

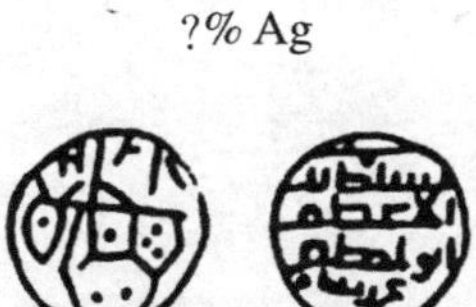
177.1

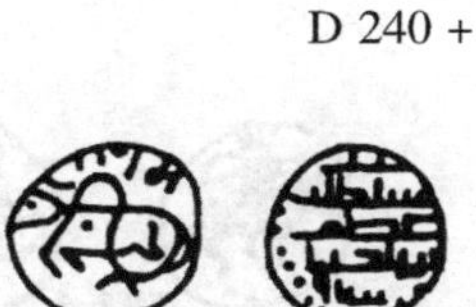
177.2

177.3

178	(库拉曼)	B	2.9g(8)
	O.		
	R.		
	?% Ag	S	D 242 +

178.1

178.2

179	(拉合尔)	B	3.4g(1)
	O.	穆罕默德·本·萨姆(Muhammad bin Sam)	
	R.		
	?% Ag	C	D 249

179.1

180	(拉合尔)	B	3.3g(2)
	O.		
	R.		
	?% Ag	C	D 247 +

180.1

180.2

181	(拉合尔)	W?	(3.2g?)
	O.		
	R.		
	16% Ag?	ANS	D 245

181.1

182	(拉合尔)	W	3.2g(3)
	O.		
	R.		
	16% Ag?	S	D 246

182.1

182.2

183 (拉合尔) W 3.2g(9)
O. 室利 · 哈米拉(Sri Hamira)
R.
16% Ag? S D 250

183.1

184 (拉合尔) W 3.3g(17)
O. 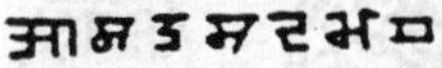
R. 室利 · 哈米拉(如 185 所示)
16% Ag? S D 251

184.1

185 (德里) W 3.5g(1,015)
O. 
R. 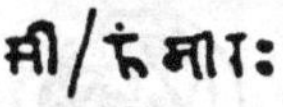
16% Ag? A D 260

185.1

185.2

186 (德里) W 约 3.5g
O. 类型 184
R. 类型 52
16% Ag? 大英博物馆 D 259

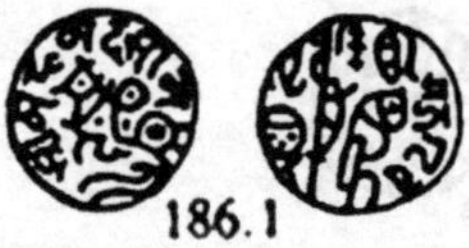

186.1

187　(布达翁)　W　3.3g(120)

O.　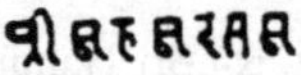

R.　无币文

13% Ag?　C　D 254 +

187.1

187.2

187.3

187.4

187.5

187.6

187.7

187.8

187.9

188　(伽兹尼?)　AE　3.4g(2)

O.　(?或古尔王朝马哈茂德?)

R.

0% Ag　泰尔　未公开?

bi

188.1

币文未能完全解读,相关解释并不确定。

189　(伽兹尼?)　AE　? g

O.

R.

0% Ag　R　W

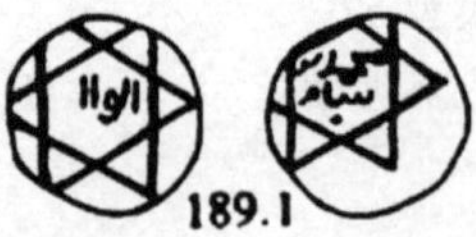

189.1

币文未能完全解读,相关解释并不确定。

190 (伽兹尼) AE 3.0g(16)

O.

R.

0% Ag S W 24 +

190.1

190.2

191 (伽兹尼) AE (3.0g?)

O.

R.

0% Ag S W 29A

191.1

192 (拉合尔?) AE 3.2g (3)

O.

R.

0% Ag S W 30 +

192.1

192.2

伊尔迪兹

伊尔迪兹(Taj-ud-din Yildiz,公元 1206 ~ 1215 年)

193 塔金(阿巴德)[Takin(abad)] B 3.3g (1)

O.

R.

8% Ag?　　泰尔　　未公开

193.1

194　(塔金阿巴德?)　B　2.8g (2)

O.

R.

8% Ag　　杜宾根大学　　未公开

194.1

194.2

194.3

195　达瓦尔　B　2.6g (2)

O.

R.

8% Ag?　　泰尔　　未公开

195.1

196　(达瓦尔?)　B　? g

O.

R.

8% Ag?　　杜宾根大学　　未公开

196.1

196.2

197　巴斯特　B　3.0g (3)

O.

R.

8% Ag? 泰尔 未公开

197.1

197.2

198 (造币厂?) B ? g

O.

R.

8% Ag? 杜宾根大学 未公开

198.1

199 (伽兹尼) W 2.9g(271)

O.

R.

18% Ag? C D 263

199.1

200 (库拉曼) B 3.1g(17)

O.

R.

?% Ag C D 264

200.1

200.2

201 (拉合尔) W 3.3g(56)

O.

R.

18% Ag? C D 265 +

201.1

201.2

202	(伽兹尼)	AE	(3.0g?)
	O.		
	R.		
	0% Ag?	S	W 42A

202.1

203	(伽兹尼)	AE	3.0g (6)
	O.		
	R.		
	0% Ag	杜宾根大学	未公开?

203.1

204	(拉合尔?)	AE	3.0g (1)
	O.		
	R.		
	0% Ag	R	W 49

204.1

204.2

库巴卡

库巴卡(Nasir-ud-din Qubacha,公元 1203 ~ 1228 年)

205	(木尔坦)	W	3.4g (19)
	O.		
	R.		
	18% Ag?	S	D 341

205.1

205.2

206	(木尔坦)	W	3.4g (10)
	O.	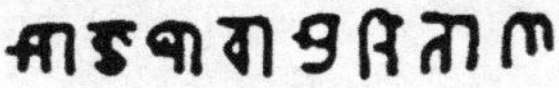	
	R.	室利 · 哈米拉	
	18% Ag?	C	D 343

206.1

206.2

206.3

花剌子模 · 沙

帖乞失('Ala ud-din Tekish,公元 1172 ~ 1200 年)

206e1	(造币厂?)	B?	? g
	O.		

R.

?% Ag　法国国家博物馆　未公开?

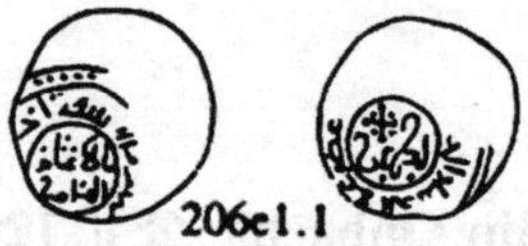

206e1.1

206e2　(造币厂?)　AE　? g

O.

R.

0% Ag?　法国国家博物馆　未公开?

206e2.1

阿拉 – 乌德 – 丁('Ala-ud-din Muhammad,公元1200~1220年)

207　(伽兹尼)　AR　3.0g(1)

O.

R.

?% Ag　SMI　905

207.1

207e1　铁尔梅兹　B　4.5g(5)

O.

R.

?% Ag　R　A 1723

207e1.1

208 塔里甘 B 2.9g(3)

O.

R.

8% Ag? C BMC Ⅸ/Ⅹ/616f

208.1

208.2

208.3

209 塔里甘 B 2.3g(8)

O.

R.

8% Ag? C 同 A 1734

209.1

209.2

209.3

210 沙夫坎 B 2.8g(7)

O.

R.

8% Ag? 泰尔 未公开?

210.1

211 沙夫坎 B 3.1g(2)

O.

R.

8% Ag? 泰尔 未公开?

211.1

211.2

211.3

212 沙夫坎 B 3.1g(2)

O.

R.

8% Ag? 泰尔 未公开?

212.1

212.1a

212.2

213 (沙夫坎) B 2.8g(4)

O.

R.

8% Ag? C 未公开?

213.1

213.2

214 达瓦尔 B 2.6g(21)

O.

R.

8% Ag? 泰尔 未公开?

214.1

215 达瓦尔 B 2.5g(1)

O.

R.

8% Ag? 泰尔 未公开?

215.1

216 达瓦尔 B ?

O.

R.

8% Ag? 杜宾根大学 未公开?

216.1

217 (造币厂?) B 2.8g(1)

O.

R.

8% Ag? 牛津大学 未公开?

217.1

218 锡比 B 2.7g(26)

O.

R.

8% Ag? 泰尔 BMC Ⅸ/Ⅹ/616k

218.1

218.2

218.3

219 塔金(阿巴德) B 2.8g(4)

O.

R.

8% Ag? 泰尔 未公开

219.1

220 巴斯特 B 2.8g(3)

O.

R.

8% Ag? 泰尔 未公开

220.1

220.2

220.3

221 赫拉特 B 2.8g(33)

O.

R.

8% Ag? 泰尔 BMC Ⅸ/Ⅹ/616j

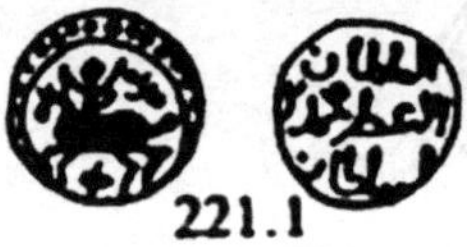
221.1

221.2

221.3

222 造币厂? B 2.7g(3)

O.

R.

8% Ag? 泰尔 未公开

222.1

223 造币厂? B 3.0g(4)

O.

R.

8% Ag? 泰尔 未公开

223.1

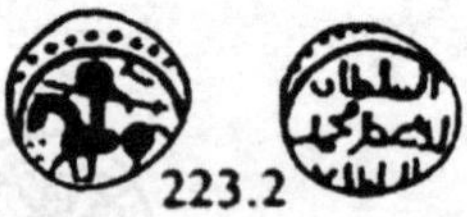
223.2

224 沙夫坎 B 2.6g(1)

O.

R. 君主不明

8% Ag? 泰尔 未公开

224.1

225 (造币厂?) B 2.9g(12)

O.

R.

8% Ag? S 未公开?

225.1

226 巴鲁干 B 2.3g(167)

O.

R.

8% Ag? C BMC Ⅸ/Ⅹ/616o

226.1

226.2

226.3

226.4

227 科兹宛 B 2.8g(1)

O.

R.

8% Ag? 杜宾根大学 未公开

227.1

227.2

228 科兹宛 B 2.7g(5)

O.

R.

8% Ag? C BMC Ⅸ/Ⅹ/616q

228.1

228.2

228.3

229	科兹宛	B	2.5g(2)
	O.		
	R.		
	8% Ag?	S	Hoernle 80

229.1

230	沙夫坎	B	2.1g(1)
	O.		
	R.		
	8% Ag?	杜宾根大学	未公开

230.1

230.2

231	(造币厂?)	B	2.5g(3)
	O.		
	R.		
	8% Ag?	泰尔	未公开?

231.1

232	沙夫坎	AE?	2.2g(3)
	O.		
	R.		
	0% Ag?	杜宾根大学	未公开?

232.1

233 昆都士 B ? g

O.

R.

8% Ag? 杜宾根大学 未公开?

233.1

233.2

233.3

233.4

234 昆都士 B 2.8g(17)

O.

R.

8% Ag? S 未公开?

234.1

234.2

234.3

235 巴尔赫 B 3.3g(2)

O.

R.

?% Ag 杜宾根大学 未公开?

235.1

236 巴米扬 B 3.4g(4)

O.

R. 存在小版变体

?% Ag 杜宾根大学 未公开?

236.1

236.2

237　巴米扬　B　3.3g(52)

O.

R.　存在小版变体

?% Ag　S　未公开

237.1

237.2

237.3

237.4

237.5

237.6

237.7

237.8

237.9

238　昆都士　B　3.3g(61)

O.

R.　有小版变体存世

?% Ag　S　D 283

238.1

238.1a

238.2

238.3

238.4

238.5

238.6

239 (昆都士) B ? g

O.

R.

?% Ag R 未公开

239.1

240 (昆都士) B 4.4g(28)

O.

R.

?% Ag R BMC Ⅱ/Ⅶ/607

240.1

240.2

240.3

240.4

240.5

240.6

241 (昆都士?) B 3.2g(7)

O.

R.

?% Ag 泰尔 未公开

241.1

241.1a

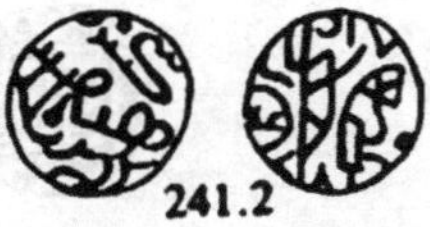

241.2

242 (昆都士?) B 2.4g(1)

O.

R.

?% Ag 泰尔 未公开

242.1

243 昆都士 B 4.3g(14)
O.
R.
?% Ag S D 280 +

243.1

243.2

243.3

243.4

243.5

243.6

244 (造币厂“x”) B 2.5g(1)
O.
R.
?% Ag 大英博物馆 BMC Ⅱ/Ⅶ/603

244.1

244.2

245 塔里甘 B 2.7g(492)
O.
R.
?% Ag C 未公开?

245.1

245.2

245.3

245.4

245.5

246 库拉曼 B 2.6g(441)

O.

R.

?% Ag C BMC Ⅸ/Ⅹ/602d

246.1

246.2

246.3

246.4

246.5

246.6

247 沙夫坎 B 2.3g(6)

O.

R.

?% Ag S BMC Ⅱ/Ⅶ/602

247.1

247.2

247.3

248 (造币厂“x”) B 2.9g(22)

O.

R.

?% Ag S 未公开?

248.1

249 锡比 B 3.0g(7)

O.

R.

?% Ag 杜宾根大学 未公开？

249.1

250 达瓦尔 B 3.0g(3)

O.

R.

?% Ag 杜宾根大学 未公开

250.1

251 达瓦尔 B 2.8g(1)

O.

R.

?% Ag 泰尔 未公开

251.1

252 塔金阿巴德 B 2.8g(5)

O.

R.

?% Ag 泰尔 未公开

252.1

253 库斯特? B 3.7g(1)

O.

R.

?% Ag 杜宾根大学 未公开

253.1

254 (造币厂“y”) B 3.1g(28)

O.

R.

?% Ag S 未公开?

254.1

255 (造币厂“y”) B 3.1g(77)

O.

R.

?% Ag S 未公开?

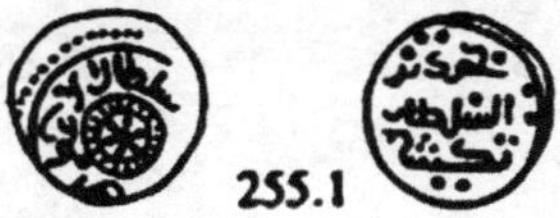

255.1

256 (造币厂“y”) B 3.1g(18)

O.

R.

?% Ag S 未公开?

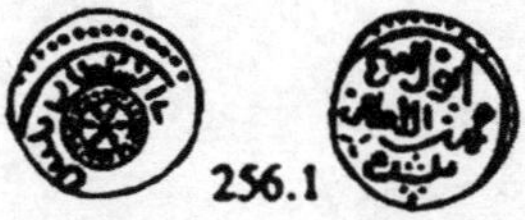

256.1

257 (造币厂“y”) B 2.9g(2)

O.

R.

	?% Ag	泰尔	未公开

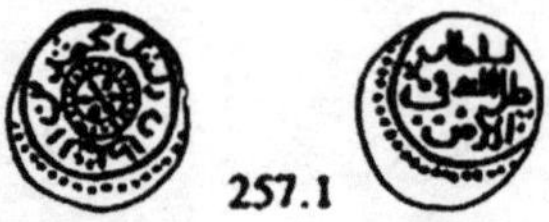

257.1

258	塔金阿巴德	B	3.0g(27)
	O.		
	R.		
	?% Ag	S	未公开?

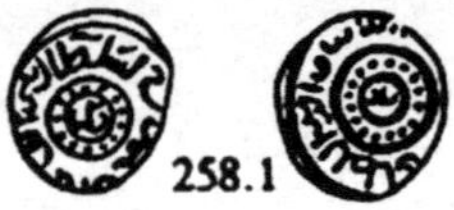

258.1

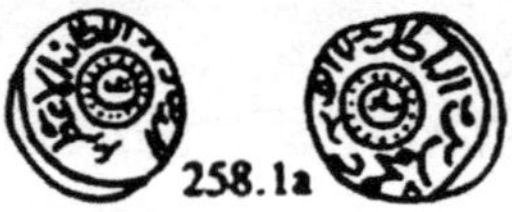

258.1a

259	塔金阿巴德	B	3.0g(8)
	O.		
	R.		
	?% Ag	S	未公开?

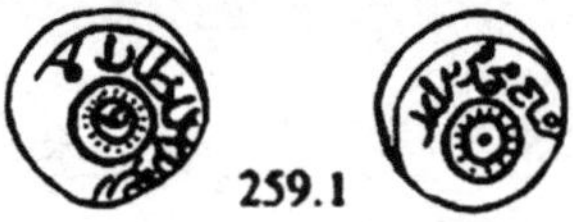

259.1

260	扎敏达瓦尔	B	3.0g(92)
	O.		
	R.		
	?% Ag	S	未公开?

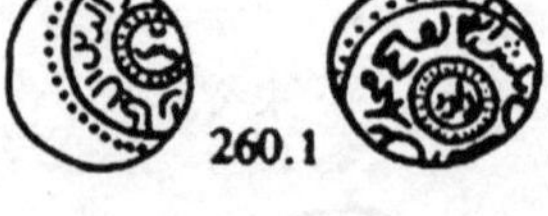

260.1

260.1a

261	达瓦尔	B	2.9g(1)
	O.		
	R.		
	?% Ag	法国国家博物馆	Deyell Phd 331

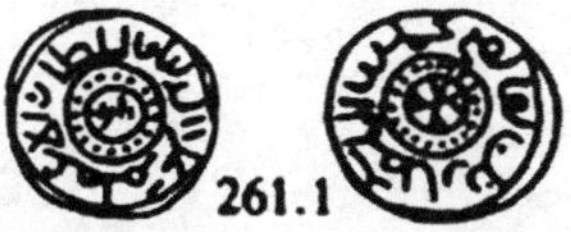

261.1

261.1a

262 达瓦尔 B 3.0g(30)

O.

R.

?% Ag S 未公开?

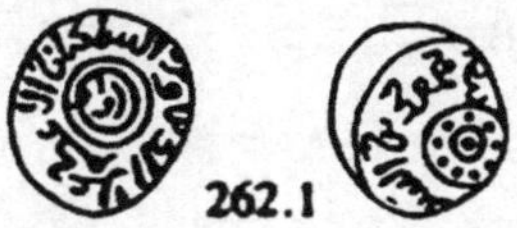

262.1

263 “沙”(Shah)/-? - B 3.1g(1)

O.

R.

?% Ag 杜宾根大学 未公开

263.1

264 菲瓦 B 3.1g(1)

O.

R.

?% Ag 杜宾根大学 未公开

264.1

265 桑戈 B 3.1g(6)

O.

R.

?% Ag 杜宾根大学 未公开

265.1

266	造币厂？	B	3.0g(4)
	O.		
	R.		
	?% Ag	杜宾根大学	未公开

266.1

267	（造币厂“y”）	B	3.1g(11)
	O.		
	R.		
	?% Ag	泰尔	未公开

267.1

268	（塔金阿巴德）	B	2.7g(1)
	O.		
	R.		
	?% Ag	泰尔	未公开

268.1

269	（未提及！）	B	3.0g(1)
	O.	造币厂名称从币模中去除	
	R.	造币厂名称从币模中去除	
	?% Ag	S	未公开？

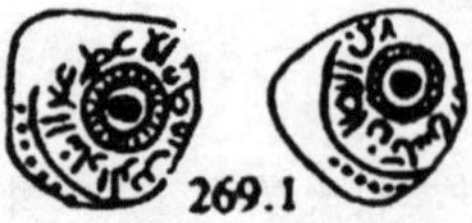

269.1

270	科兹宛	B	2.9g(152)
	O.		

R.

?% Ag　S　未公开

270.1

271　科兹宛　B　2.4g(8)

O.　币缘处有造币日期

R.

?% Ag　杜宾根大学　未公开

271.1

271.2

272　科兹宛　B　2.8g(1)

O.

R.

?% Ag　泰尔　未公开

272.1

273　(造币厂?)　B　2.5g(1)

O.

R.

?% Ag　杜宾根大学　未公开

273.1

274　(造币厂"x")　B/AE　3.3g(3)

O.

R.

?% Ag　泰尔　Sourdel 1073

274.1

275	巴斯特	B	2.8g(176)
	O.		
	R.		
	?% Ag	杜宾根大学	未公开?

275.1

275.2

275.3

背面为骡子

276	(巴米扬?)	B	2.8g (2)
	O.		
	R.		
	?% Ag	泰尔	未公开?

276.1

277	(造币厂?)	B	2.9g (1 – 有缺口)
	O.		
	R.		
	?% Ag	泰尔	未公开

277.1

278	法尔万	B	3.1 (64)
	O.		
	R.		
	?% Ag	C	MI 924

278.1

278.2

278.3

279 达瓦尔 B 3.0g (106)

O.

R.

?% Ag 杜宾根大学 未公开

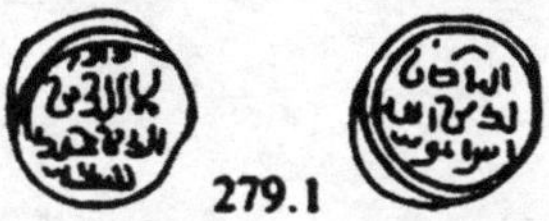
279.1

280 库斯特? B 3.1g (2)

O.

R.

?% Ag 泰尔 未公开

280.1

281 沙夫坎 B 2.9g (2)

O.

R.

?% Ag 杜宾根大学 未公开

281.1

282 赫拉特 B 3.2g (1)

O.

R.

?% Ag 泰尔 未公开

282.1

283	（伽兹尼）	B	3.1g（355）
	O.		
	R.		
	?% Ag	A	D 287

283.1

284	（造币厂“y”）	B	3.2g（338）
	O.		
	R.		
	?% Ag	C	未公开?

284.1

284.2

285	（造币厂“y”）	B	3.0g（6）
	O.		
	R.		
	?% Ag	泰尔	未公开

285.1

286	（造币厂?）	B	3.0g（7）
	O.		
	R.		
	?% Ag	泰尔	未公开

286.1

287	（造币厂?）	B	? g（1）
	O.		

	R.		
	?% Ag	杜宾根大学	未公开

287.1

288	(造币厂"x")	B	2.8g (38)
	O.		
	R.		
	低 Ag	C	BMC Ⅱ/Ⅶ/593

288.1

288.2

289	(昆都士?)	B	3.9g (1)
	O.		
	R.		
	?% Ag	剑桥大学	未公开

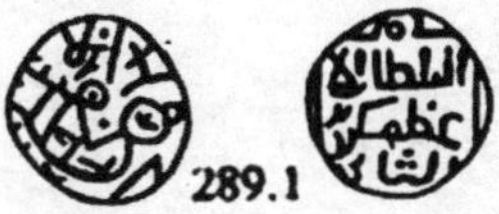

289.1

290	(造币厂?)	B	?
	O.		
	R.		
	?% Ag	杜宾根大学	未公开

290.1

290.2

291	库拉曼	B	3.0g(17)
	O.		
	R.		
	?% Ag	S	BMC Ⅸ/ⅩⅩ/616s

291.1

291.2

292 库拉曼 B 3.0g(61)
O.
R.
?% Ag C 未公开?

292.1

293 白沙瓦 B 3.1g(23)
O. “白沙瓦”
R.
?% Ag S D 291 +

293.1

293.2

294 伽兹尼? B 3.1g(19)
O. “伽兹尼”?
R.
?% Ag S D 293

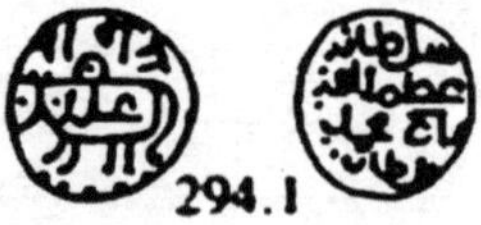
294.1

294.2

295 那伽拉(Naghara?) B 3.0g(1)
O. “那伽拉”?
R.
?% Ag R D 294

295.1

296　(库拉曼)　B　3.2g(1)

O.　“帖乞失”

R.

?% Ag　R　D 290

296.1　296.2

297　(库拉曼)　B　3.0g(19)

O.　室利·萨曼塔·提婆

R.

?% Ag　C　D 288 +

297.1　297.2　297.3

297.4　297.5　297.6

297.7　297.8

298　B/AE?　(造币厂?)　3.8g(1)

O.

R.

低/无 Ag　杜宾根大学　未公开?

298.1

299　(造币厂?)　B/AE?　2.6g(1)

O.

R.

低/无 Ag　大英博物馆　未公开?

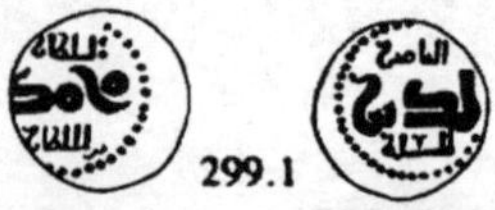
299.1

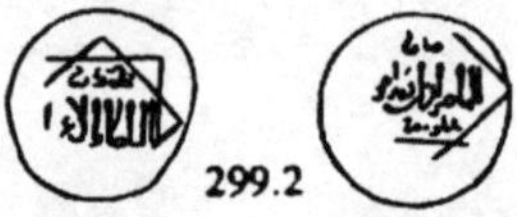
299.2

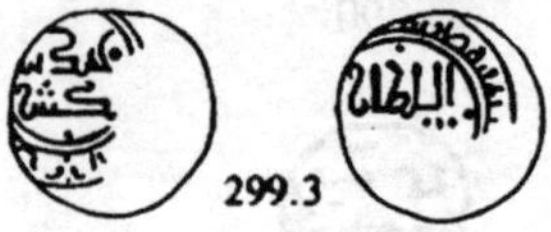
299.3

299.4

300 (造币厂?) AE ? g

O.

R.

0% Ag 法国国家博物馆 未公开?

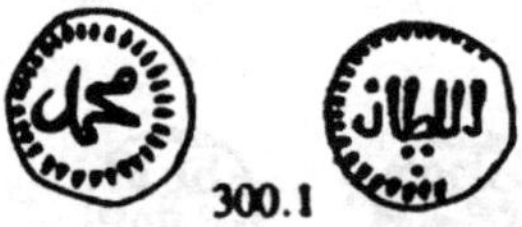
300.1

301 (造币厂?) AE ? g

O.

R.

0% Ag 法国国家博物馆 未公开?

301.1

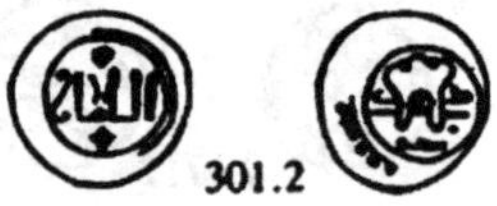
301.2

302 (造币厂?) AE ? g

O.

R.

0% Ag 法国国家博物馆 未公开?

302.1

303 (伽兹尼) AE 3.0g(3)

O.

R.

0% Ag 牛津大学 JASB XLIX.1/V/5

303.1

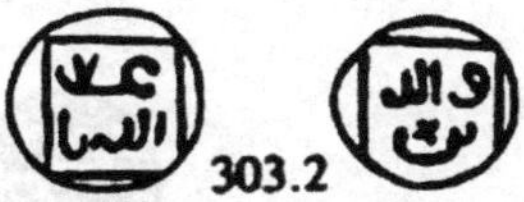
303.2

304　(伽兹尼)　AE　? g

O.

R.

0% Ag　杜宾根大学　未公开?

304.1

305　(造币厂?)　AE　? g

O.

R.

0% Ag　牛津大学　未公开?

305.1

305.2

曼谷巴尼(Jalal-ud-din Mangubarni, 公元 1220 ~ 1224 年)

306　卡尔拉 · 内(Qal'a Nay)　AR　3.2g(1)

O.

R.

?% Ag　R.　未公开

306.1

307　(造币厂?)　AR　3.2g (2)

O.

R.

?% Ag　　牛津大学　　同 A 1745

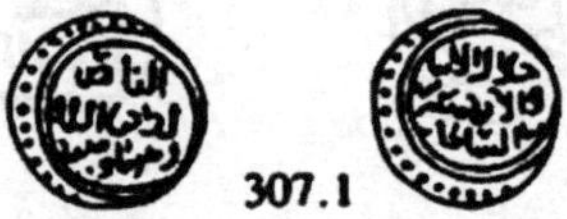

307.1

308　造币厂？　　AR　　3.0g (1)

O.

R.

?% Ag　　R　　未公开

308.1

309　塔里甘　　B/AE　　2.4g(12)

O.

R.

低 Ag　　S　　同 A 1748

309.1

309.2

309.3

310　(锡斯坦)　　B　　2.8g(21)

O.

R.

?% Ag　　大英博物馆　　未公开

310.1

310.2

311　图拉克(Tulak) B　　3.0g(1)

O.

R.

?% Ag　　大英博物馆　　未公开？

311.1

312 图拉克 B ? g

O.

R.

?% Ag 大英博物馆 未公开?

312.1

312.1a

312.2

313 (伽兹尼?) B/AE 3.3g(1)

O.

R.

0% Ag? 大英博物馆 未公开?

313.1

313.1a

314 (库拉曼) B ? g

O.

R.

?% Ag 杜宾根大学 未公开?

314.1

315 伽兹尼? B 2.8g(1)

O. 或“阿迪勒”(Adil)(和库拉曼)

R.

?% Ag 牛津大学 未公开?

315.1　315.2

316	库拉曼	B	3.3g(1)
	O.	瘤牛上有造币厂名称	
	R.		
	?% Ag	牛津大学	未公开?

316.1

317	(南达那?)	B	3.4g(1)
	O.	室利·哈米拉	
	R.		
	?% Ag	牛津大学	未公开

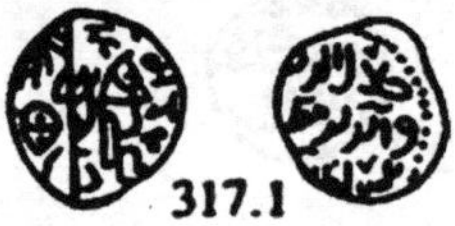

317.1

318	(南达那?)	B	3.3g(121)
	O.		
	R.	室利·哈米拉	
	?% Ag	C	D 349 +

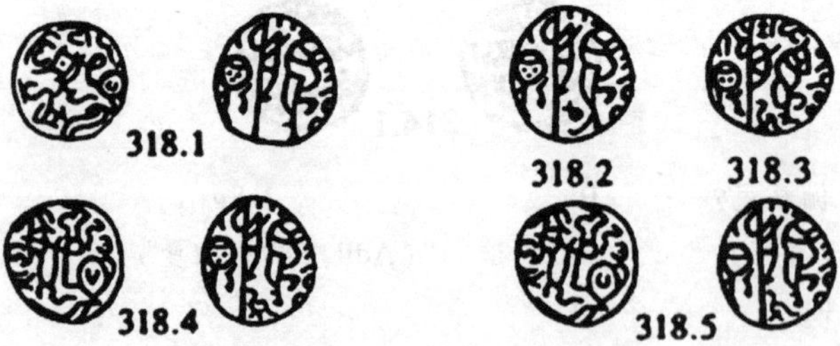

318.1　318.2　318.3　318.4　318.5

319	(伽兹尼?)	AE	? g
	O.		

R.

0% Ag　杜宾根大学　未公开？

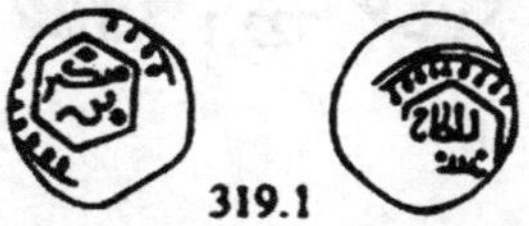

319.1

320　（造币厂？）　AE　3.2g（2）

O.

R.

0% Ag?　牛津大学　未公开

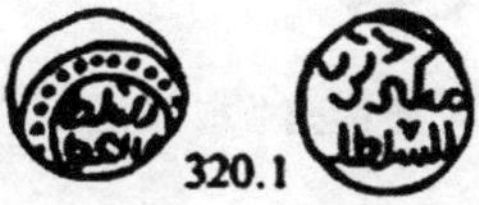

320.1

320.2

321　（造币厂？）　AE　3.1g（1）

O.　回历622年？

R.

0% Ag?　泰尔　JRAS 1908 p.403#9

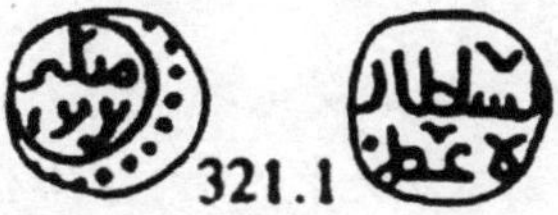

321.1

独立城市

沙里夫·贝格（Sharaf Beg，公元1224年后花剌子模沙总督？）

322　（南达那？）　W　3.4g（28）

O.　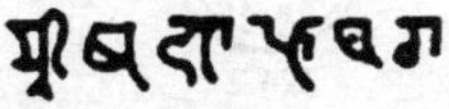

R.　室利·哈米拉

?% Ag　泰尔　D 355

322.1

323 (南达那?) AE 3.1g (1)

O.

R.

0% Ag? 牛津大学 未公开

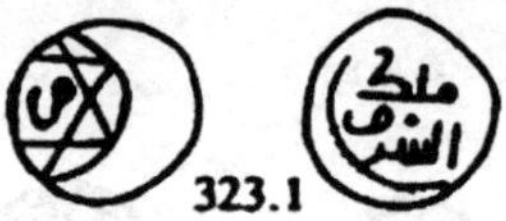

323.1

不确定是否归属于沙夫·贝格,币文只可读出“东部国王”,也许归属其他系列呢?

科兹宛马利克(公元1221年)

324 科兹宛 AE 3.4g (18)

O.

R.

0% Ag? 杜宾根大学 未公开

拉比二世618年(Rabi Ⅱ 618 H)

324.1

贾玛达二世618年(Jumada Ⅱ 618)

324.2

沙夫坎

325	沙夫坎	B	? g
	O.		
	R.	哈里发·那塞尔(Caliph al Nasir)	
	?% Ag	R	MI 928

325.1

库拉曼

326	库拉曼	B	? g
	O.		
	R.	哈里发·那塞尔	
	?% Ag	杜宾根大学	未公开

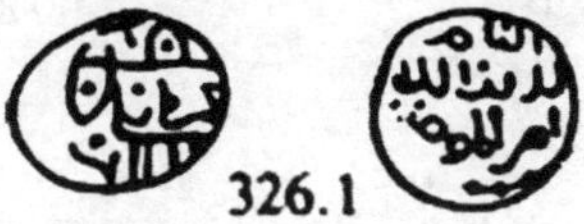

326.1

蒙古

成吉思汗(公元 1220 ~ 1227 年)

327	(伽兹尼)	AR	(约 3.2g)
	O.		
	R.		
	?% Ag	大英博物馆	A 1967

327.1

328	库拉曼	AR	3.0g(1)
	O.		
	R.		
	?% Ag	牛津大学	未公开?

328.1

329	(伽兹尼)	B	4.2g(52)
	O.		
	R.		
	?% Ag	C	A 1969

329.1

330	库拉曼	B	3.1g(1)
	O.		
	R.		
	?% Ag	泰尔	同 A 1970

330.1

330.2

331	库拉曼	B	3.1g(1)
	O.		
	R.		
	?% Ag	泰尔	同 A 1970

331.1

332	(伽兹尼)	AE	2.6g(36)
	O.		
	R.		
	?% Ag	泰尔	未公开

332.1

333	(伽兹尼)	AE	2.7g(2)
	O.		
	R.		
	0% Ag	泰尔	未公开

333.1

成吉思汗?

334	昆都士	B	4.2g(6)
	O.		
	R.		
	?% Ag	S	D 285

334.1

334.2

蒙哥(Mongke,公元1251～1260年)

335	尼姆鲁兹	AR	3.1g(3)
	O.		
	R.		
	?% Ag	大英博物馆	BMC X/XXVII/6q+

335.1

336	赫拉特	AR	3.1g(15)
	O.		
	R.		
	?% Ag	大英博物馆	BMC Ⅹ/XXⅦ/6a +

336.1

337	伽兹尼	B	4.3g(1)
	O.		
	R.		
	?% Ag	大英博物馆	BMC Ⅹ/XXⅦ/7g

337.1

338	沙夫坎?	AE	3.9g(1)
	O.		
	R.		
	0% Ag	大英博物馆	BMC Ⅹ/page 87/7d

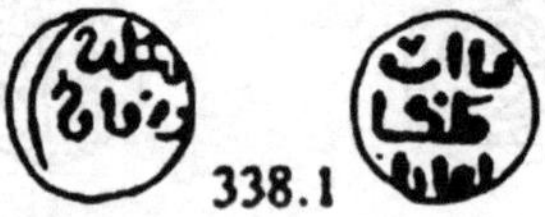

338.1

蒙哥?

339	(尼姆鲁兹)	AR	3.1g(2)
	O.		
	R.		

?% Ag 大英博物馆 BMC Ⅹ/ⅩⅩⅦ/6t

339.1

伊尔汗:阿鲁浑(Arghun,公元 1284~1291 年)

339e1 吉尔间(Jurjan) AR 3.0g(1)
O.
R.
?% Ag C 同 A 2152

339e1.1

(上述)蒙哥银币与吉塔尔重量标准相一致,不知是否对伊尔汗早期银币产生影响。

忽都鲁火者(Qutlugh Khwaja,约公元 1299 年)

340 (伽兹尼) W 3.7g(1)
O.
R.
?% Ag 牛津大学 未公开?

340.1

341 伽兹尼 B ? g
O.
R.
?% Ag 大英博物馆 BMC(IC) Ⅱ/Ⅻ/499

341.1　341.2　341.3

342　伽兹尼　B　? g

O.

R.

?% Ag　大英博物馆　BMC(IC) Ⅱ/Ⅻ/498

342.1

343　伽兹尼　B　? g

O.

R.

?% Ag　大英博物馆　未公开

343.1　343.2

葛罗禄王朝

葛罗禄(Saif-ud-din al-Hasan Qarlugh,公元1224~1249年)

344　(库拉曼)　B　? g

O.

R.

?% Ag　大英博物馆　未公开?

344.1　344.2

345 (木尔坦?) W 3.5g (6)

O.

R.

?% Ag 大英博物馆 D 357

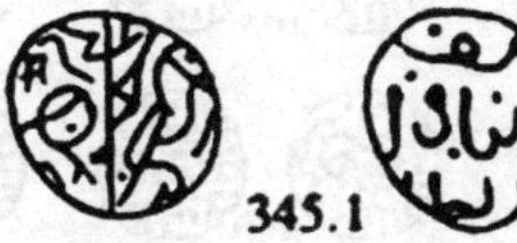

345.1

345.1a

346 (南达那?) AR ? g

O. 

R. 室利·哈米拉

?% Ag ANS D 358

346.1

那塞尔(Nasir ud-Din Muhammad bin Hasan Qarlugh,公元1249年后)

347 (造币厂?) B/AE 3.5g (241)

O. 马 R. 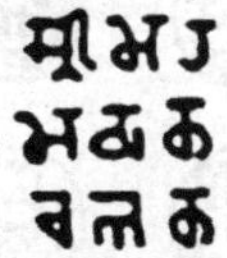

0% Ag? C D 361

347.1

347.2

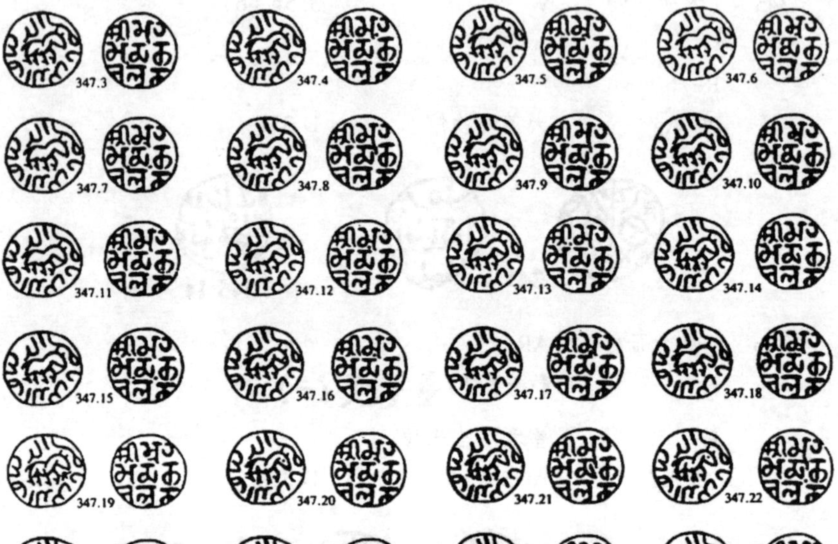

347.3 347.4 347.5 347.6 347.7 347.8 347.9 347.10 347.11 347.12 347.13 347.14 347.15 347.16 347.17 347.18 347.19 347.20 347.21 347.22 347.23 347.24 347.25 347.26 347.27 347.28 347.29 347.30 347.31 347.32 347.33 347.34 347.35 347.36 347.37 347.38 347.39 347.40 347.41 347.42

348	伽兹尼	B	? g
	O.		
	R.		
	?% Ag	大英博物馆	未公开？

348.1

349 (造币厂?) AE ? g

O.

R.

0% Ag? 大英博物馆 D 360

349.1

350 (造币厂?) AE 2.9g(1)

O.

R.

0% Ag? 大英博物馆 D 359

350.1

350.2

葛罗禄(Qarluqid)?

351 (造币厂?) AE 4.8g(1)

O.

R.

0% Ag? R W 647A

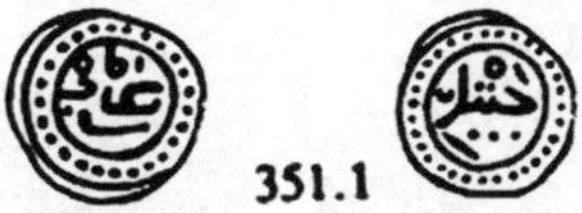

351.1

352 库拉曼? AE ? g

O.

R.

0% Ag? R 戴耶尔博士 315

352.1

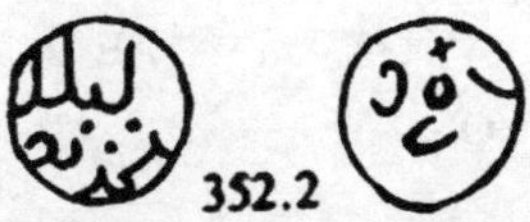

352.2

未归类

353　(造币厂?)　B　? g
O.
R.
?% Ag　R　未公开

353.1

佚名和未归类 13 世纪铜币

354　伽兹尼　AE　3.5g(1)
O.
R.
0% Ag?　大英博物馆　未公开?

354.1

355　伽兹尼?　AE　? g
O.
R.
0% Ag　杜宾根大学　未公开?

355.1

356　库拉曼　AE　? g
O.

R.

0% Ag　大英博物馆　未公开?

356.1

357　库拉曼　AE　? g

O.

R.

0% Ag　大英博物馆　未公开?

357.1

358　库拉曼　AE　? g

O.

R.

0% Ag　大英博物馆　未公开?

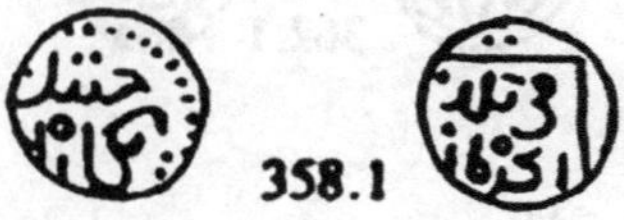

358.1

359　库拉曼　AE　3.2g(1)

O.

R.

0% Ag　大英博物馆　BMC Ⅹ/ⅩⅩⅦ/7p

359.1

359.2

360　库拉曼　AE　? g

O.

R.

0% Ag　大英博物馆　未公开?

360.1

361 木尔坦 AE ? g

O.

R.

0% Ag 大英博物馆 JRAS 1908 p. 405#15

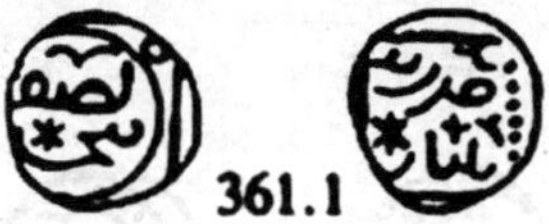

361.1

362 巴米扬? AE 2.1g(1)

O.

R.

0% Ag 大英博物馆 未公开?

362.1

可能归属其他系列。

363 (造币厂?) AE 2.7g(2)

O.

R.

0% Ag 泰尔 未公开

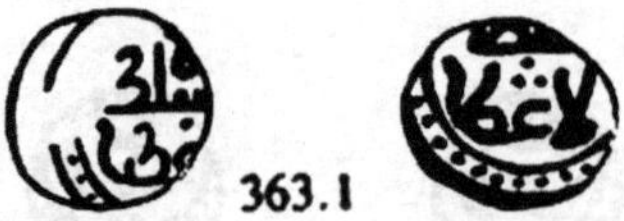

363.1

佚名早期德里苏丹铜币

364 (造币厂?) AE 2.7g(1)

O.

	R.		
	0% Ag	S	W 141D

364.1

365	(造币厂?)	AE	? g
	O.		
	R.		
	0% Ag	大英博物馆	未公开

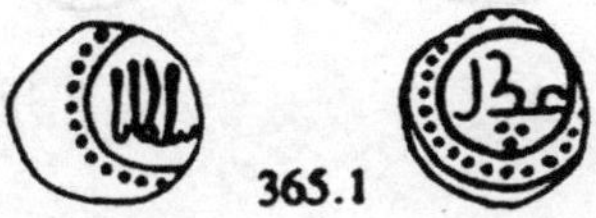

365.1

366	(造币厂?)	AE	2.7g(1)
	O.		
	R.		
	0% Ag	剑桥大学	W 32A

366.1

367	(造币厂?)	AE	2.8g(1)
	O.	(正确系列?)	
	R.		
	0% Ag	剑桥大学	未公开?

367.1

368	(造币厂?)	AE	2.7g(1)
	O.		
	R.		
	0% Ag	R	W 139C

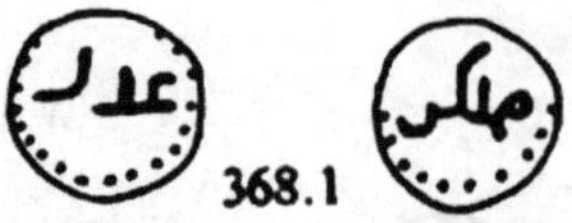

368.1

369 （造币厂?） AE 2.8g(1)

O.

R.

0% Ag R W 139B

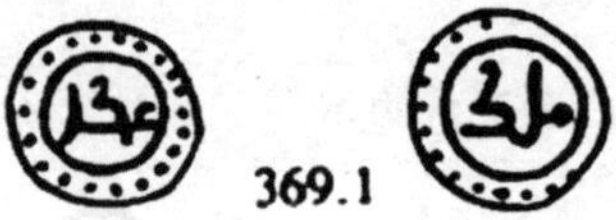

369.1

370 木尔坦 AE 3.4g(2)

O.

R.

0% Ag 牛津大学 W 138 +

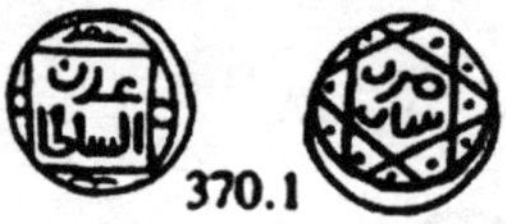

370.1

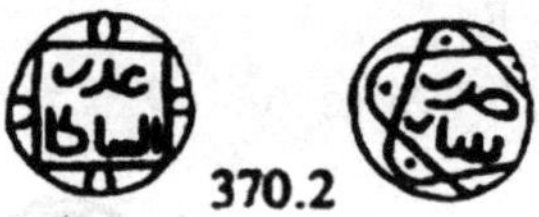

370.2

371 （拉合尔） AE 3.0g(1)

O.

R.

0% Ag R W 139A

371.1

372 拉合尔 AE 3.1g(1)

O.

R.

0% Ag R W 137A

372.1

373 德里 AE 2.0g（1）
O.
R.
0% Ag R W 141B +

373.1

374 德里 AE 4.1g（4）
O.
R.
0% Ag C W 134 +

374.1

德里苏丹

伊杜米思(Shams-ud-din Iltumish，公元 1211 ~ 1236 年)

375 （拉合尔） W ？g
O.
R.
18% Ag ANS D 303

375.1

376 （拉合尔） W 3.5g（26）
O.
R.

16% Ag　　C　　D 305 +

376.1

376.2

376.3

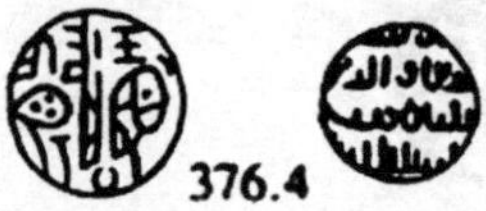
376.4

376.5

377　(拉合尔)　　W　　3.6g (13)

O.　　室利・哈米拉

R.

16% Ag?　　C　　D 308 +

377.1

377.2

377.3

378　(木尔坦)　　W　　3.3g (6)

O.

R.

16% Ag?　　C　　D 304

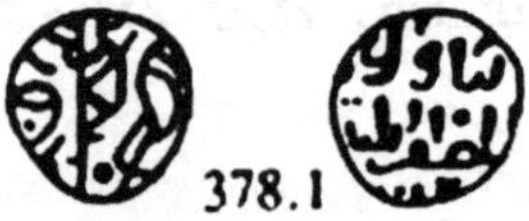
378.1

378.1a

379　德里　　W　　3.6g (1)

O.

R.

16% Ag?　　大英博物馆　　W 100 +

379.1

380　(德里)　　W　　3.4g (2)

O. 室利·哈米拉

R.

16% Ag? A V 132

380.1

381 (德里) W 3.6g (52)

O. 室利·哈米拉

R.

16% Ag? A D 320

381.1

382 (布达翁) W 3.6g (1)

O.

R.

13% Ag? R D 323

382.1

383 (布达翁) W 3.5g (3)

O.

R.

13% Ag? S W 116 +

383.1

384 (布达翁) W 3.5g (2)

O.

R.

13% Ag? S W 111 +

384.1

384.1a

385 (南达那?) W 3.5g (3)

O. 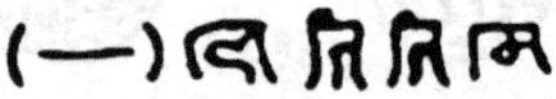

R.

16% Ag? R JASB 1896 No. 2, p. 218#24 +

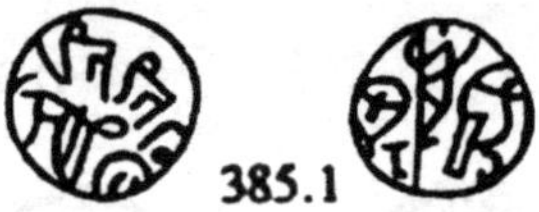

385.1

386 (德里) W/B 3.5g (155)

O. 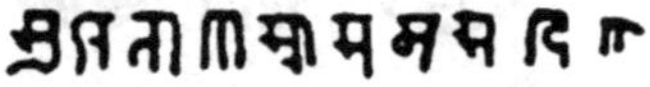

R. 室利·哈米拉

约 9% Ag A D 311 +

386.1

386.2

386.3

386.4

386.5

386.6

386.7

386.8

386.9

386.10

386.11

386.12

386.13

386.14

386.15

386.16

386.17

386.18

386.19

386.20

386.21

386.22

386.23

386.24

386.25

386.26

已知主要的币文变体,但此处未包含在内,详见正文。

387 德里 W 3.4g (3)

O.

R. 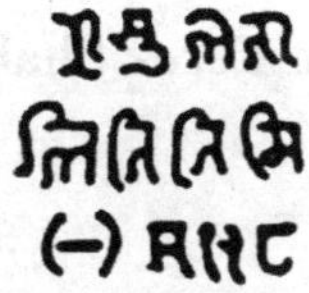

16% Ag? 剑桥大学 D 324

387.1

387.1a

388 (造币厂?) AE 3.8g (1)

O.

R.

0% Ag R W 122D

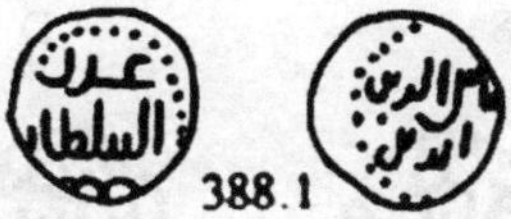

388.1

哈里发·穆斯坦绥尔(Caliph Mustansir)

389 (德里) B ? g

O. 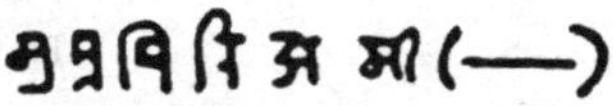

R. 室利·哈米拉

约 9% Ag? ANS D 347 +

389.1

389.2

389.3

菲罗兹一世(Rukn-ud-din Feroz Shah Ⅰ,公元 1236 年)

390	(德里)	W	3.5g (4)
	O.		
	R.	室利·哈米拉	
	16% Ag?	S	D 326

390.1

390.1a

391	(布达翁)	W	3.4g (2)
	O.		
	R.		
	13% Ag?	S	D 327

391.1

392	(德里)	B	3.3g (4)
	O.	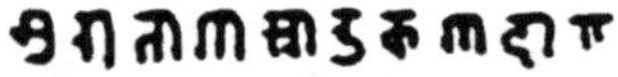	
	R.	室利·哈米拉	
	约 9% Ag?	S	D 325

392.1

拉齐耶(Jalalat-ud-din Raziyyah,公元 1236 ~ 1240 年)

393	(拉合尔?)	W	3.6g (1)
	O.	室利·哈米拉	
	R.		

16% Ag?　　S　　D 329

393.1

393.2

393.3

394　(德里)　　W　　3.6g (2)
O.　　室利・哈米拉
R.
16% Ag?　　S　　D 331

394.1

395　(布达翁)　　W　　3.3g (3)
O.　　室利・哈米拉
R.
13% Ag?　　S　　D 330

395.1

巴拉姆(Mu'izz-ud-din Baharam Shah,公元1240～1242年)

396　(德里)　　W?　　3.5g (1)
O.
R.
16% Ag?　　剑桥大学　　W 182

396.1

397　德里　　W?　　3.3g (1)
O.

R.

16% Ag? R W 181A

397.1 397.1a 397.1b

398 (布达翁) W? 3.6g (1)

O.

R.

13% Ag? R D 334

398.1

399 (德里) B 3.5g (1)

O. 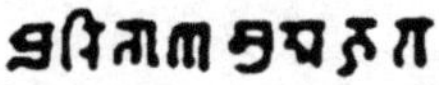

R. 室利·哈米拉

6% Ag 剑桥大学 W 173 +

399.1 399.2 399.3 399.4 399.5

马苏德('Ala-ud-din Mas'ud Shah,公元 1242 ~ 1246 年)

400 (乌奇) B 3.5g (1)

O.

R.

2% Ag? 泰尔 W 208 +

400.1

401 （德里） B 3.2g（1）

O.

R.

6% Ag? 大英博物馆 W 214A

401.1

402 （德里） B 3.4g（20）

O.

R.

4% Ag C W 211

402.1

402.2

402.3

402.4

402.5

403 （布达翁） B 3.4g（1）

O.

R.

?% Ag 大英博物馆 D 334

403.1

404 （德里） B 3.5g（2）

O. 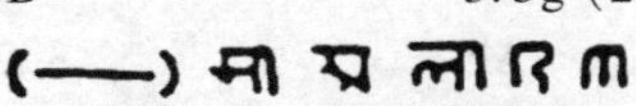

R. 室利·哈米拉

?% Ag C W 190 +

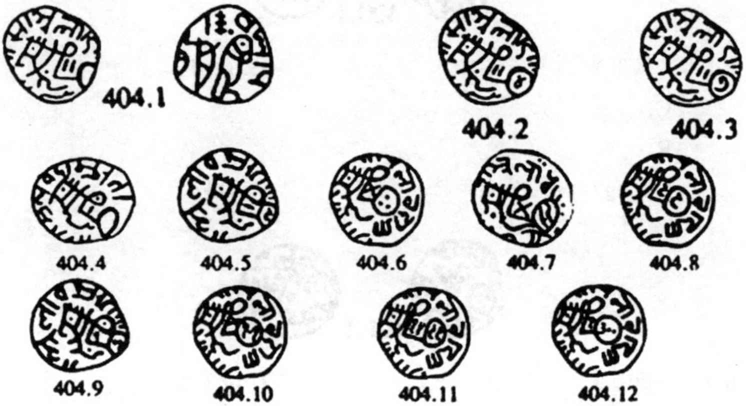

404.1 404.2 404.3 404.4 404.5 404.6 404.7 404.8 404.9 404.10 404.11 404.12

马哈茂德(Nasir-ud-din Mahmud Shah,公元 1246 ~ 1266 年)

405 (德里) B 3.4g (30)

O.

R.

6% Ag C D 337

405.1

405.2

406 (布达翁) B 3.4g (2)

O.

R.

?% Ag S D 338

406.1

407 (德里) AE 3.0g (1)

O.

R.

0% Ag　　R　　W 238

407.1

巴尔班(Ghiyath-ud-din Balban,公元 1266 ~ 1287 年)

408　(德里)　　AE　　3.6g (1)

O.

R.

6% Ag?　　R　　W 246A

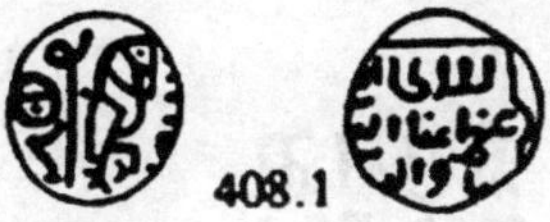

408.1

德里苏丹(续)

此后德里苏丹类型皆为德里造币厂打造,故以下"造币厂"栏用于标明币制。

巴尔班(公元 1266 ~ 1287 年)续

409　2 ~ 汉尼　　W　　3.4g (25)

O.　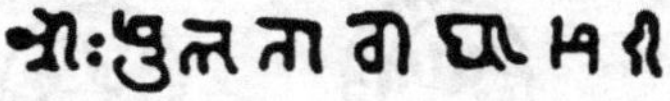

R.

9% Ag　　A　　W 244

409.1

410 佩卡 AE 4.5g (2)

O.

R.

0% Ag S W 248

410.1

卡库巴德(Mu'izz-ud-din Kaikubad,公元 1287 ~ 1290 年)

411 4 ~ 汉尼 W 3.4g (3)

O.

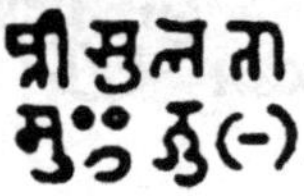

R.

16% Ag S W 263 +

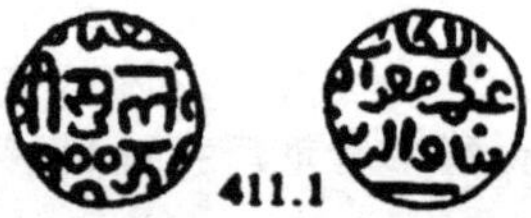

411.1

412 佩卡 W 4.0g (2)

O.

R.

0% Ag S W 267 +

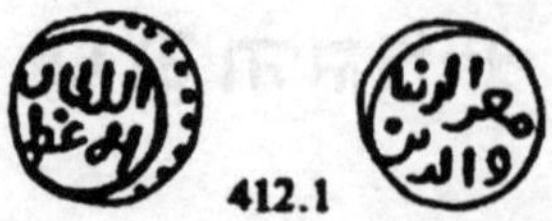

412.1

卡于马斯(Shams-ud-din Kayumars,公元1290年)

413	佩卡	AE	4.3g (1)
	O.		
	R.		
	0% Ag	大英博物馆	W 279A

413.1

菲罗兹二世(Jala-ud-din Feroz Ⅱ,公元1290～1296年)

414	杰瑟拉	B	3.5g (36)
	O.	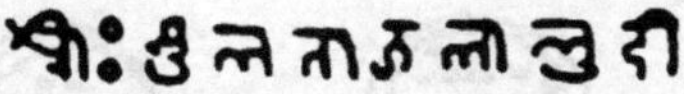	
	R.		
	5% Ag	C	W 287 +

414.1

415	佩卡	AE	4.4g (27)
	O.		
	R.		
	0% Ag	C	W 292 +

415.1

易卜拉欣(Rukn-ud-din Ibrahim,公元1296年)

416	杰瑟拉?	B?	3.4g (3)
	O.		
	R.		
	?% Ag	R	W 302 +

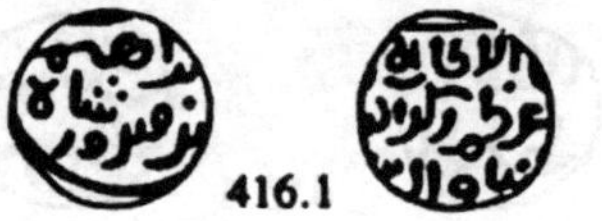

416.1

417	佩卡	AE	2.5g (1)
	O.		
	R.		
	0% Ag	大英博物馆	W 304B

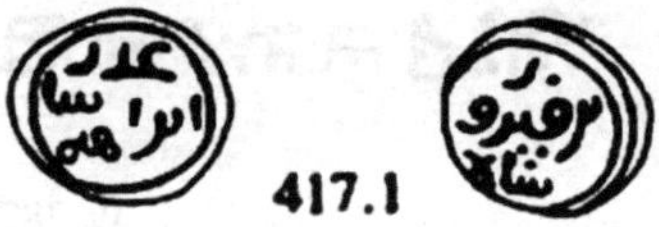

417.1

穆罕默德('Ala-ud-din Muhammad Shah,公元1296~1316年)

418	6–汉尼	W	3.5g (11)
	O.		
	R.		
	25% Ag	C	W 324 +

418.1

已知日期(阿拉伯文字)

701、702、703、704、705、711、712、713、714、715、716

419	2–汉尼	W	3.5g (107)

O. 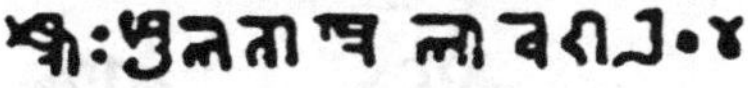

R.

8% Ag　　A　　W 342 +

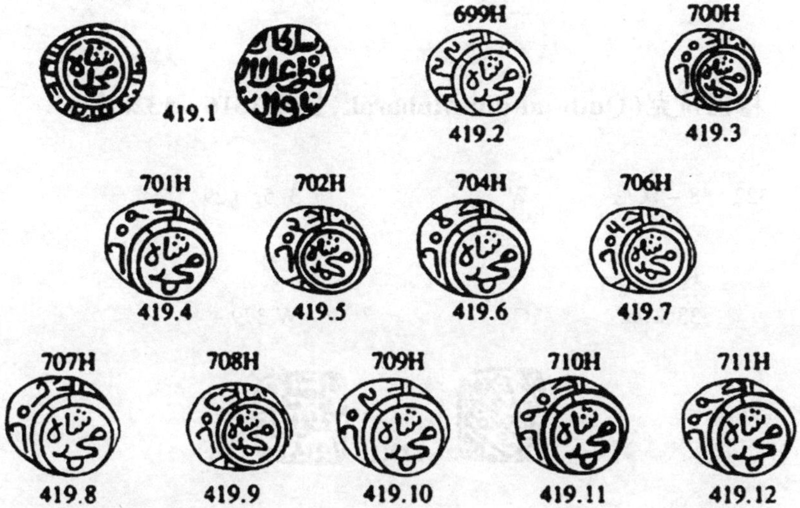

已知日期(印度文字)

696、697、698、699、700、701、702、704、705、706、707、708、709、710、711、715

420　佩卡　　AE　　4.2g (2)

O.

R.

0% Ag　　C　　W 362 +

420.1

乌马尔(Shihab-ud-din'Umar,公元 1316 年)

421　6－汉尼　　W　　3.6g (1)

O.

R.

?% Ag　　R　　W 367

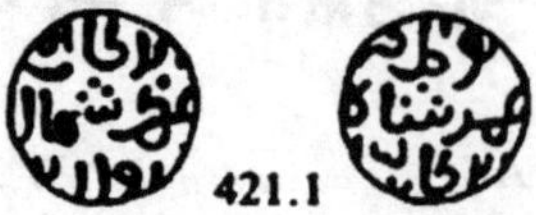

421.1

穆巴拉克(Qutb-ud-din Mubarak,公元1316~1320年)

422　8－汉尼　W　3.5g (29)
O.
R.
33% Ag　C　W 379 +

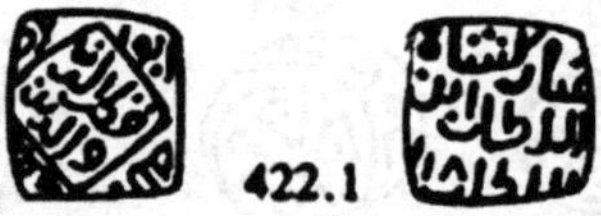

422.1

已知日期
回历717年、回历718年、回历719年

423　6－汉尼　W　3.6g (2)
O.
R.
25% Ag　S　W 388 +

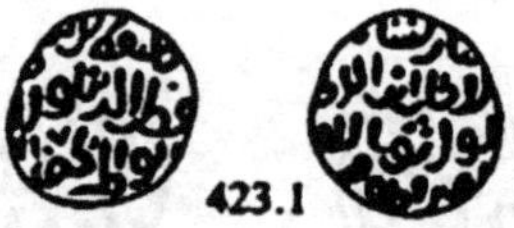

423.1

已知日期
回历717年、回历718年

424　4－汉尼?　W　3.6g (2)
O.
R.
17% Ag　C　W 413 +

424.1

已知日期

回历 718 年、回历 719 年、回历 720 年

425	4 – 汉尼	W	3.4g (4)
	O.		
	R.		
	17% Ag	C	W 390 +

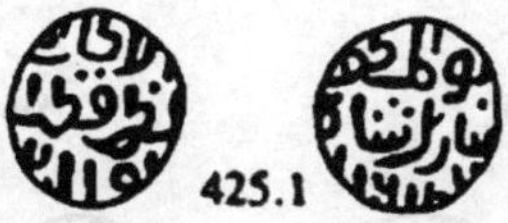

425.1

已知日期

回历 716 年

426	4 – 汉尼	W	3.6g (3)
	O.		
	R.		
	17% Ag	C	W 394 +

426.1

已知日期

回历 716 年、回历 717 年

427	4 – 汉尼	W	3.6g (2)
	O.		
	R.		
	16% Ag	C	W 408 +

已知日期

回历 717 年、回历 718 年、回历 719 年、回历 720 年

427.1

428	4 - 汉尼	W	3.4g (3)
	O.		
	R.		
	16% Ag	C	W 403 +

428.1

429	2 - 汉尼?	W	3.5g (2)
	O.		
	R.		
	8% Ag?	R	W 417 (bis)

429.1

430	佩卡	AE	4.3g (2)
	O.		
	R.		
	0% Ag	R	W 417

430.1

马哈茂德(Shams-ud-din Mahmud,公元 1318 年)

431	6 - 汉尼?	W	3.6g (1)
	O.		
	R.		
	25% Ag?	R	W 423

431.1

432 2 – 汉尼 W? 3.2g (1)
O.
R.
8% Ag? 大英博物馆 W 423A +

432.1

胡斯鲁(Nasir-ud-din Khusru,公元 1320 年)

433 6 – 汉尼? W 3.6g (1)
O.
R.
25% Ag? R W 425

433.1

434 2 – 汉尼? W 3.5g (3)
O.
R.
8% Ag?? S W 426 +

434.1

435 佩卡 AE 4.5g (1)
O.
R.
0% Ag? 大英博物馆 W 429B

435.1

图格鲁克(Ghiyath-ud-din Tughluq,公元 1320 ~ 1325 年)

436　6 – 汉尼　W　3.5g (3)

O.

R.

24% Ag　C　W 467 +

436.1

437　4 – 汉尼　W　3.6g (11)

O.

R.

13% Ag　A　W 443 +

437.1

已知日期

回历 720 年、回历 721 年、回历 722 年、回历 723 年、回历 724 年、回历 725 年、回历 726 年、回历 727 年

自回历 715 年、回历 716 年、回历 717 年起

438　2 – 汉尼　W　3.6g (2)

O. 

R.

8% Ag　S　W 464 +

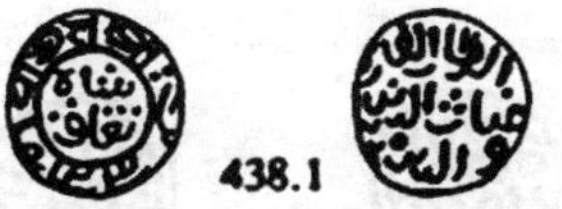

438.1

已知日期

回历 720 年、回历 721 年

439 佩卡 AE 3.3g (4)

O.

R.

0% Ag S W 470 +

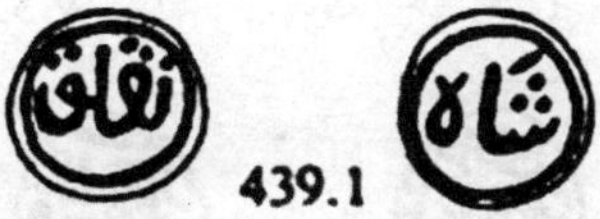

439.1

穆罕默德三世(Ghiyath-ud-din Muhammad Ⅲ bin Tugluq,公元 1325 ~ 1351 年)

440 6 – 汉尼? W 3.6g (2)

O.

R.

?% Ag S W 507 +

以其父亲名义打造

440.1

已知日期

回历 728 年、回历 729 年、回历 730 年、回历 731 年? 回历 733 年、回历 734 年

441 10 – 汉尼? AR 3.5g (5)

O.

R.

41% Ag C W 529 +

以自己名义打造

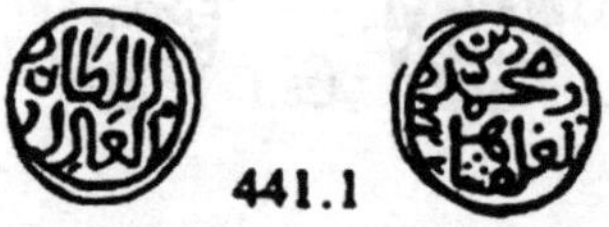

441.1

已知日期

回历 726 年、回历 727 年、回历 728 年、回历 729 年

442	8 – 汉尼?	W	3.6g (1)
	O.		
	R.		
	36% Ag	C	W 536 +

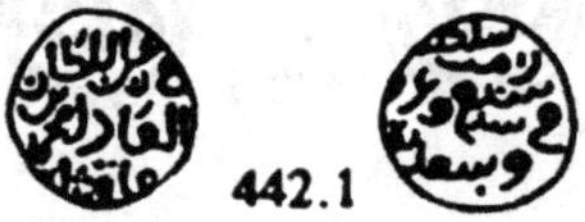

442.1

已知日期(阿拉伯文书写)

回历 727 年

443	6 – 汉尼	AR	3.6g (5)
	O.		
	R.		
	24% Ag	C	W 522 +

443.1

已知日期

回历 725 年、回历 726 年、回历 727 年、回历 728 年

444	6 – 汉尼	W	3.6g (6)
	O.		
	R.		
	24% Ag	C	W 538 +

444.1

已知日期(阿拉伯文书写)

回历 727 年、回历 730 年、回历 732 年、回历 733 年、回历 734 年、回历 735 年、回历 736 年、回历 737 年、回历 738 年、回历 739 年?

445	6 – 汉尼	W	3.6g (6)
	O.		
	R.		
	25% Ag	C	W 552 +

445.1

已知日期

回历 732 年、回历 733 年、回历 734 年、回历 735 年、回历 736 年、回历 737 年、回历 738 年、回历 739 年

446	2 – 汉尼	W	3.4g (2)
	O.		
	R.		
	8% Ag	S	W 563 +

446.1

已知日期

回历 730 年、回历 733 年、回历 734 年

447	2 – 汉尼	W	3.6g (2)
	O.		
	R.		
	8% Ag	大英博物馆	W 561 +

447.1

448	2 – 汉尼?	B	3.5g (4)

O.

R.

?% Ag　　S　　W 569 +

448.1

已知日期

回历 732 年、回历 741 年

信用“强制”黄铜币(公元 1329 ~ 1332 年)

449　8 – 汉尼代币　黄铜　3.7g (3)

O.

R.

0% Ag　　S　　W 612 +

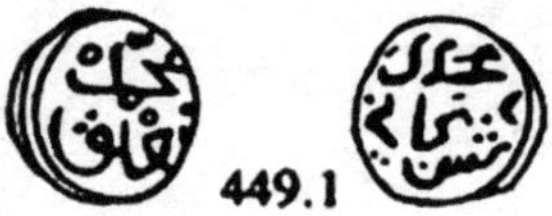

449.1

相应 1.7 克 2 – 汉尼黄铜代币见 W 616。

450　6 – 汉尼代币？ 黄铜　3.5g (2)

O.

R.

0% Ag　　S　　W 566 +

450.1

已知日期

回历 730 年、回历 732 年

451　2 – 汉尼代币？ 黄铜　4.1g (1)

O.

R.

0% Ag　　大英博物馆　　W 608B

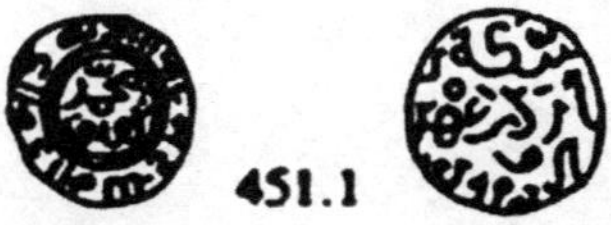

451.1

一般(铜)贱金属币代表性样币

452	佩卡	AE	3.6g (3)
	O.		
	R.		
	0% Ag	S	W 568

452.1

453	佩卡	AE	3.3g (4)
	O.		
	R.		
	0% Ag	S	W 573

453.1

印度南部(马杜赖)铜币

454	佩卡	AE	3.3g (3)
	O.		
	R.		
	0% Ag	S	W 572

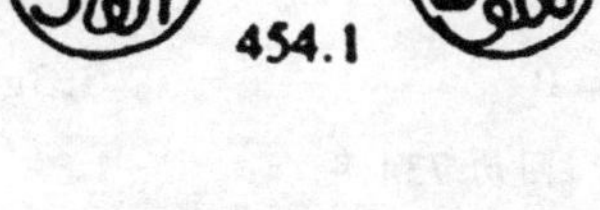

454.1

马杜赖苏丹

阿赫桑(Jalal-ud-din Ahsan Shah,公元1334~1339年)

455	10-汉尼?	AR	3.6g (1)
	O.	回历735年、回历737年	
	R.		
	?% Ag	泰尔	Rajgor 2926

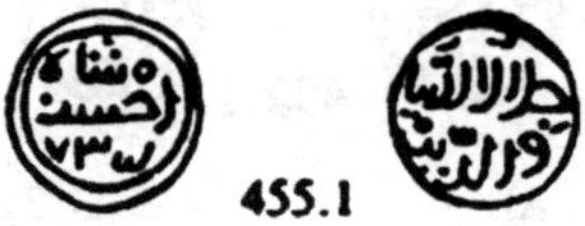

455.1

456	6-汉尼?	AR	? g
	O.	回历739年	
	R.		
	?% Ag	大英博物馆	Rajgor 2927

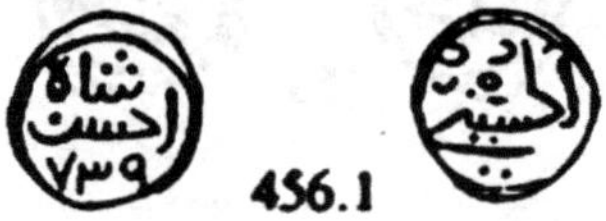

456.1

457	5-汉尼?	AR	1.8g(1)
	O.		
	R.	回历735年	
	?% Ag	大英博物馆	未公开?

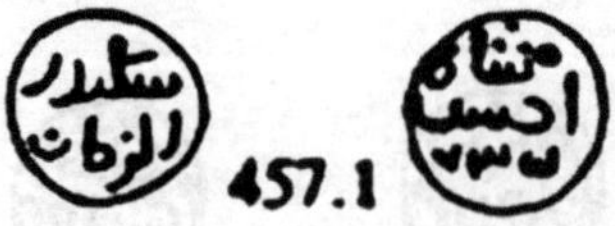

457.1

458	2-汉尼?	B	3.3g(1)
	O.	回历734年	
	R.		

	?% Ag	大英博物馆	Rajgor 2920/4

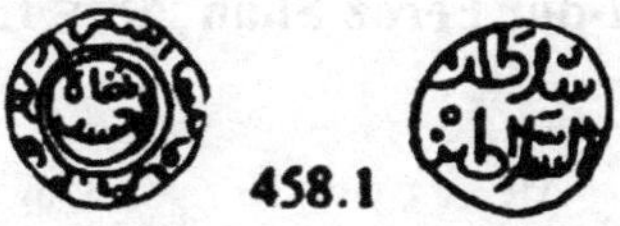

458.1

459	佩卡	AE	4.0g(15)
	O.		
	R.		
	0% Ag	C	Rajgor 2921

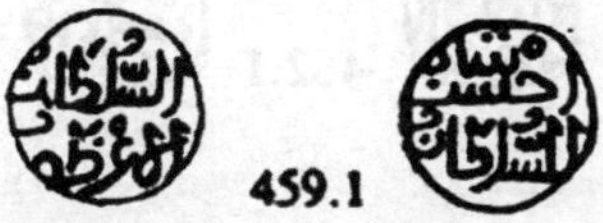

459.1

乌都贾('Ala-ud-din Udauji Shah,公元 1333 ~ 1341 年)

460	"10 - 汉尼"	W	? g
	O.	740H	
	R.		
	?% Ag	大英博物馆	JASB 1895 No. 1, p. 49#8

460.1

461	佩卡	AE	4.2g (1)
	O.		
	R.		
	0% Ag	S	Rajgor 2928

461.1

菲罗兹(Qutb-ud-din Feroz Shah,公元 1341 年)

462	8－汉尼?	AR	3.6g (1)
	O.	回历 740 年	
	R.		
	?% Ag	R	未公开

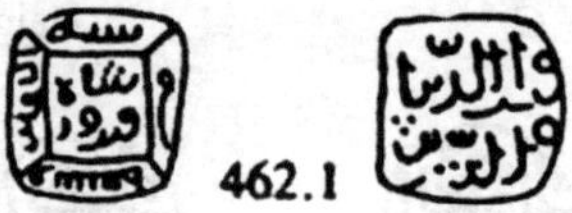

462.1

463	佩卡	AE	4.1g (1)
	O.	回历 740 年	
	R.		
	0% Ag	大英博物馆	JASB 1895 No.1, p.49#9

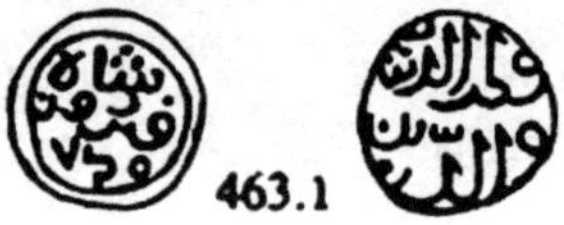

463.1

穆罕默德(Ghiyath-ud-din Muhammad Danghan Shah,公元 1341～1345 年)

464	"10－汉尼"	W	3.3g (1)
	O.	回历 741 年	
	R.		
	?% Ag	大英博物馆	Rajgor 2934

464.1

465	佩卡	AE	4.3g (2)
	O.		
	R.		

	0% Ag	C	Rajgor 2932

465.1

马哈茂德(Nasir-ud-din Mahmud Damghan Shah,公元1345 ~ 1356 年)

466	“10 - 汉尼”	W	2. 8g (1)
	O.	回历 745 年?	
	R.		
	?% Ag	大英博物馆	JASB 1895 No. 1, p. 50#12

466.1

阿迪勒(Shams-ud-din’Adil Shah,公元 1356 ~ 1359 年)

467	“10 - 汉尼”	W	2. 7g (1)
	O.	回历 75? 年	
	R.		
	?% Ag	大英博物馆	未公开,但可参看 JASB 1895 p. 50#14

467.1

468	佩卡	AE	3. 3g (1)
	O.		
	R.		
	0% Ag	S	Rajgor 2949

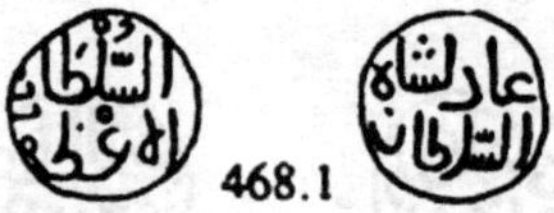

468.1

469	1/2佩卡	AE	1.7g（1）
	O.		
	R.		
	0% Ag	S	Rajgor 2947

469.1

穆巴拉克(Fakhr-ud-din Mubarak Shah，公元1360～1372年)

470	佩卡	AE	3.2g（1）
	O.		
	R.		
	0% Ag	R	Rajgor 2959

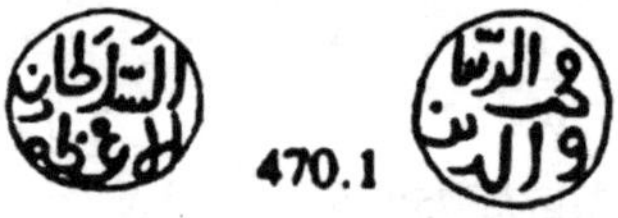

470.1

471	1/2佩卡	AE	1.6g（1）
	O.		
	R.	回历761年、回历764年	
	0% Ag	S	Rajgor 2956

471.1

472	1/2佩卡	AE	1.7g（1）
	O.		
	R.	回历765年	

0% Ag　S　JASB 1895 No. 1, p. 50#21

472.1

473　1/2佩卡　AE　? g
O.
R.　回历 761 年、回历 767 年
0% Ag　S　JASB 1895 No. 1, p. 50#20

473.1

西坎德尔('Ala-ud-din Sikander Shah,公元 1372 ~ 1378 年)

474　佩卡　AE　4.2g (1)
O.
R.
0% Ag　S　JASB 1895 No. 1, p. 50#35

474.1

475　1/2佩卡　AE　1.7g (1)
O.
R.　回历 774 年、回历 779 年
0% Ag　S　Rajgor 2963

475.1

古尔伯加、德里、马尔瓦和江布尔苏丹

古尔伯加(反叛期间):伊兹梅尔(Nasir-ud-din Ismail Shah,公元 1346 年)

476	"2 汉尼"	B	3.7g (1)
	O.		
	R.		
	?% Ag	R	ONSN #71

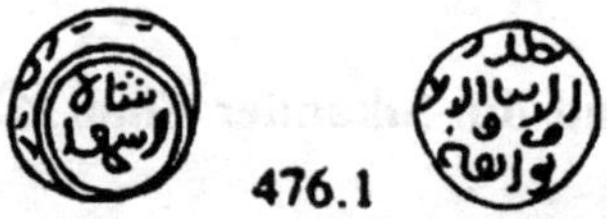

476.1

477	佩卡	AE	3.3g (1)
	O.		
	R.	回历 774 年、回历 779 年	
	0% Ag	R	Rajgor 2500

477.1

古尔伯(作为独立苏丹国期间):巴赫曼('Ala-ud-din Bahman Shah,公元 1347 ~ 1358 年)

478	佩卡	AE	3.4g (1)
	O.		
	R.	回历 765 年	
	0% Ag	S	Rajgor 2505

478.1

德里：穆罕默德（Nasir-ud-din Muhammad Shah Ⅳ，公元1390～1393年）

479	“2汉尼”	B	3.5g (3)
	O.		
	R.	回历792年、回历793年、回历794年	
	?% Ag	R	W 839 +

479.1

马尔瓦：马哈茂德（'Ala-ud-din Mahmud Shah Ⅰ，公元1436～1469年）

480	“2汉尼”	B	3.5g (1)
	O.		
	R.		
	?% Ag	R	Rajgor 3026

480.1

江布尔：马哈茂德（Saif-ud-din Mahmud Shah，公元 1440 ~ 1457 年）

481	“2 汉尼”	B	4.2g（1）
	O.		
	R.	回历 844 年	
	?% Ag	R	Rajgor 2717

481.1

铭文、数字对照

铭文对照

除另有说明外默认铭文为阿拉伯文,(N)代表铭文为那伽里文。

1	O:室利·斯帕拉帕提·提婆	(N)	19	O:室利·萨曼塔·提婆	(N)
	R:同上?	(草体巴克特里亚文)		R:无	
2	O:室利·斯帕拉帕提·提婆	(N)	20	O:室利·萨曼塔·提婆	(N)
	R:沙希·提婆?	(婆罗米文)		R:无	
3	O:室利·斯帕拉帕提·提婆	(N)	21	O:室利·萨曼塔·提婆	(N)
	R:沙希·提婆?	(婆罗米文)		R:左上“比”(Bhi)	(N)
4	O:室利·斯帕拉帕提·提婆	(N)	22	O:室利·库达拉雅卡	(N)
	R:左上“Gu”	(N)		R:左上“Ma”(N)	(N)

续表

5	O:室利 · 斯帕拉帕提 · 提婆	(N)	23	O:室利 · 库达拉雅卡	(N)
	R:左上 “A”	(N)		R:左上 “Ma”(N),右上阿迪勒(阿拉伯文)	
6	O:室利 · 斯帕拉帕提 · 提婆	(N)	24	O:室利 · 库达拉雅卡	(N)
	R:左上 “Ka”	(N)		R:无	
7	O:室利 · 斯帕拉帕提 · 提婆	(N)	25	O:室利 · 萨曼塔 · 提婆(粗制)	(N)
	R:左上 “Da”	(N)		R:穆瓦法克	
8	O:室利 · 斯帕拉帕提 · 提婆	(N)	26	O:穆卡塔德 · 比拉	
	R:无			R:里拉 · 贾法	
9	O:室利 · 瓦卡 · 提婆	(N)	27	O:“室利 · 萨曼塔 · 提婆”(N),阿拉伯文未读出	
	R:无			R:左上 “比”	(N)
10	O:室利 · 瓦卡 · 提婆	(N)	28	O:“室利 · 萨曼塔 · 提婆”	(N)
	R:无			R:左上 “比马”(?)	(N)
11	O:室利 · 比马 · 提婆	(N)	29	O:“室利 · 萨曼塔 · 提婆”	(N)
	R:左上 “Na”	(N)		R:左上 “比”,右上“Te”	(N)
12	O:室利 · 比马 · 提婆	(N)	30	O:“室利 · 萨曼塔 · 提婆”	(N)
	R:无			R:左上 “比”,右上“Ku”	(N)
13	O:室利 · 卡玛拉	(N)	31	O:“室利 · 萨曼塔 · 提婆”	(N)
	R:无			R:右上“Te”	(N)

续表

14	O:室利·萨曼塔·提婆	(N)	32	O:“室利·萨曼塔·提婆”	(N)
	R:左上“比”	(N)		R:左上“比”	(N)
15	O:室利·萨曼塔·提婆	(N)	33	O:“室利·萨曼塔·提婆”	(N)
	R:左上“比”,右上“Ta”	(N)		R:左上“比”	(N)
16	O:室利·萨曼塔·提婆	(N)	34	O:“室利·萨曼塔·提婆”	(N)
	R:左上“比”			R:无	
17	O:室利·萨曼塔·提婆	(N)	35	O:“室利·萨曼塔·提婆”	(N)
	R:左上“比”,右上“哈它”(Hata)	(N)		R:无	
18	O:室利·萨曼塔·提婆	(N)	36	O:“室利·卡哈·提婆”	(N)
	R:左上“比”	(N)		R:无?	
37	O:“伽伽那·帕沙”	(N)	56	O:室利·曼-玛/拉雅·瓦玛/提婆 萨姆(日期)	(N)
	R:无			R:无	
38	O:室利·索玛/拉·提婆	(N)	57	O:室利·玛·卡/哈达·提婆萨姆(日期)	(N)
	R:无			R:无	
39	O:室利·玛希·帕拉	(N)	58	O:室利·玛德-阿/萨拉·提婆,萨姆(日期)	(N)
	R:?			R:无	
40	O:“Ma”	(N)	59	O:室利·玛克·卡/哈达·提婆 萨姆/(日期)	(N)
	R:?			R:无	

续表

41	O:室利·阿玛塔·帕拉	(N)	60	O:室利·玛·甘/那帕提·提婆/(日期)	(N)
	R:无			R:无	
42	O:室利·萨曼塔·提婆	(N)	61	O:室利·萨曼塔·提婆	(N)
	R:室利·索/拉斯撒那·帕拉·提婆	(N)		R:室利·鲁帕·章德拉	(N)
43	O:卡/室利·萨曼塔·提婆	(N)	62	O:室利·鲁帕·章德拉	(N)
	R:玛库拉/安南(嘎)	(N)		R:无?	
44	O:卡/室利·萨曼塔·提婆	(N)	63	O:马哈拉杰/室利·鲁帕·章德(拉·提婆)	(N)
	R:室利·安/南(嘎)·帕拉·提婆			R:无	
45	O:马达瓦/室利·萨曼塔·提婆	(N)	64	O:室利·卡帕·章德拉	(N)
	R:室利·马/达纳·帕拉·提婆			R:无	
46	O:詹达·拉杰/室利·萨曼塔·提婆	(N)	65	O:马哈拉加/室利·卡帕·章/德拉	(N)
	R:室利·皮/撒玛·提婆			R:无	
47	O:昆塔萨尼/室利·萨曼塔·提婆	(N)	66	O:室利·阿普尔瓦·章德拉	(N)
	R:室利·皮/帕拉·拉杰·提婆	(N)		R:无	
48	O:卡(拉沙?)拉/室利·萨曼塔·提婆	(N)	67	O:马哈拉加/室利·阿普尔瓦·/章/德拉·提/婆·拉杰	(N)
	R:室利·克/提·帕拉·提婆	(N)		R:无	

续表

49	O:阿萨瓦力/室利·萨曼塔·提婆	(N)	68	O:马哈拉加/室利·崔罗卡·/章德拉·提婆	(N)
	R:室利·索/米斯瓦拉·提婆	(N)		R:无	
50	O:阿萨瓦力/室利·萨曼塔·提婆	(N)	69	O:室利·皮撒玛/章德拉/提婆·拉杰	(N)
	R:室利·卡/哈达·提婆	(N)		R:无	
51	O:阿萨瓦力/室利·萨玛索那拉·提婆	(N)	70	O:马哈拉加/室利·辛格尔/章德拉·提婆	(N)
	R:室利·卡/哈达·提婆	(N)		R:无	
52	O:阿萨瓦力/室利·萨曼塔·提婆	(N)	71	O:马哈拉加/室利·哈利/章/德拉·提婆	(N)
	R:室利·普利/斯威·拉杰·提婆	(N)		R:无	
53	O:室利·萨曼塔	(N)	72	O:马哈拉加/室利·麦格哈/章/德拉·提婆普特拉	(N)
	R:马/达纳	(N)		R:无	
54	O:无		73	O:马哈拉加/室利·卡玛/章德拉·提婆	(N)
	R:无			R:无	
55	O:“室利·卡–”	(N)	74	O:马哈拉加/室利·杉萨拉·章德拉/提婆	(N)
	R:?			R:无	
75	O:马哈拉加/室利·古纳/章德拉·提婆	(N)	91	O:室利·萨曼塔·提婆(N),久拉(jhula)上有阿尔巴字样	(A)
	R:无			R:马乌杜德	

续表

76	O:马哈拉加/室利·阿瓦塔拉/章德拉·提婆	(N)	92	O:室利·萨曼塔·提婆	(N)
	R:无			R:有古阿拉伯库法体(Kufic)字母片段	
77	O:马哈拉加/室利·那兰德拉/章德拉·提婆	(N)	93	O:室利·萨曼塔·提婆	(N)
	R:无			RC:阿布尔·法斯/艾尔·埃米尔·艾尔·阿贾拉/谢哈布·艾德·杜拉/马乌杜德	
				RM:比斯米拉:洛霍,(43)5	
78	O:马哈拉加/室利·苏维拉/(章德拉·提婆)	(N)	94	O:室利·萨曼塔·提婆	(N)
	R:无			R:阿迪勒/谢哈布·艾德·杜拉/瓦·库特布·艾尔·米拉特/阿布尔·法斯/马乌杜德	
79	O:不完整		95	OC:法斯/拉·伊拉·伊尔拉/阿拉·瓦德霍/拉·谢里克·拉忽/艾尔·卡伊姆·比玛尔·阿拉 OM:造币厂和日期片段	
	R:不完整	(N)		RC:沙里夫·阿拉/穆罕默德·拉苏尔·阿拉/伊兹·乌德·杜拉/瓦·扎因·艾尔·米拉特/阿布德·乌尔·拉希德 RM:(未读出)	

续表

80	O:不完整		96	O:室利·萨曼塔·提婆	(N)
	R:不完整	(N)		RC:阿迪勒/伊兹·乌德·杜拉/瓦·扎因·乌额·米拉特/阿布德·乌尔·拉希德 RM:(未读出)	
81	O:“卡玛”		97	O:室利·萨曼塔·提婆	(N)
	R:无			R:阿迪勒/伊兹·乌德·杜拉/瓦·扎因·乌额·米拉特/阿布德·乌尔·拉希德	
82	O:拉·拉尔·伊尔拉·/阿拉·瓦德霍/勒·谢里克·拉忽/ 苏布克特勤		98	OC:拉·伊拉·伊尔拉/阿拉·瓦德霍/拉·谢里克·拉忽/艾尔·卡伊姆·比玛尔·阿拉 OM:造币厂和日期片段	
	R:穆罕默德·拉苏尔/阿拉·鲁·宾/曼塞尔/艾尔·塔伊·阿拉			R:穆罕默德·拉苏尔·阿拉/贾玛尔·乌德·杜拉/瓦·卡玛尔·艾尔·米拉特/法鲁克扎德	
	OM:超过币坯,其他样币上显示为法尔万 RM:超过币坯				
83	O:不确定		99	O:室利·萨曼塔·提婆	(N)
	R:苏布克特勤			R:阿迪勒/贾玛尔·乌德·杜拉/阿布·舒贾/法鲁克扎德	
84	O:拉·伊拉·伊尔拉·/阿拉·瓦德霍/勒·谢里克·拉忽/艾尔·塔伊·阿拉		100	O:室利·萨曼塔·提婆	(N)
	R:阿拉/穆罕默德·拉苏尔/阿拉·曼塞尔/本·鲁/伊斯玛伊尔			R:阿布·舒贾/法鲁克扎德(未读出)	

续表

85	O:阿德尔/拉·伊拉·艾尔拉/阿拉·瓦德霍/拉·谢里克·拉忽/耶敏努		101	O:阿德尔/拉·伊拉·伊尔拉·阿拉/瓦德霍·拉·谢里克·拉忽/艾尔·卡伊姆·比玛尔·阿拉	
	R:穆罕默德·拉苏尔/阿拉/艾尔·卡达尔·比·阿拉/耶敏努·乌德·杜拉/马哈茂德			R:卡兰/穆罕默德·拉苏尔·阿拉/那塞尔/乌德·杜拉/易卜拉欣	
86	OC:拉·伊拉·伊额拉·阿拉/穆罕默德·拉苏尔·阿拉/耶敏努·乌德·杜拉/马哈茂德 OM:比斯米拉,马哈茂德普尔,回历418年		102	O:室利·萨曼塔·提婆	(N)
	RC:艾维亚塔克米卡/穆罕默德·A/瓦塔拉 ·纳尔帕/提·马哈茂德			R:阿迪勒/那塞尔 ·乌德·杜拉/瓦·扎西尔·乌尔·米拉特/易卜拉欣	
	RM:那伽里文比斯米拉				
87	O:拉·伊拉·伊额拉/阿拉·瓦德霍/勒·谢里克·拉忽/艾尔·卡达尔·比拉		103	O:室利·萨曼塔·提婆	(N)
	R:阿布·艾哈迈德/穆罕默德·拉苏尔/阿拉/贾拉尔·乌德·杜拉/瓦·贾玛尔·艾尔·玛拉/穆罕默德·本·马哈茂德			R:阿迪勒/为苏丹/艾尔·穆阿扎姆/阿布尔·穆扎法/易卜拉欣	
88	O:拉·伊拉·伊尔拉/阿拉·艾尔·马利克/(未读出)		104	OC:艾尔·穆斯塔兹希/拉·伊拉·伊尔拉/阿拉·穆罕默德/拉苏尔·阿拉/比拉 OM:比斯米拉:造币厂和日期字节	
	R:穆罕默德·拉苏尔/阿拉(-? -)/马苏德/(未读出)			RC:为苏丹/艾尔·阿扎姆/马苏德 上部:扎西尔	
89	O:室利·萨曼塔提婆	(N)			
	R:马苏德/马哈茂德				

续表

90	OC:阿德尔/勒·伊拉·伊尔拉/阿拉·瓦德霍/勒·谢里克·拉忽/艾尔·卡伊姆·比玛尔·阿拉 OM:造币厂和日期相关字节		105	O:室利·萨曼塔·提婆	(N)
	RC:法斯/穆罕默德·拉苏尔·阿拉/谢哈布·乌德·杜拉/瓦·库特布·艾尔·米拉特/马乌杜德			R:库斯鲁/为苏丹/艾尔·阿扎姆/阿布·萨德/马苏德	
106	O:马利克/穆罕默德·拉苏尔·阿拉/苏丹 乌德·杜拉/（马利克）阿尔斯兰		123	O:哈布	
	R:拉·伊拉·伊尔拉·阿拉/瓦德霍·拉·谢里克/艾尔·穆斯塔兹希·比拉			R:拉·伊拉·伊尔拉/穆罕默德·拉苏尔/艾尔·那塞尔·乌德·丁/穆罕默德	
107	O:室利·萨曼塔·提婆	(N)	124	O:拉·伊拉·伊尔拉/阿拉·穆罕默德/拉苏尔（阿拉）	
	R:巴哈/为苏丹/艾尔·阿扎姆/马利克·阿尔斯兰			R:穆罕默德/艾尔·那塞尔？乌德·丁/哈布	
108	O:阿拉/拉·伊拉·伊尔拉·阿拉/艾尔·穆斯塔希德·比拉/阿兹德·乌德·杜拉/桑贾尔		125	O:塔吉/哈布·本·穆罕默德/乌德·丁	
	R:为苏丹/穆罕默德·拉苏尔·阿拉/为苏丹·艾尔·阿扎姆/耶敏努·乌德·杜拉/巴拉姆沙			R:莫罕默德/拉苏尔·阿拉/艾尔·那塞尔·乌德·丁/穆罕默德	
109	O:阿兹德/为苏丹/艾尔·穆阿扎姆/桑贾尔		126	O:有报道,但未见过	
	R:阿迪勒/为苏丹/艾尔·阿扎姆/巴拉姆沙			R:可能背面为标准锡斯坦币形式	

续表

110	O:室利·萨曼塔·提婆	(N)	127		
	R:阿迪勒/为苏丹/艾尔·阿扎姆/巴拉姆沙			O:塔吉/那塞尔·本/巴拉姆沙/乌德·丁	
111	O:室利·萨曼塔·提婆	(N)	128	O:鲁肯·乌德·丁/阿布·曼塞尔·本/巴拉(姆)沙	
	R:"耶敏努"			R:阿拉/穆罕默德/拉苏尔·阿拉/艾尔·那塞尔·乌德·丁	
112	O:阿拉/拉·伊拉·伊尔拉·阿拉/艾尔·穆克塔菲·拉马尔?阿拉/阿兹德·乌德·杜拉/桑贾尔		129	O:阿兹德/阿布尔·穆扎法/本·哈布	
	R:那塞尔/穆罕默德·拉苏尔·阿拉/为苏丹/艾尔·阿扎姆/穆伊兹·乌德·杜拉/库斯鲁沙			R:阿拉/穆罕默德/拉苏尔·阿拉/艾尔·那塞尔·乌德·丁	
113	O:室利·萨曼塔·提婆(N),臀部标明"凯尔"(A)		130	O:无	
	R:为苏丹/艾尔·阿扎姆/米伊兹·乌德·杜拉/库斯鲁沙			R:塔里甘/为苏丹/艾尔·阿扎姆·基亚斯·乌德·都尼亚/瓦·乌德·丁·阿布尔·法斯/穆罕默德·本·萨姆	
114	O:室利·萨曼塔·提婆	(N)	131	O:无	
	R:穆伊兹			R:塔里甘/为苏丹/艾尔·穆扎姆·基亚斯·乌德·都尼亚/瓦·乌德·丁·阿布尔(法斯)/穆罕默德·本·萨姆	

续表

115	O:阿德尔/拉·伊拉·伊尔拉·阿拉/拉·谢里克·瓦德霍/埃米尔伊斯兰信士长官		132	O:科兹宛	
	R:穆罕默德·拉苏尔·阿拉/为苏丹/艾尔·阿扎姆/塔吉·乌德·杜拉/库斯鲁·马利克			R:为苏丹/艾尔·阿扎姆·基亚斯/乌德·都尼亚·瓦·乌德·丁/穆罕默德·本·萨姆	
116	O:欧姆	(N)	133	O:沙夫坎	
	R:扎法尔/为苏丹/艾尔·阿扎姆/塔吉·乌德·杜拉			R:为苏丹/艾尔·阿扎姆·基亚斯/乌德·都尼亚·瓦·乌德·丁/穆罕默德	
117	O:室利·萨曼塔·提婆	(N)	134	O:无	
	R:马利克/为苏丹/艾尔·阿扎姆/阿布尔·马路克/库斯鲁			R:为苏丹/艾尔·阿扎姆·基亚斯/乌德·都尼亚·瓦·乌德·丁/穆罕默德·本·萨姆	
118	O:室利·萨曼塔·提婆(N),臀部标明“凯尔”(A)		135	O:无	
	R:为苏丹/艾尔·阿扎姆/塔吉·乌德·杜拉/库斯鲁·马利克			R:–? –艾尔·穆阿扎姆/–? –乌德·都尼亚·瓦·乌德·丁/(阿布尔)法斯·穆罕默德·本萨姆	

续表

119	O:室利·萨玛	(N)	136	O:阿拉/拉·伊拉·伊尔拉/穆罕默德/拉苏尔·阿拉 OM:日期片段:回历 596 年和回历 598 年(或回历 576 年和回历 578 年)	
	R:为苏丹/艾尔·阿扎姆/塔吉·乌德·杜拉/库斯鲁·马利克			R:为苏丹/(穆伊兹·乌德·都尼亚·瓦·乌德·丁)?/在阿布尔·穆扎法/穆罕默德·本·萨姆中	
120	O:库斯鲁·马利克		137	O:为苏丹/艾尔·阿(扎姆)/基亚斯·乌德·都尼亚(瓦·乌德·丁)?/阿布尔·法斯	
	R:为苏丹/艾尔·阿扎姆/苏拉吉/乌德·杜拉			R:法尔万/为苏丹/艾尔·穆阿扎姆/穆伊兹·乌德·都尼亚·瓦·乌德·丁/阿布尔·穆扎法·穆罕默德/本·萨姆	
121	O:为苏丹/艾尔·阿扎姆				
	R:塔吉/乌德·杜拉/库斯鲁/马利克				
122	O:室利·萨玛	(N)			
	R:塔吉(Taj)	(A)			
138	O:穆罕默德,臀部上标明:库拉曼		153	O:拉·伊拉·伊尔拉·阿拉/穆罕默德·拉苏尔(阿拉)/艾尔·那塞尔·乌德·丁·阿拉 OM:法尔(万)	
	R:为苏丹/沙姆斯·乌德·(都尼亚)/瓦·乌德·丁·阿布/(尔)法斯·穆罕默德			R:为苏丹/艾尔·阿/扎姆·巴哈·乌德·都尼亚·瓦·乌德·丁·阿布尔(法斯?)/萨姆·本·穆罕默德	

续表

139	OM:比斯米拉,造币厂和日期片段	154	O:(阿拉)?/拉·伊拉·伊尔拉/阿拉·穆罕默德/拉苏尔·阿拉/艾尔·那塞尔·乌德·丁	
	R:为苏丹/艾尔·穆扎姆/基亚斯·乌德·都尼亚·瓦·乌德·丁/(穆罕默德·本·萨姆)/沙夫坎		R:为苏丹/艾尔·阿/扎姆(巴哈)/乌德·都尼亚·瓦·乌德·丁/萨姆·本·穆罕默德	
140	OM:比斯米拉?	155	O:萨姆/本·穆罕默德	
	R:为苏丹/艾尔·阿扎姆·基亚斯/乌德·都尼亚·瓦·乌德·丁/穆罕默德·萨姆		R:(-?-)/为苏丹/艾尔·阿扎姆(-?-)	
141	O:塔里甘	156	O:萨姆·本/穆罕默德	
	R:塔里甘/为苏丹/艾尔·穆扎姆·阿布尔(法斯)/马哈茂德·本·穆罕默德		R:为苏丹/艾尔·阿扎姆(-?-)/(-?-)	
142	O:达瓦尔(?)	157	O:萨姆·本/穆罕默德	
	R:为苏丹/艾尔·穆扎姆·阿布尔/法斯·马哈茂德/(本)穆罕默德		R:巴尔赫/为苏丹/艾尔·阿扎姆·巴哈/乌德·都尼亚·瓦(乌德·丁)	
143	O:赫拉特	158	O:瓦尔瓦利吉/萨姆/本·穆罕默德	
	R:为苏丹/艾尔·阿扎姆·马哈茂德/本·穆罕默德(本)·萨姆		R:为苏丹/艾尔·穆阿扎姆/阿布尔·法斯/(瓦尔瓦利吉)?	
144	O:无	159	O:(法尔万)?/萨姆·本/穆罕默德	
	R:为苏丹/艾尔·阿扎姆·基亚斯/乌德·都尼亚·瓦·乌德·丁·阿布/尔法斯·马哈茂德·本/穆罕默德·萨姆		R:为苏丹/艾尔·阿扎姆	

续表

145	O:未读出	160	O:无	
	R:法尔万/为苏丹/艾尔·阿/扎姆……/乌德·德……(马哈茂德)/本·穆罕默德		R:为苏丹/艾尔·阿/扎姆·巴哈/乌德·都尼亚·瓦·乌德/丁	
146	O:未读出	161	O:无	
	R:为苏丹/艾尔·阿扎姆·阿布/尔法斯·马哈茂德/本·穆罕默德·本·萨姆		R:(为苏丹)?/(艾尔·阿扎姆)?·巴哈/乌德·都尼亚·瓦(丁)/萨姆·本·穆罕默德	
147	O:无	162	O:瘤牛上有(巴哈)?字样(A)室利·马·米赫麦塔·萨米(N)	
	R:为苏丹/艾尔·阿/扎姆·基亚斯·乌德·都尼亚/瓦·乌德·丁·阿布尔·法斯/马哈茂德·本·穆罕默德/萨姆		R:室利·哈米拉	(N)
148	O:无	163	O:阿萨瓦力/室利·萨曼塔·提婆	(N)
	R:为苏丹/艾尔·阿扎姆·基亚斯/乌德·都尼亚·瓦·乌德·丁/阿布尔·法斯·马哈茂德/本·穆罕默德		R:室利-普利/斯威-拉贸-提婆	
149	O:室利·哈米拉(N)	164	O:室利·马·米赫麦塔·萨米	(N)
	R:为苏丹/艾尔·阿扎姆/马哈茂德·本·穆罕默德/本·萨姆		R:室利/哈米拉	(N)
150	O:无	165	O:为苏丹/艾尔·阿/扎姆(-?-)/(-?-)	
	R:周围:马哈茂/德·本/……		R:贾拉尔·乌德·都尼亚·瓦/乌德·丁(-?-)/(-?-)	

续表

151	O:无	166	O:无	
	R:为苏丹/艾尔·阿/扎姆·基亚斯·乌德·德……/……(尔法斯)?/……(马哈茂德·本·穆罕默德/本·萨姆)?		R:巴米扬/为苏丹/艾尔·阿/扎姆·贾拉尔/(乌德·都尼亚·瓦·乌德·丁)	
152	O:……/穆罕默德/拉苏尔·阿拉……	167	O:室利/哈米拉,逆向	(N)
	R:艾尔·马利克(-?-)/阿布尔·穆阿扎姆/穆罕默德(-?-)		R:阿迪勒/为苏丹/艾尔·阿/扎姆·贾拉尔/乌德·都尼亚·瓦·乌德·丁/(-?-)	
		168	O:室利·米赫麦塔·萨米	(N)
			R:为苏丹/艾尔·阿/扎姆·贾拉尔/乌德·都尼亚·瓦·乌德·丁	
		169	O:室利·米赫麦塔·萨米	(N)
			R:室利/哈米拉(N)臀部标有"贾拉尔"字样	
170	O:除(第三行)阿里('Ali)读出外,其他未读出 RM:日期字节	188	O:(-?-)/(-?-)	
	R:为苏丹/艾尔·阿扎姆·贾拉尔/乌德·都尼亚·瓦·乌德·丁		R:本/穆罕默德/萨姆	
171	O:贾拉尔·乌德·都尼亚/瓦·乌德·丁	189	O:未读出	
	R:为苏丹/艾尔·阿扎姆 RM:比斯米拉?		R:穆罕默德·本/萨姆	

续表

172	O:为苏丹/艾尔·阿/扎姆·阿拉/乌德·都尼亚·瓦·乌德·丁/穆罕默德·本苏丹 R:为苏丹/艾尔·阿/扎姆·贾拉尔(乌德·都尼亚·瓦·乌德·丁)		190	O:穆伊兹/乌德·都尼亚 R:瓦·乌德/丁
173	O:无 R:塔里甘/为苏丹/艾尔·阿/扎姆·穆伊兹·乌德·都尼亚/瓦·乌德·丁·阿布尔·穆扎法(穆罕默德·本·萨姆)		191	O:穆伊兹/乌德·都尼亚 R:瓦·乌德/丁
174	O:边缘那伽里文未读出,瘤牛上标有"库拉曼"? R:(马利克·艾尔·穆拉克)?/艾尔·阿扎姆/阿布尔·法斯/穆罕默德·本·萨姆 RM:那伽里币文未读出		192	O:穆伊兹 R:阿德尔
175	OM:那伽里币文未读出 R:为苏丹/(艾尔·阿扎姆)?/穆罕默德·本/萨姆		193	O:塔金 R:(阿卜杜)?/艾尔·马利克/艾尔·穆阿扎姆/塔吉·乌德·都尼亚·瓦·乌德/丁·伊尔迪兹
176	O:无 R:(为苏丹)?/(艾尔·阿扎姆)? RM:那伽里币文未读出		194	O:无 R:艾尔·马利克·艾尔·穆阿扎姆/塔吉·乌德·都尼亚·瓦/(乌德·丁)伊尔迪兹
177	O:室利·萨玛 (N) R:为苏丹/艾尔·阿扎姆/阿布尔·穆扎法/穆罕默德·本·萨姆		195	O:达瓦尔 R:艾尔·马利克·艾尔·穆阿扎姆/塔吉·乌德(·都尼亚·瓦/乌德·丁·伊尔迪兹)

续表

178	O:无		196	O:无
	R:为苏丹/艾尔·阿扎姆/穆伊兹·乌德·都尼亚/穆罕默德·本·萨姆			R:阿卜杜/艾尔·马利克·艾尔·穆阿扎姆/塔吉·乌德·都尼亚·瓦·乌/丁·伊尔迪兹
179	O:穆罕默德·本/萨姆		197	O:巴斯特
	R:为苏丹/艾尔·穆阿扎姆/穆伊兹·乌德·都尼亚/瓦·乌德–丁			R:阿卜杜/艾尔·马利克·艾尔·穆阿扎姆/塔吉·乌德·都尼亚·瓦(·乌德)/丁·(伊尔迪兹)
180	O:为苏丹/艾尔·穆阿扎姆/穆伊兹·乌德·都尼亚/瓦·乌德·丁		198	O:无
	R:阿布/尔·穆扎法/穆罕默德·本/萨姆			R:艾尔·马利克·艾尔·穆阿扎姆/塔吉·(乌德·都尼亚)/瓦·乌德·丁/(伊尔迪兹)?
181	O:无		199	O:为苏丹/艾尔·阿扎姆·穆伊兹/乌德·都尼亚·瓦·乌/(丁)
	R:为苏丹/艾尔·阿扎姆/穆罕默德·本·萨姆			R:阿卜杜/艾尔·马利克·艾尔·穆阿扎姆/塔吉·乌德·都尼亚·瓦·乌德/(丁)伊尔迪兹
182	O:无		200	O:室利·萨曼塔 (N)
	R:为苏丹/艾尔·阿扎姆/穆罕默德·本·萨姆			R:穆伊兹·乌德·都尼亚/瓦·乌德·丁/阿卜杜/伊尔迪兹
183	O:室利·哈米拉	(N)	201	O:室利/哈米拉 (N)
	R:为苏丹/艾尔·阿扎姆/穆罕默德·本·萨姆			R:为苏丹/艾尔·穆阿扎姆/阿布尔·法斯·伊尔迪兹/为苏丹
184	O:室利·马哈迈德·萨玛	(N)	202	O:阿卜杜/艾尔·马利克
	R:室利/哈米拉	(N)		R:为苏丹/(为沙希王朝)?

续表

185	O:室利·马哈迈德·萨米	(N)	203	O:阿卜杜/艾尔·马利克
	R:室利/哈米拉	(N)		R:为苏丹/(为沙希王朝)?
186	O:室利·马哈迈德·萨米	(N)	204	O:阿卜杜/伊尔迪兹
	R:室利·普利/斯威·拉杰·提婆	(N)		R:穆伊兹·乌德·都尼亚/瓦·乌德·丁
187	O:室利·马哈迈德·萨/玛	(N)	205	O:室利/哈米拉
	R:无			R:那塞尔/乌德·都尼亚·瓦·乌德·丁/库巴卡/为苏丹
206	室利·库巴克·苏里塔那 (N)		223	O:未读出(造币厂?)
	室利/哈米拉 (N)			R:为苏丹/艾尔·阿扎姆/穆罕默德·本/苏丹
207	O:艾尔·那塞尔/乌德·丁·阿拉/阿布尔伊斯兰信士		224	O:沙夫坎
	R:阿拉·乌德·都尼亚/瓦·乌德·丁·穆罕默德/本苏丹			R:难以辨认
208	O:塔里甘		225	O:无
	R:为苏丹/艾尔·阿扎姆·阿拉·乌德·都尼/亚·瓦·乌德·丁·穆罕默德/本苏丹			R:为苏丹/(艾尔)·阿扎姆·穆罕默德/本苏丹
209	O:塔里甘		226	O:巴鲁干
	R:塔里甘/为苏丹/艾尔·阿扎姆·阿拉·乌德/都尼亚·瓦·乌德·丁/穆罕默德/本苏丹			R:为苏丹/艾尔·阿扎姆·阿拉·乌德/都尼亚·瓦·乌德(丁)·穆罕默德/本为苏丹
210	O:沙夫/坎		227	O:科兹宛
	R:为苏丹/艾尔·阿扎姆·阿拉/乌德·都尼亚·瓦·乌德·丁/穆罕默德·本苏丹			R:为苏丹/艾尔·阿扎姆·阿拉/乌德·都尼亚·瓦·乌德·丁/穆罕默德·本为苏丹

续表

211	O:沙夫/坎 R:为苏丹/艾尔·阿扎姆·阿拉/乌德·都尼亚·瓦·乌德·丁/穆罕默德·本(苏丹)	228	O:科兹宛 R:为苏丹/艾尔·阿扎姆·穆罕默德/本为苏丹
212	O:无 R:为苏丹/艾尔·阿扎姆·阿拉/乌德·都尼亚·瓦·乌德·丁/穆罕默德·本苏丹/沙夫坎	229	O:科兹宛 R:为苏丹/艾尔·阿扎姆·阿拉/乌德·都尼亚·瓦·乌德/丁·穆罕默德·本/(苏丹)
213	O:无 R:为苏丹/艾尔·阿扎姆·阿拉·乌德·都/尼亚·瓦·乌德·丁/穆罕默德苏丹	230	O:沙夫坎 R:为苏丹/艾尔·阿扎姆·阿拉·乌德/都尼亚·瓦·乌德·丁·穆罕默德/本为苏丹
214	O:(-? -)/达瓦尔 R:为苏丹/艾尔·阿扎姆·穆罕默德/本苏丹	231	O:装饰图案(或造币厂图案?) R:为苏丹/艾尔·阿扎姆·阿拉/乌德·都尼亚·瓦·乌德·丁/穆罕默德·本为苏丹
215	O:达瓦尔 R:为苏丹/艾尔·阿扎姆·穆罕默德/本苏丹	232	O:无 R:当格内/为苏丹 艾尔(·阿扎姆)/穆罕默德·本为苏丹/沙夫坎
216	O:达瓦尔 R:为苏丹/艾尔·阿扎姆·阿布尔·法斯/穆罕默德·本苏丹	233	O:室利/哈米拉(N)臀部:帖乞失(A) R:昆都士/阿拉·乌德·都尼亚·瓦/乌德·丁·西坎德尔/艾尔·杉尼
217	O:无 R:为苏丹/艾尔·阿扎姆·阿布尔·法斯/穆罕默德·本苏丹	234	O:为苏丹/艾尔(阿扎姆) R:昆都士/阿拉·乌德·都尼亚/瓦·乌德·丁·穆罕默德/为苏丹

续表

218	O:锡比	235	O:为苏丹/艾尔(阿扎姆)
	R:为苏丹/艾尔·阿扎姆·阿布尔·法斯/穆罕默德(本)苏丹		R:巴尔赫/阿拉·乌德·都尼亚/瓦·乌德·丁(穆罕默德)/本为苏丹
219	O:塔金	236	O:穆罕默德/(本)苏丹/巴米扬
	R:为苏丹/艾尔·阿扎姆·穆罕默德/(本)苏丹		R:为苏丹 艾尔·阿/扎姆·阿拉/乌德·都尼亚·瓦·乌德·丁
220	O:巴斯特	237	O:穆罕默德/本苏丹/帖乞失
	R:为苏丹/艾尔·阿扎姆·穆罕默德/本苏丹		R:为苏丹 艾尔·阿/扎姆·阿拉/乌德·都尼亚·瓦·乌德·丁
221	O:赫拉特	238	O:为苏丹/……/……/(穆罕默德)?
	R:为苏丹/艾尔·阿扎姆·穆罕默德·本/苏丹		RC:为苏丹/艾尔·阿/扎姆·阿拉/乌德·都尼亚·瓦·乌德·丁
222	O:未读出(造币厂名称?)		RM:昆都士(及日期片段?)
	R:(为苏丹)/(艾尔·阿)扎姆·阿布(尔法斯)/穆罕默德·本(苏丹)		
239	O:边缘未读出	255	O:为苏丹/艾尔·阿扎姆……
	RC:为苏丹(艾尔·阿)/扎姆·(阿拉)/乌德·都尼亚(瓦·乌德·丁)RM……阿布尔·法斯……		R:穆罕默德/为苏丹/帖乞失
240	O:无	256	O:为苏丹(帖乞失)?……
	R:为苏丹/艾尔·阿/扎姆·阿拉/乌德·都尼亚·瓦·乌德·丁		R:阿布尔·法斯/穆罕默德为苏丹/帖乞失

续表

241	O:西坎德尔/帖乞失（A）马哈迈德·萨米(N) R:室利·哈米拉(N) 臀部有“阿拉”('Ala)字样(A)	257	O:穆罕默德·本为苏丹 帖乞失 R:为苏丹/丁·阿拉·菲/艾尔·扎曼(?)
242	O:“室利·马哈迈德·萨米” R:为苏丹/艾尔·阿扎姆……	258	OC:塔金 OM:为苏丹/艾尔·阿扎姆(－? －) RC:阿巴德 RM:为苏丹……乌德·都尼亚·瓦·乌德·丁
243	OC:阿布尔·法斯/穆罕默德·本/为苏丹 OM:造币厂和日期片段 R:为苏丹 艾尔·阿/扎姆·阿拉·乌德·都/尼亚·瓦·乌/丁	259	OC:塔金 OM:为苏丹/艾尔·(阿扎姆?)…… R:阿布尔·法斯·穆罕默德(本为苏丹)? ……
244	O:为苏丹/艾尔·阿扎姆/穆罕默德/本为苏丹 R:拉·伊拉·伊尔拉/阿拉·穆罕默德/拉苏尔·阿拉	260	OC:扎敏 OM:为苏丹(阿拉·乌德·都尼亚)·瓦·乌德·丁 RC:达瓦尔 RM:阿布尔·法斯·穆罕默德·本为苏丹 帖乞失
245	OM:拉·伊拉·伊尔拉·阿拉·艾尔·那塞尔·乌德·丁·阿拉·拉苏尔·阿拉(边缘部分为反向) OC:穆罕默德 R:塔里甘/为苏丹·艾尔·阿/扎姆·阿拉·乌德·都/尼亚·瓦·乌德·丁·穆罕默德/本为苏丹	261	OC:达瓦尔 OM:为苏丹/艾尔·阿扎姆 R:阿布尔·法斯·穆罕默德·本为苏丹帖乞失

续表

246	OC:科兹宛	262	OC:达瓦尔 OM:为苏丹/艾尔·阿扎姆·阿拉·乌德·都尼亚·瓦·乌德·丁
	OM:为苏丹/艾尔·阿扎姆·穆罕默德·本为苏丹 R:阿拉/拉·伊拉·伊尔拉·阿拉/穆罕默德·拉苏尔/艾尔·那塞尔		R:(阿布尔·法)斯·穆罕默德·本为苏丹
247	OC:沙夫坎	263	OC:沙希(?) OM:(艾尔·阿扎姆·阿布尔·法斯)?穆罕默德·本为苏丹
	OM:为苏丹/艾尔·阿扎姆·穆罕默德·本为苏丹 R:阿拉/拉·伊拉·伊尔拉·阿拉/穆罕默德·拉苏尔·阿拉/艾尔·那塞尔		RC:(-?-) RM:为苏丹/艾尔·阿扎姆·阿拉·乌德·都尼亚·瓦·乌德·丁
248	O:本苏丹	264	OC:菲瓦 OM:穆罕默德·本(苏丹)?……
	OM:(为苏丹/艾尔·阿)扎姆·阿拉·乌德·都尼亚·瓦·乌德·丁(穆罕默德) R:阿拉/拉·伊拉·伊尔拉·阿拉/穆罕默德·拉苏尔/艾尔·那塞尔		RM:阿布尔·法斯为苏丹……
249	OC:锡比 OM:为苏丹艾尔·阿扎姆……	265	OC:桑戈 OM:为苏丹/艾尔·阿扎姆·阿拉·乌德·都尼亚·瓦·乌德·丁
	R:……/……穆罕默德/为苏丹(本)帖乞失		R:阿布尔·法斯·穆罕默德·本苏丹帖乞失
250	OC:达瓦尔 OM:……"艾尔·阿扎姆"阿拉·乌德·都……	266	OC:未读出 OM:(阿布尔·法)斯·穆罕默德·本……
	R:阿拉·乌德·都尼亚/(瓦)·乌德·丁·穆罕默德/(本)·帖乞失		R:(为苏丹)艾尔·阿扎姆·阿拉·乌德

续表

251	O:达瓦尔 OM:……为苏丹/艾尔·阿扎姆……	267	O:穆罕默德·本为苏丹帖乞失
	R:艾尔·那塞尔/乌德·丁·阿拉/伊斯兰信士长官		R:同正面
252	O:阿布尔·法斯·穆罕默德·本为苏丹	268	O:阿布尔·法斯·穆罕默德·本为苏丹(帖乞失?)
	R:塔金阿巴德/为苏丹艾尔·阿扎姆/阿拉·乌德·都尼亚/瓦·乌德·丁		R:(部分)同正面
253	O:为苏丹……都尼亚·瓦·乌德·丁	269	O:为苏丹/艾尔·阿扎姆·阿拉·乌德·都尼亚·瓦·乌德·丁
	R:穆罕默德/为苏丹/帖乞失(库斯特)?		R:(穆罕默德)·本为苏丹帖乞失 OC和RC:造币厂名称被抹去
254	O:穆罕默德·本为苏丹(帖乞失)?	270	OC:科兹 OM:为苏丹/艾尔·阿扎姆·阿拉·乌德·都尼亚·瓦·乌德·丁
	R:为苏丹/艾尔·阿扎姆/阿布尔·法斯		RC:宛 RM:阿布尔·法斯·穆罕默德·本·艾斯·苏丹(帖乞失)?
		271	OC:穆罕默德/苏丹 OM:(塔里克)拉比·艾尔·奥瓦尔·杉纳特·提斯·瓦·西特(米阿特)
			RC:为苏丹/艾尔·阿扎姆 RM:左边和右边有科兹/宛字样?
		272	O:科兹/宛
			R:为苏丹/艾尔·阿扎姆·阿拉/乌德·都尼亚·瓦·乌德·丁/阿布尔·法斯·穆罕默德/(本为)苏丹

续表

273	O:无 R:(-? -)/穆罕默德·本/为苏丹	290	O:无 R:为苏丹/艾尔·阿扎姆·阿布尔(法斯·穆罕默德/本为苏丹)?
274	OC:穆罕默德 OM:为苏丹(艾尔·阿扎姆·阿拉)乌德·都尼亚·瓦·乌德·丁	291	O:瘤牛身上标有“库拉曼”字样 R:为苏丹艾尔·阿/扎姆·阿布尔·法斯/穆罕默德/本苏丹
275	OC:为苏丹/艾尔·阿扎姆/阿布尔·法斯 OM:日期片段? RC:穆罕默德·本/为苏丹/帖乞失 RM:巴斯特	292	O:瘤牛下方有“库拉曼”字样 R:为苏丹/艾尔·阿/扎姆·阿布尔·法斯/穆罕默德·本苏丹
276	O:拉·伊拉·伊尔拉/阿拉·穆罕默德/拉苏尔·阿拉 RC:为苏丹艾尔·阿/扎姆·阿拉/乌德·都尼亚·瓦·乌德·丁 RM:为苏丹/(-? -)	293	O:白沙瓦(A)瘤牛上方有“室利·萨曼塔”字样(N) R:为苏丹/艾尔·阿扎姆·阿布/尔·法斯·穆罕默德/本苏丹
277	OC:为苏丹/艾尔·阿扎姆(阿布尔·法斯)? OM:未读出 RC:穆罕默德·本/为苏/单帖乞失	294	O:伽兹尼(A)瘤牛上方有“室利·萨曼塔”字样(N) R:为苏丹/艾尔·阿扎姆·阿布/尔·法斯·穆罕默德/(本)为苏丹
278	O:法尔万/为苏丹/艾尔·阿扎姆·阿拉/乌德·都尼亚·瓦·乌德/丁 R:法尔万/阿布尔·法斯/穆罕默德·本/为苏丹	295	O:(纳加达)?(A)瘤牛上方有“室利·萨曼塔”字样(N) R:为苏丹/艾尔·阿扎姆·阿布/尔·法斯·穆罕默德(本为苏丹)

续表

279	O:达瓦尔/阿拉·乌德·都尼亚/瓦·乌德·丁·穆罕默德/(本)为苏丹	296	O:帖乞失(A)瘤牛上方有“室利·萨曼塔”字样(N)
	R:艾尔·那塞尔/乌德·丁·阿拉/伊斯兰信士长官		R:为苏丹/艾尔·阿扎姆·阿布/尔·法斯·穆罕默德/(本苏丹)
280	O:为苏丹/艾尔·阿扎姆/阿布尔·法斯	297	O:室利·萨曼塔
	R:穆罕默德/为苏丹/帖乞失/库斯特		R:(为苏丹)/艾尔·阿扎姆(阿布)/尔·法斯·穆罕默德/(本)苏丹帖乞失
281	O:阿拉/拉·伊拉·伊尔拉·阿拉/穆罕默德·拉苏尔/艾尔·那塞尔	298	O:为苏丹艾尔·阿/扎姆·阿拉/乌德·都尼亚·瓦·乌德·丁
	R:为苏丹/艾尔·阿扎姆/穆罕默德·本为苏丹/沙夫坎		R:阿布尔·法斯/穆罕默德·本/为苏丹帖乞失
282	O:赫拉特/拉·伊拉·伊尔拉·阿拉/穆罕默德·拉苏尔·阿拉	299	O:为苏丹/穆罕默德/本为苏丹
	R:赫拉特/为苏丹·艾尔·阿扎姆/穆罕默德……		R:艾尔·那塞尔/乌德·丁/阿拉
283	O:为苏丹/艾尔·阿扎姆·阿拉/乌德·都尼亚·瓦·乌德/丁	300	O:穆罕默德
	R:(阿布尔·法斯/穆罕默德·本/为苏丹)		R:为苏丹
284	O:为苏丹/艾尔·阿扎姆/阿布尔·法斯	301	O:为苏丹
	R:穆罕默德·本/为苏丹/帖乞失		R:(艾尔/那塞尔/乌德·丁/阿拉)?

续表

285	O:为苏丹/(丁)阿拉·菲/(艾尔)扎曼?	302	O:为苏丹/艾尔·阿扎姆
	R:阿布尔·法斯/穆罕默德·本/为苏丹/帖乞失		R:穆罕默德/本帖乞失
286	O:为苏丹/艾尔·阿扎姆/阿布尔·法斯	303	O:阿拉/乌德·都尼亚
	R:穆罕默德·本/为苏丹/帖乞失		R:瓦·乌德/丁
287	O:(拉)伊拉·伊尔拉/阿拉·穆罕默德/拉苏尔·阿拉	304	O:阿拉/乌德·都尼亚
	R:为苏丹/艾尔·阿/阿扎姆·阿拉/乌德-·都尼亚·瓦·乌德·丁/(穆罕默德·本苏丹)		R:瓦·乌德/丁
288	O:拉·伊拉·伊尔拉/阿拉·穆罕默德/拉苏尔·阿拉	305	O:穆罕默德
	R:为苏丹/艾尔·阿/扎姆·穆罕默德/本苏丹		R:苏丹
		306	O:贾拉尔·乌德·都尼亚/瓦·乌德·丁·曼谷巴尼·本/为苏丹
289	O:"室利·穆罕默德·萨米"		R:卡尔拉·内/艾尔·那塞尔·乌德·丁/阿拉·穆斯林信士长官
	R:为苏丹/艾尔·阿/扎姆·西坎德尔/艾尔·杉尼	307	O:艾尔·那塞尔/乌德·丁·阿拉/穆斯林信士长官
			R:贾拉尔·乌德·都尼亚/瓦·乌德·丁·曼谷巴尼/本为苏丹

续表

308	O:(－？ －)(艾尔·穆斯坦绥尔?)/比拉·穆斯林信士长官	326	O:库拉曼
	R:贾拉尔·乌德·(都尼亚·瓦)/乌德·丁·曼谷/巴尼		R:艾尔·那塞尔/乌德·丁·阿拉/穆斯林信士长官
309	O:塔里甘	327	O:艾尔·那塞尔/乌德·丁·阿拉/穆斯林信士长官
	R:为苏丹/艾尔·阿扎姆/贾拉尔·乌德·都尼亚·瓦·乌德·(丁)/曼谷巴尼·本苏丹		R:为苏丹/艾尔·阿扎姆/成吉思汗
310	O:曼谷巴尼/本为苏/丹	328	O:阿迪勒/哈坎·艾尔/穆阿扎姆
	R:穆罕默德/拉苏尔·阿拉/艾尔·那塞尔·阿德·丁		R:阿拉/艾尔·那塞尔·乌德·丁·阿拉/穆斯林信士长官/库拉曼
311	OC:图拉克 OM:(为苏丹)?艾尔·阿扎姆·贾拉尔(为苏丹)?	329	O:艾尔·那塞尔/乌德·丁·阿拉/穆斯林信士长官
	RC:未读出 RM:曼谷巴尼苏丹(－－？ －－)		R:阿德尔/哈坎/艾尔·阿扎姆
312	OC:图拉克 OM:(为苏丹?)艾尔·阿扎姆·贾拉尔(为苏丹?)	330	O:艾尔·那塞尔/乌德·丁·阿拉/穆斯林信士长官
	RM:曼谷巴尼苏丹(－？ －)		R:阿拉/艾尔·那塞尔·乌德·(丁)/穆斯林信士长官/库拉曼
313	O:曼谷巴尼/本为苏丹	331	O:艾尔·那塞尔/乌德·丁·阿拉/穆斯林信士长官
	R:为苏丹/(艾尔·穆阿扎姆·贾拉尔)?/乌德·都尼亚·瓦·乌德·丁(－？－)		R:阿拉/艾尔·那塞尔·乌德(丁)/穆斯林信士长官/库拉曼

续表

314	O:为苏丹/艾尔·穆阿扎姆·贾拉尔/乌德·都尼亚·瓦·乌德/丁	332	O:阿德尔
	R:阿布尔·法斯/曼谷巴尼·本/苏丹		R:哈坎
315	O:伽兹尼?(或阿迪勒)	333	O:阿德尔
	R:为苏丹/(艾尔·阿)扎姆·曼谷巴尼/本苏丹		R:哈坎
316	O:库拉曼 OM:萨·贾拉拉迪那 (N)	334	O:无
	R:(室利·哈米拉)?		RC:阿德尔 RM:昆都士
317	O:室利·哈米拉	335	O:阿拉/穆罕默德/拉苏尔·阿拉
	R:贾拉尔·乌德·都尼亚/瓦·乌德·丁·曼谷巴尼/本苏丹		R:穆那卡卡/卡恩·阿迪勒/扎布·尼姆鲁兹
318	O:室利·贾拉拉迪那 (N)	336	O:(-? -)/阿德·第尔汗/拜·达·艾尔·扎布/赫拉特
	R:室利·哈米拉(N)		R:蒙哥/卡恩
319	O:为苏丹/(-? -)	337	O:巴尔戴/伽兹尼/(-? -) OM:未读出
	R:曼谷巴/尼		R:蒙哥/卡恩·艾/尔迪尔 RM:未读出
320	O:为苏丹/艾尔·阿扎姆	338	O:(比勒德/沙夫坎)?
	R:曼谷巴尼·本/为苏丹		R:卡恩/蒙哥/艾尔·阿迪尔
321	O:曼谷/巴尼	339	O:阿拉/穆罕默德/拉苏尔·阿拉
	R:为苏丹/艾尔·阿扎姆		R:卡恩/阿迪勒(-? -)

续表

322	O:室利·夏拉法·巴咖 (N)	340	O:拉·伊拉·伊尔拉/阿拉·穆罕默德(拉/苏尔·阿拉?)
	R:室利·哈米拉 (N)		R:忽都鲁/火者/斯卡
323	O:未读出	341	O:斯卡·比·纳姆·忽都鲁火者
	R:马利克/·沙拉夫(或马利克·艾尔·沙克)		R:扎布/比勒德·伽兹/尼
324	OC:艾尔·马利克	342	OC:伽兹尼 OM:未读出
	OM:塔里科·拉比·艾尔·阿克哈·萨那特·萨曼·阿沙·瓦·西特·米阿特 R:科兹宛/拉·伊拉·伊尔拉·阿拉/穆罕默德·拉苏尔/阿拉		R:忽都鲁/火者/斯卡
325	O:拉·伊拉·伊尔拉/阿拉·穆罕默德/拉苏尔·阿拉 R:艾尔·那塞尔/乌德·丁·阿拉/穆斯林信士长官	343	OC:伽兹尼(A) OM:未读出 (N)
	RM:比斯米拉片段,(……沙夫坎……)		R:忽都鲁/火者/斯卡
		344	O:(阿德尔)?
			R:萨伊夫/乌德·都尼亚·瓦·乌德(丁)/阿布尔·穆扎法/(-? -)
345	O:希·哈玛 (N)	363	O:(为苏丹/艾尔·阿扎姆)?
	R:萨伊夫/乌德·都尼亚·瓦(·乌德·丁)/阿布尔·穆扎法·艾尔·哈(桑)/本·穆罕默德		R:同正面
346	O:室利·哈桑那·库拉拉卡(N)	364	O:苏丹
	R:室利/哈米拉 (N)		R:阿德尔

续表

347	O:那塞尔·乌德·都尼亚·瓦·乌德·丁	365	O:苏丹
	R:室利·马哈/马达·卡/拉鲁拉（N）		R:阿德尔
348	OC:伽兹尼 OM:那塞尔·乌德·都尼亚·瓦·乌德·丁	366	O:室利·萨玛
	R:室利·马哈/马达·卡/拉鲁拉（N）		R:阿德尔
349	O:那塞尔/乌德·都尼亚·瓦/乌德·丁	367	O:无
	R:穆罕默德/本·哈桑/(葛罗禄)		R:(阿德尔)?
350	O:艾尔·马利克/艾尔·穆阿扎姆	368	O:阿德尔
	R:穆罕默德·本/哈桑		R:马利克
351	O:菲/(伽兹尼)?	369	O:阿德尔
	R:吉塔尔		R:马利克
352	O:室利·沙(希?)拉提 (N)	370	O:阿德尔/为苏丹
	R:菲·艾尔·比勒德/希……		R:扎布/木尔坦
353	O:无?	371	O:阿德尔/为苏丹
	R:未读出		R:同正面
354	O:无	372	O:阿德尔/为苏丹('adl/as-sultan)
	R:菲·艾尔·比勒德/伽兹尼		R:同正面
355	O:(阿德尔)/伽兹尼	373	O:阿德尔
	R:未读出		R:德里
356	O:无	374	O:阿德尔/苏丹/艾尔·穆阿扎姆
	R:扎布/库拉曼		R:祖里巴/比·哈兹拉特/德里

续表

357	O:(都·当戈)?	375	O:无
	R:菲·比勒德/库拉曼		R:(为苏丹)/艾尔·阿扎姆/伊杜米思/为苏丹
358	O:吉塔尔(耶·当戈)?	376	O:室利·哈米拉 (N)
	R:菲·比勒德/(艾尔)?·库拉曼		R:为苏丹/艾尔·穆阿扎姆/伊杜米思/(为苏丹)
359	O:(喷赤河)?	377	O:室利·哈米拉 (N)
	R:菲·比勒德/库拉曼		R:沙姆斯/乌德·都尼亚·瓦·乌德(丁)/伊杜米思/为苏丹
360	O:阿迪勒?/(-?-)	378	O:室利·哈米拉
	R:扎布/库拉曼		R:(沙姆斯)/乌德·都尼亚·瓦·乌德·丁/(阿布)尔·穆扎法·伊杜米思(为苏丹)
361	O:(尤斯巴克/派)?	379	O:伊杜米思/为苏丹
	R:扎布/木尔坦		R:德里/为苏丹/艾尔·阿/扎姆·沙姆斯/(乌德·都尼亚·瓦·乌德·丁)
362	O:无	380	O:室利·哈米拉 (N)
	R:(巴米扬)?		R:沙姆斯/乌德·都尼亚·瓦·乌德·丁/(阿布?)尔·穆扎法·伊杜米思
381	O:室利/哈米拉 (N)	398	O:无
	R:沙姆斯·乌德·都尼亚/瓦·乌德·丁·阿布尔·穆扎法/(伊杜米思)为苏丹		R:阿布尔·穆扎法/巴拉姆沙(本为苏丹)
382	O:无	399	O:苏里塔那·室利·穆阿加迪(N)
	R:为苏丹/伊杜米思		R:室利·哈米拉 (N)

续表

383	O:无 R:沙姆斯(乌德·都尼亚)/瓦·乌德·丁·伊杜米思/为苏丹	400	O:室利·哈米拉 (N) R:(为苏丹)/艾尔·穆阿扎姆·阿拉/乌德·都尼亚·瓦·乌德·丁
384	O:无 R:(为苏丹)艾尔·阿扎姆·沙姆斯(乌德·都尼亚·瓦)乌德·丁·阿布尔·穆扎法/(伊杜米思)为苏丹	401	O:马苏德沙 R:(为苏丹)/艾尔·阿扎姆·阿拉/乌德·都尼亚·瓦·乌德·丁/马苏德沙
385	O:(伊利)提提米 (N) R:无?	402	O:马苏德 R:为苏丹/艾尔·阿扎姆·阿拉/乌德·都尼亚·瓦·乌德·丁
386	O:苏里塔那·室利·萨玛斯丁那(N) R:室利·哈米拉 (N)	403	O:无 R:为苏丹/马苏德/本苏丹
387	OC:为苏丹伊杜米思 OM:扎布·希扎·比·德里·菲·杉·阿巴瓦·阿夏伦·瓦·萨塔那(亚) R:室利·苏丹/伊利提提米/萨姆(N)	404	O:室利·阿拉·瓦·第·苏里塔那 (N) R:(室利·哈米拉) (N)
388	O:阿德尔/为苏丹 R:沙姆斯·乌德·都尼亚/(瓦)乌德·丁	405	O:上为“马哈茂德”(A)右为室利·哈米拉(N) R:为苏丹/艾尔·阿/扎姆·那塞尔·乌德·都/尼亚·瓦·乌德·丁
389	O:室利·库巴克·苏里塔那(N) R:室利/哈米拉 (N)	406	O:无 R:为苏丹/艾尔·阿/扎姆·那塞尔·乌德·都/尼亚·瓦·乌德·丁

续表

390	O:室利/哈米拉　(N) R:为苏丹/艾尔·阿扎姆·鲁肯/乌德·都尼亚·瓦·乌德·丁/(菲罗兹沙)	407	O:为苏丹/艾尔·阿扎姆 R:那塞尔·乌德·都尼亚/瓦·乌德·丁
391	O:无 R:为苏丹/艾尔·阿扎姆·鲁肯/乌德·都尼亚·瓦·乌德·丁/菲罗兹沙	408	O:未读出 R:为苏丹/艾尔·阿/扎姆·基亚斯·乌德·都/尼亚·瓦·乌德·丁
392	O:苏里塔那 室利·拉坎那丁那(N) R:室利·哈米拉　(N)	409	OC:巴尔班(A) OM:室利·苏拉塔·盖亚苏迪(N) R:为苏丹/艾尔·阿/扎姆·基亚斯·乌德·都/尼亚·瓦·乌德·丁
393	O:室利·哈米拉?　(N) R:为苏丹/艾尔·穆阿扎姆·拉齐耶/(乌德·都尼亚·瓦)乌德·丁/(为苏丹)	410	O:为苏丹/艾尔·阿扎姆 R:基亚斯·乌德·都尼亚·瓦·乌德·丁
394	O:室利/(哈米拉)　(N) R:为苏丹(艾尔·阿扎姆)/拉齐耶/乌德·都尼亚·瓦·乌德·丁	411	O:卡库巴德(A)室利·苏拉塔(那)/穆伊朱迪　(N) R:为苏丹/艾尔·阿/扎姆·穆伊兹·乌德·都/尼亚·瓦·乌德·丁
395	O:无 R:为苏丹/艾尔·阿扎姆/拉齐耶	412	O:为苏丹/艾尔·阿扎姆 R:穆伊兹·乌德·都尼亚/瓦·乌德·丁
396	O:巴拉姆(沙) R:为苏丹/艾尔·阿扎姆·穆伊兹/乌德·都尼亚·瓦·乌德·丁	413	O:为苏丹/艾尔·阿扎姆 R:沙姆斯·乌德·都尼/亚·瓦·乌德·丁

续表

397	O:(巴拉姆沙)/本苏丹	414	OC:菲罗兹沙　(A) OM:室利・苏丹・贾拉鲁迪(N)
	R:德里/为苏丹/艾尔・阿扎姆・穆伊兹/乌德・都尼亚・瓦・乌德・丁		R:为苏丹/艾尔・阿/扎姆・贾拉尔・乌德・都/尼亚・瓦・乌德・丁
		415	O:为苏丹/艾尔・阿扎姆
			R:贾拉尔・乌德・都/尼亚・瓦・乌德・丁
416	O:沙/易卜拉欣/本・菲罗兹沙	433	O:为苏丹/艾尔・阿/扎姆・那塞尔・乌德・都尼(亚)/瓦・乌德・丁
	R:为苏丹艾尔・阿/扎姆・鲁肯・乌德・丁/尼亚・瓦・乌德・丁		R:阿布尔・穆扎法/库斯鲁沙/为苏丹(日期)[abu-'l-muzaffar/Khusru shah/as-sultan (date)]
417	O:阿德尔/易卜拉欣沙	434	OC:沙/库斯鲁 OM:为苏丹瓦利・穆斯林信士长官
	R:本・菲罗兹/沙		R:为苏丹/艾尔・阿/扎姆・那塞尔・乌德・都尼亚/瓦・乌德・丁(日期)
418	O:为苏丹/艾尔・阿/扎姆・阿拉・乌德・都/尼亚・瓦・乌德・丁	435	O:为苏丹/艾尔・阿扎姆
	R:阿布尔・穆扎法/穆罕默德沙/为苏丹(日期)		R:那塞尔・乌德(都尼亚)/瓦・乌德・丁
419	OC:穆罕默德沙(A) OM:室利・苏拉塔・阿拉瓦迪(日期)　(N)	436	OC:沙/图格鲁克 OM:未读出
	R:为苏丹/艾尔・阿/扎姆・阿拉・乌德・都/尼亚・乌德・丁		R:为苏丹・艾尔・阿/扎姆・基亚斯・乌德・都尼亚/(瓦)乌德・丁

续表

420	O:为苏丹/艾尔·阿扎姆	437	O:为苏丹/艾尔·加兹/基亚斯·乌德·都尼亚/瓦·乌德·丁
	R:阿拉·乌德·都/尼亚·瓦·乌德·丁		R:阿布尔·穆扎法/图格鲁克沙/为苏丹(日期)
421	O:为苏丹·艾尔·阿/扎姆·谢哈布·乌德·都/尼亚·瓦·乌德·丁	438	OC:沙/图格鲁克 OM:施瑞·苏拉塔·盖亚苏迪(N)
	R:阿布尔·穆扎法/乌玛尔沙/为苏丹		R:为苏丹/艾尔·加兹/基亚斯·乌德·都尼亚/瓦·乌德·丁(日期)
422	OC:库特布·乌德·都尼亚/瓦·乌德·丁 OM:哈里发·阿拉·阿布尔·穆扎法	439	O:图格鲁克
	R:穆巴拉克沙/为苏丹·本/为苏丹(日期)		R:沙
423	O:哈里发·拉布·艾尔·阿拉敏/库特布·乌德·都尼亚·瓦·乌德·丁/阿布·尔·穆扎法(日期)	440	O:(为苏丹)/艾尔·萨德·艾尔·沙希德/艾尔·加兹·乌德·都尼亚/瓦·乌德·丁
	R:穆巴拉克沙/为苏丹 本为苏丹/艾尔·瓦斯克·比拉/穆斯林信士长官		R:(阿布尔·穆扎法)/(图格拉)克沙为苏丹/安纳尔·阿拉·伯汉那
424	O:艾尔·伊曼·艾尔·阿/扎姆·库特布·乌德·都/尼亚·瓦·乌德·丁	441	O:为苏丹/艾尔·阿迪勒
	R:哈里发·阿拉/穆巴拉克沙/本为苏丹(日期)		R:本/穆罕默德/图格鲁克沙(日期)
425	O:为苏丹/艾尔·阿/扎姆·库特布·乌德·都/尼亚·瓦·乌德·丁	442	O:菲·扎曼为苏丹/艾尔·阿迪勒·穆罕默德·本/图格鲁克沙
	R:阿布尔·穆扎法/穆巴拉克沙/为苏丹(日期)		R:达玛特苏丹/菲·萨奈特·色布"瓦"·阿施林/瓦·色布·米阿特

续表

426	O:为苏丹/艾尔·阿/扎姆·库特布·乌德·都/尼亚·瓦·乌德·丁	443	O:艾尔·穆贾希德·菲/萨比·阿拉
	R:穆巴拉克/为苏丹本/为苏丹(日期)		R:穆罕默德·本/图格鲁克沙
427	O:艾尔·伊曼姆·艾尔·阿齐姆/库特布·乌德·都尼亚/瓦·乌德·丁(日期)	444	O:艾尔·拉杰/拉麦特·阿拉/艾尔·卡里姆
	R:阿布尔·穆扎法/穆巴拉克沙为苏丹/本为苏丹		R:穆罕默德·本/图格拉特·萨奈特·色布/瓦·色拉辛·瓦·色布·米阿特
428	O:哈里发·拉布·艾尔·阿敏/库特布·乌德·都尼亚/瓦·乌德·丁	445	O:艾尔·穆尔克/瓦·艾尔·阿齐玛尔/阿拉
	R:穆巴拉克沙/阿布尔·穆扎法/为苏丹 本为苏丹/艾尔·瓦斯克·比拉		R:阿巴德·艾尔·拉吉/穆罕默德·图格鲁克/(日期)
429	O:艾尔·伊曼姆/艾尔·阿齐姆/库特布·乌德·都尼亚/瓦·乌德·丁	446	O:艾尔·瓦斯克/比·那塞尔·阿拉/(日期)
	R:穆巴拉克沙/为苏丹		R:穆罕默德·本/图格鲁克沙
430	O:艾尔·伊曼姆/艾尔·阿齐姆	447	OC:穆罕默德/图格鲁克
	R:库特布·乌德·都尼亚/瓦·乌德·丁		OM:萨奈特·阿尔巴(·瓦·色拉辛·瓦)色布·米阿特 R:艾尔·拉吉/拉赫马特·阿拉/艾尔·卡里姆
431	O:为苏丹/艾尔·阿/扎姆·沙姆斯·乌德·都/尼亚·瓦·乌德·丁	448	OC:穆罕默德/图格鲁克 OM:萨尔·巴·哈夫萨德·希·杜
	R:(阿布尔·穆扎法)/马哈茂德沙/(为苏)丹(日期)		R:艾尔·穆尔克/瓦·艾尔·扎拉尔拉

续表

432	O:沙/马哈茂德　(A) OM:姓名(无法辨认)　(N)	449	O:穆罕默德/图格鲁克
	R:为苏丹为阿/扎姆·沙姆斯·乌德·都/尼亚·瓦·乌德·丁		R:阿德尔/哈希特·卡尼
450	O:阿巴德/图格鲁克/穆罕默德·本	466	OC:那塞尔·乌德·都尼亚/瓦·乌德·丁 OM:萨奈特(科哈姆斯)?(瓦·阿巴因)色布·米阿特
	R:哈斯比·拉比(日期)		R:阿迪勒/马哈茂德/戴姆罕沙/为苏丹
451	OC:穆罕默德/图格鲁克 OM:斯里·马哈迈德……	467	O:阿迪勒/沙 OM:萨奈特(?)瓦·科哈姆辛·瓦·色布·米阿特
	R:希卡·扎德/贾伊兹·达尔·阿赫德/班达·尤迈德瓦/穆罕默德·图格鲁克		R:沙姆斯·乌德·都尼亚/瓦·乌德·丁(阿布/艾尔·穆扎法)
452	O:穆罕默德/图格鲁克	468	O:为苏丹/艾尔·阿扎姆
	R:哈斯比·拉比		R:阿迪勒·沙/为苏丹
453	O:穆罕默德	469	O:为苏丹/艾尔·阿扎姆
	R:图格鲁克		R:阿迪勒·沙/为苏丹
454	O:艾尔·伊曼姆/艾尔·阿迪勒	470	O:为苏丹/艾尔·阿扎姆
	R:穆罕默德·本/图格鲁克沙		R:法克哈·乌德·都尼亚/瓦·乌德·丁
455	O:沙/阿赫桑(日期)	471	O:巴古兹德/(阿拉)·法克哈沙/沙罕
	R:贾拉尔·乌德·都尼亚/瓦·乌德·丁		R:穆巴拉克沙/沙·杰罕
456	O:沙/阿赫桑(日期)	472	O:穆罕默德/穆斯塔菲
	R:艾尔·哈希里		R:(阿拉/萨玛德)?(日期)

续表

457	O:西坎德尔/艾尔・泽曼 R:沙/阿赫桑（日期）	473	O:巴古兹德/阿拉 R:科哈迪姆/穆斯塔菲
458	OC:沙/阿赫桑 OM:萨奈特・阿尔巴瓦・色拉丁・瓦・色布・米阿特 R:为苏丹/萨拉丁	474	O:阿拉・乌德・都尼亚/瓦・乌德・丁 R:西坎德尔沙/为苏丹
459	O:为苏丹/艾尔・阿扎姆 R:沙/阿赫桑/为苏丹	475	O:巴古兹德/(阿拉)？ R:西坎德尔沙/苏丹(日期)
460	O:乌都贾 OM:日期片段 R:阿拉・乌德・都尼亚/瓦・乌德・丁	476	OC:沙/伊兹梅尔 OM:边缘超过币坯 R:为苏丹(？)/那塞尔・乌德・都尼亚・瓦・乌德・丁/阿布尔・法斯
461	O:阿拉・乌德・都尼亚/瓦・乌德・丁 R:乌都贾/为苏丹	477	O:那塞尔・乌德・都尼亚/瓦・乌德(丁) R:阿布尔・法斯/伊兹梅尔
462	OC:沙/菲罗兹(日期) OM:菲/萨奈特/阿尔巴因/瓦・色布・米阿特 R:库特布・乌德・都尼亚/瓦・乌德・丁(Qutb ud-duniya/wa ud-din)	478	O:阿拉・乌德・都尼亚/瓦・乌德・丁 R:沙/(巴)赫曼/为苏丹
463	O:沙/菲罗兹(日期) R:库特布・乌德・都尼亚/瓦・乌德・丁	479	OC:沙/穆罕默德 OM:(扎布・哈兹)拉特・德里苏丹 R:奈德/穆斯林信士/长官(日期)
464	OC:沙/戴姆罕/穆罕默德 OM:菲・萨奈特・伊赫达・瓦・阿尔巴因・瓦・色布・米阿特 R:为苏丹・艾尔・阿扎姆/基亚斯/乌德・都尼亚・瓦・乌德・丁	480	OC:马哈茂德・卡尔吉/沙 OM:造币厂、日期(拼写不完整) R:为苏丹/艾尔・阿/扎姆・阿拉・乌德/都尼亚・瓦・乌德・丁

续表

465	O:为苏丹/艾尔·阿扎姆	481	OC:沙/马哈茂德 OM:(萨伊夫·乌德·都尼亚·瓦·乌德·丁·阿布尔·穆扎法)?
	R:基亚斯·乌德·都尼亚/瓦·乌德·丁		R:本·易卜拉欣·沙/苏丹(日期)

数字对照

印度—穆斯林数字(公元14世纪)

0　1　2　3　4　5　6　7　8　9

那伽里文数字(公元13世纪)

0　1　2　3　4　5　6　7　8　9

第三部分　作者和译者附录

历代年表

发行吉塔尔的主要朝代及君主

德里土王			
1	萨拉卡斯夏那(Sallakshana Pala Deva)	1120～1130年	?
2	安南嘎(Ananga Palla Deva)	1130～1145年	?
3	马达纳(Madana Palla Deva)	1145～1167年	?
4	普利斯威二世(Prithvi Raja Deva Ⅱ)	1167～1168年	?
5	皮帕拉(Pipala Raja Deva)	1168～1169年	?
6	克提(Kirtti Pala Deva)	约1169年	?
7	索米斯瓦拉(Somesvara Deva)	1169～1172年	?
8	查哈达·提婆(Chahada Deva)	1172～1191年	?
9	普利斯威三世(Prithvi Raja Deva Ⅲ)	1191～1192年	?
纳瓦尔土王			
1	马拉雅(Malaya Varma Deva)	1223～1245年	?
2	查哈达(Chahada Deva)	1245～1255年	?
3	阿萨拉(Asala Deva)	1255～1298年	?
4	查哈达二世(Chahada Deva Ⅱ)	1298～？年	?
5	甘那帕提(Ganapati Deva)	13世纪早期	

续表

伽兹尼王朝			
1	苏布克特勤(Nasir-ud-daula Sebuktegin)	977~997年	
2	伊斯玛伊尔(Daud-ud-daula ? Isma'il)	997~998年	S1
3	马哈茂德(Yamin-ud-daula Mahmud)	998~1031年	S1
4	穆罕默德(Jalal-ud-daula Muhammad)	1031年	S3
5	马苏德一世(Shihab-ud-daula Mas'ud Ⅰ)	1031~1041年	S3
6	马乌杜德一世(Shihab-ud-daula Mawdud Ⅰ)	1041~1050年	S5
7	阿卜杜勒·拉希德('Izz-ud-daula 'Abd al-Rashid)	1050~1053年	S3
8	法鲁克扎德(Jalal-ud-daula Farrukhzad)	1053~1059年	S5
9	易卜拉欣(Nasir-ud-daula Ibrahim)	1059~1099年	S5
10	马苏德三世(Ala-ud-daula Mas'ud Ⅲ)	1099~1115年	S9
11	阿尔斯兰(Yamin-ud-daula Arslan)	1115~1118年	S10
12	巴拉姆沙(Sultan-ud-daula Bahramshah)	1118~1152年	S10
13	胡斯鲁·沙(Mu'izz-ud-daula Khusru Shah)	1152~1160年	S12
14	库斯鲁·马利克(Taj-ud-daula Khusru Malik)	1160~1186年	S13
锡斯坦			
1	艾哈迈德(Shams-ud-din Ahmad)	1164~1167年	
2	哈布(Taj-ud-din Harb)	1167~1215年	BS1
3	巴拉姆沙(Shams-ud-din Bahramshah)	1215~1221年	GS2
4	那塞尔(Taj-ud-din Nasr)	1221年	S3
5	曼塞尔(Rukn-ud-din Abu Mansur)	1221~1222年	S3
6	穆扎法(总督)[Abu'l-Muzaffar(Governor)]	1222年	
古尔王朝-古尔			
1	吉亚斯(Ghiyath-ud-din Muhammad)	1163~1206年	
2	马哈茂德(Ghiyath-ud-din Mahmud b. Muhammad)	1206~1212年	S1

续表

古尔王朝－巴米扬			
1	沙姆斯·乌德·丁(Shams-ud-din Muhammad)	1163～1192年	
2	巴哈·乌德·丁(Baha-ud-din Sam bin Muhammad)	1192～1206年	S1
3	阿里(Jalal-ud-din 'Ali)	1206～1215年	S2
花剌子模			
1	帖乞失(Ala-ud – Din Tekish)	1172～1200年	
2	穆罕默德(Ala-ud-din Muhammad)	1200～1220年	S1
3	曼谷巴尼(Jalal-ud-din Mangubarni)	1220～1224年	S2
德里苏丹国			
1	伊杜米思(Shams-ud-din Iltutmish)	1210～1235年	
2	菲罗兹一世(Rukn-ud-din Feroz Shah Ⅰ)	1235～1236年	S1
3	拉齐耶(Jalalat-ud-din Raziyyah)	1236～1240年	D1
4	巴拉姆(Mu'izz-ud-din Bahram Shah)	1240～1242年	S1
5	马苏德(Ala-ud-din Ma'sud Shah)	1242～1246年	S2
6	马哈茂德(Nasir-ud-din Mahmud Shah)	1246～1266年	S1
7	巴尔班(Ghiyath-ud-din Balban)	1266～1287年	
8	卡库巴德(Mu'izz-ud-din Kaikubad)	1287～1290年	GS7
9	卡于马斯(Shams-ud-din Kayumars)	1290年	S8
10	菲罗兹二世(Jalal-ud-din Feroz Shah)	1290～1296年	
11	易卜拉欣(Rukn-ud-din Ibrahim)	1296年	S10
12	穆罕默德(Ala-ud-din Muhammad Shah)	1296～1316年	BS10
13	乌玛尔(Shihab-ud-din 'Umar Shah)	1316年	S12
14	穆巴拉克(Qutb-ud-din Mubarak)	1316～1318年	S12
15	马哈茂德(反叛)[Shams-ud-din Mahmud(rebel)]	1318～1320年	
16	胡斯鲁(Nasir-ud-din Khusru)	1320年	
17	图格鲁克(Ghiyath-ud-din Tughluq)	1320～1325年	
18	穆罕默德三世(Ghiyath-ud-din Muhammad Ⅲ)	1325～1351年	S17
19	穆罕默德四世(Nasir-ud-din Muhammad Shah Ⅳ)	1390～1393年	

续表

马杜赖苏丹			
1	阿赫桑(Jalal-ud-din Ahsan Shah)	1334～1339年	
2	乌都贾('Ala-ud-din Udauji Shah)	1339～1341年	
3	菲罗兹(Qutb-ud-din Feroz Shah)	1341年	BS2
4	穆罕默德(Ghiyath-ud-din Muhammad Danghan)	1341～1345年	
5	马哈茂德(Nasir-ud-din Mahmud Danghan)	1345～1356年	BS4
6	阿迪勒(Shams-ud-din 'Adil Shah)	1356～1360年	
7	穆巴拉克(Fakhr-ud-din Mubarak Shah)	1360～1372年	
8	西坎德尔(Ala-ud-din Sikander Shah)	1372～1378年	

注:1.第一列序号仅代表发行吉塔尔的顺序,与王朝世系顺序不同。

2.第三列年份为发行吉塔尔的时间,与在位时间不同。

3.第四列简示君主之间关系:S代表儿子;BS代表兄弟之子;GS代表孙子。

货币史大事记

年代	国别	大事记
850～1026 年	沙希王朝	吉塔尔币首次发行和流通，币面有极具特征的骑像、瘤牛图案
约 988 年	伽兹尼王朝	伽兹尼币型的吉塔尔币发行，发行者为萨曼王朝伽兹尼总督苏布克特勤，后为伽兹尼王朝创立者马哈茂德沿用，币面有非具象的穆斯林设计
1000～1200 年	古印度小王朝	古印度吉塔尔币首次发行和流通，币文为那伽里文
12 世纪	德里土王	特拉马王朝、乔汗王朝期间，古印度吉塔尔币大量流通
1223 年	纳瓦尔土王	古印度吉塔尔币的变型——马拉雅币开始发行
1164～1167 年	锡斯坦	锡斯坦吉塔尔首次发行

续表

年代	国别	大事记
约 1163 年	古尔王朝	古尔吉塔尔首次发行，瘤牛图案被移除，大象图案在古尔王朝随后发行的钱币上首次出现
1203 ~ 1228 年	库巴卡	原古尔王朝将领库巴卡割据信德，发行库巴卡吉塔尔币
1228 年前后	伊杜米思	拉合尔币型的吉塔尔币崛起并占据首要地位
13 ~ 16 世纪	坎格拉	坎格拉吉塔尔发行和流通，使用相对低值的铜作为币材
1241 年前后	蒙古	蒙古入侵阿富汗及周边地区，导致吉塔尔币生产陷入停顿，只有少量以蒙古首领蒙哥名义发行的钱币
1206 ~ 1555 年	德里苏丹	德里苏丹(又称德里穆斯林王朝)前中期沿用古尔王朝吉塔尔币型
1333 年	马杜赖苏丹	印度半岛南部的马杜赖苏丹脱离德里苏丹统治后，发行吉塔尔币

中外文翻译对照

（按英文字母排序）

A
Abbasids 阿巴斯德
’Abd al-Rashid 拉希德
Abu Bakhr 阿布·伯克尔
Abu Mansur 阿布·曼塞尔
Abu’l-Muzaffar 穆扎法
’Adil Shams-ud-din(Madura)阿迪勒
Afghanistan 阿富汗
Ahmad Shams-ud-din (Madura)艾哈迈德(马杜赖)
Ahsan(Madura)阿赫桑(马杜赖)
Aibak(Delhi)艾伯克(德里)
Ajaya Deva 阿查耶·提婆
Akbar 阿克巴
Aksu 阿克苏
al-Muqtadir 穆卡塔德
al-Malik 麦利克
al-Muti’lillah 穆提里拉
al-Muwaffaq 穆瓦法克

续表

Ala-ud-din Muhammad Ⅱ(Delhi)穆罕默德二世(德里)
Ala-ud-din Muhammad bin Baha (Bamiyan)巴哈(巴米扬)
Ala-ud-din Muhammad bin Tekesh 帖乞失
Alberuni 阿伯鲁尼
Album S.:艾尔伯姆·S.
'Ali,Jalal-ud-din (Bamiyan)阿里(巴米扬)
Amirs of Sind 信德埃米尔
Amrita Pala 艾姆瑞塔
An Lushan rebellion 安禄山(叛军)
Anandappala 阿兰达帕拉
Ananga Pala Deva(Delhi)安南嘎(德里)
Anglo-Saxon 盎格鲁 – 萨克森
Anonymous 佚名
Apollodotos 阿波罗多托斯
Apurva Chandra Deva (Kangra)阿普尔瓦(坎格拉)
Arabia 阿拉伯半岛
Arabic 阿拉伯的
Arabs 阿拉伯人
archaeology 考古
Arghun(Ilkhans)阿鲁浑(伊尔汗)
army 军队
Arslan Sultan-ud-daula(Ghaznavid)阿尔斯兰(伽兹尼王朝)
Asala Deva(Narwar)阿萨拉(纳瓦尔)
Ashoka 阿育王
Athagani 萨汉尼
Attic tetradrachm 阿第克四德拉克马
Aufi 奥菲

续表

Avatara Chandra Deva (Kangra)阿瓦塔拉(坎格拉)
Ayyubids 阿尤布王朝
Azov 亚述
B
Bactria 巴克特里亚
Badakhshan 巴达赫尚
Baghdad 巴格达
Baha-ud-din Sam(Bahmanid)巴哈–乌德–丁(巴赫曼王朝)
Bahman Ala-ud-din(Bahmanid)巴赫曼(巴赫曼王朝)
Bahram Mu'izz-ud-din(Delhi)巴拉姆(德里)
Bahramshah Shams-ud-din(Sistan)巴拉姆沙(锡斯坦)
Bahramshah Yamin ud-Daula (Ghaznavid)巴拉姆沙(伽兹尼王朝)
Baijnath 巴吉那斯
Bakhtiyar 巴赫蒂亚
Baladasti 巴拉达提
Balban Ghiyath-ud-din(Delhi)巴尔班(德里)
Balkh 巴尔赫
Baluqan 巴鲁干
Bamiyan 巴米扬
bank notes 纸币
Bank of Ghazna 伽兹尼银行
Bank of Taliqn 塔里甘银行
banking house 商行
banks 银行
banks interntional 国际银行
Barbon 巴伯
Barthold W.:巴苏德·W.

续表

Bengal 孟加拉
Bhambhai 巴伯海
Bhima Deva(Shashi)比马(沙希王朝)
Bhoja Ⅰ 博伽一世
Bibliotheque Nationale 国家图书馆
Blake R. P. :布莱克 · R. P.
border post 边防站
Bosworth C. E. :博斯沃斯 · C. E.
Brahman 婆罗门
brass 黄铜
brass forced tankas 黄铜天罡币
British 英国
British Museum 大英博物馆
Bucephalus 亚历山大大帝的战马
Budaon 布达翁
Budaon Rajas 布达翁土王
Bukhara 布哈拉
bull 瘤牛
bullion 贵金属
bullion famine 贵金属荒
bullion transfer 贵金属交易
bureaucracy 贵族
bust 半身像
Byzantine 拜占庭
C
Caliph al-Nasir 哈里发 · 那塞尔
Caliph al-Mustansir 哈里发 · 穆斯坦绥尔

续表

calligraphy 书法
camel transport 骆驼运输
Caspian Sea 里海
Central Asia 中亚
Chaghatayid 察合台
Chahada Deva(Delhi)查哈达(德里)
Chahada Deva(Narwar)查哈达·(纳瓦尔)
Chahada Deva Ⅱ(Narwar)查哈达二世(纳瓦尔)
Charlemagne 查理大帝
Chaugani 冲汉尼
Chauhans 乔汉王朝
Chhagani 查汉尼
China 中国
Chingiz Khan 成吉思汗
Chola 朱罗王朝
contractors 承包商
copper 铜币
counting 计数
crescent 新月
Cunningham A.:康宁哈姆·A.
custom post 海关站点
D
Da Li 大历元宝
Dam 戴姆
Damma 达玛
Danganeh 当格内
Daniq 达里克

续表

Dastur al-wurzara 达斯特·艾尔－乌则拉
dating 追溯
Dawar 达瓦尔
De Yi 得壹元宝
debasement 贬值
Deflation 通货紧缩
Delhi 德里
Delhi Rajas 德里土王
Delhi Sultans 德里苏丹
delhi-type 德里类型
delhiwal 德里瓦尔
denomination set 币制组合
Deyell J. S.：戴耶尔·J. S.
Didda 第达
dinar 第纳尔
dirhem 第尔汗
drachma 德拉克马
Drama Parutha 德拉玛·帕鲁沙
Dravya Pariksha 德维亚·帕里克沙
drove road 马道
dugani 杜汉尼
E
Economics 经济
Egatippi 格提毗
elephant 大象
elephant rider 驭象人
Elliot H. M.：艾略特·H. M.

续表

England 英格兰
Ephthalite 嚈哒人
Estonia 爱沙尼亚
Europe 欧洲
F
Famine 饥荒
Farrukhzad Jamal-ud-daula(Ghaznavid)法鲁克扎德(伽兹尼王朝)
Farwan 法尔万
Fatimids 法蒂玛王朝
Feroz Ⅰ(Delhi)菲罗兹一世(德里)
Feroz Ⅱ,Jalal-ud-din (Delhi)菲罗兹二世(德里)
Feroz Qutb ud-din 菲罗兹
feudalism 封建社会
fiat currency 法币
fiduciary currency 信用货币
figured design 具象设计
Firoz Ⅲ(Delhi)菲罗兹三世(德里)
Fitzwilliam Museum 菲茨威廉博物馆
Fivar 菲瓦
forced tanka 强制天罡币
forgery 伪造
Forrest R.:弗洛斯特 · R.
Frye R. N.:福莱 · R. N.
G
Gadhaiya Paisa 加底亚 · 派沙
Gagana Patha 伽伽那 · 帕沙
Ganapati 甘那帕提

续表

Gandhara 犍陀罗
gani 汉尼
Ghazna 伽兹尼
ghazna-type 伽兹尼类型
Ghaznavids 伽兹尼王朝
ghidrifi 纪德菲
Ghitrif 纪德菲
Ghiyath-ud-din Muhammad bin Sam(Ghor)基亚斯(古尔王朝)
Ghor 古尔王朝
Ghorid of Ghazna 古尔伽兹尼
Ghorids of Bamiyan 古尔巴米扬
Ghorids of Ghor 古尔
Gildermeister 吉德梅斯
Göbl R.:高博尔·R.
gold 金
gold mithqal 金密斯卡尔(重量单位,1 mithqal =0.0036416kg)
gold staters 斯塔特金币
Great Kushans 大贵霜王朝
Gresham 格雷沙姆
Guanzi 关子
guilds 团体
Gujara-Pratiharas 古吉拉-波罗提诃罗王朝
Gujarat 古吉拉特
Gulbarga(in rebellion)古尔伯加(反叛)
Gulbarga Sultans 古尔伯加苏丹
Guna Chandra Deva(Kangra)古纳(坎格拉)
Gupta L. C.:古谱塔·L. C.

续表

Gupta P. L.：古谱塔·P. L.
Guptas：笈多王朝
H
Handa D.：汉达·D.
Harb Taj-ud-din（Sistan）哈布（锡斯坦）
Hari Chandra Deva（Kangra）哈利（坎格拉）
Harikela 诃利鸡罗国
Herat 赫拉特
Himalayan 喜马拉雅
history 历史
hobbled elephant 跛足大象
horse fair 马匹集市
horse trade 马匹贸易
horse type 马型
horse Turanian 突雷尼种马
horseman type 骑像类型
horses 马
Huns 匈奴人
I
Ibn Batuta：本·拜图塔
Ibn Haukal：本·霍卡尔
Ibrahim Lodi（Delhi）易卜拉欣·洛提（德里）
Ibrahim Nasir-ud-daula（Ghaznavid）易卜拉欣（伽兹尼王朝）
Ibrahim Rukn-ud-din（Delhi）易卜拉欣（德里）
Iconoclastic design 非具象设计
Ilkhan 伊尔汗
Ilkhan vassals 伊尔汗臣属

续表

Iltutmish(Delhi)伊杜米思(德里)
India 印度
Indo-Greek 印度－希腊
Indo-Parthian 印度－帕提亚
Indo-Sasanian 印度－萨珊
Indo-Scythian 印度－塞克
inflation 通货膨胀
ingots 锭
Iqtas 伊克塔
Iraq 伊拉克
iron 铁
Ismail Ghaznavid 伊兹梅尔(伽兹尼王朝)
Ismail Nasir-ud-din(rebel)伊兹梅尔(叛军)
J
Jaga Deva(Kashmir)贾伽·提婆(克什米尔)
Jaipala 贾雅帕拉
Jaitchand 杰特章德
Jaithala 杰瑟拉
Jalali 贾拉里
Jajapella Rajputs 贾贾帕拉的拉其普特人
Jamali 贾玛里
Japan 日本
Jaunpur Sultans 江布尔苏丹
Jaya Chandra (Kangra)贾耶·旃陀罗(坎格拉)
Jha A. K. :杰哈·A. K.
Jhula 久拉

续表

Jian Zhong 建中通宝
Jital 吉塔尔
Judd Hills 贾德山
Juvaini 居梵尼
Jurjan 吉尔间
Jurjani 伽间尼
K
Kabir Khan 卡布尔 · 汗
Kabul 喀布尔
Kai Yuan 开元通宝
Kaikubad Mu'izz-ud-din (Delhi) 卡库巴德(德里)
Kalat 卡拉特
Kalha Deva 卡哈 · 提婆
Kamalu 卡马路卡
Kana Bukhar Khudat 布哈拉 · 胡达
Kanauj 卡脑季
Kangra Rajas 坎格拉土王
Kanik 卡尼克
Kanishka 卡尼什卡
Kao Zong 唐高宗
Kapa Chandra Deva(Kangra) 卡帕(坎格拉)
Kaplan E. H. :卡普兰 · E. H.
Karma Chandra Deva(Kangra) 卡玛(坎格拉)
Karshapana 卡夏帕那
Kashgar 喀什
Kashmir 克什米尔
Katoch Rulers 卡托齐君主

续表

Kayumars Shams-ud-din（Delhi）卡与马斯（德里）
Keynes 凯恩斯
khair 凯尔
Khaljis 卡尔吉王朝
Khokhars 霍哈尔人
Khudarayaka 库达拉雅卡
Khurasan 呼罗珊
Khusru Shah（Ghaznavid）库斯鲁沙（伽兹尼）
Khusru Malik（Ghaznavid）库斯鲁 – 马利克
Khusru Nasir-ud-din（Delhi）胡斯鲁（德里）
Khust 库斯特
Khwajah Safi-ud-din 卡瓦贾
Khwarezm Shahs 花剌子模·沙
Kirtti Pala Deva 克提
knife coins 刀币
Kot Kangra 科特坎格拉
Kublai Khan 忽必烈可汗
Kumara Deva（Shahis）鸠摩罗（沙希王朝）
Kuret Khan 库瑞特·汗
Kurraman 库拉曼
Kurraman-type 库拉曼类型
Kuruluki 库鲁鲁齐
Kurzuwan 科兹宛
L
Lagami 拉格密
Lagarturman 拉格特曼
Lahore 拉合尔

续表

Lahore guilds/merchants：拉合尔商业团体
lahore-type 拉合尔类型
land grants 封地制
Poole S. Lane：普尔・S. 莱恩
Lead 铅
Leh 列赫
Libertarian economists 自由论经济学家
Lichhavi daynasty 李查维王朝
Limbada M.：里巴达・M.
lion 狮子
lion's jaw(pass)狮子的下颚(关卡)
Locke J.：洛克・J.
Lucknow 勒克瑙
M
McDowall D. W.：麦道尔・D. W.
mace 狼牙棒
Madana Pala Deva 马达纳
Madura Sultans 马杜赖・苏丹
Mahi Pala 马希・帕拉
Mahipala Ⅱ马希帕拉二世
Mahmud bin Muhammad bin Sam(Ghor)马哈茂德(古尔王朝)
Muhmud Damghan (Madura)马哈茂德(马杜赖)
Mahmud Ⅱ Shmas-ud-din(Delhi)马哈茂德二世(德里)
Mahmud Saif-ud-din(Jaunpur)马哈茂德(江布尔)
Mahmud Yamin-ud-daula(Ghaznavid)马哈茂德(伽兹尼王朝)
Mahmudpur 马哈茂德普尔
Malaya Varma 马拉雅・瓦尔玛

续表

Malik Kara-Kush 马利克·卡拉-库什
Malik of Kurzuwan 科兹宛马利克
Malwa Sultans 马尔瓦·苏丹
Mangubarni Jalal-ud-din(Khwarezm)曼谷巴尼(花剌子模)
Marakuttiya 马库蒂亚
Marco Polo 马可·波罗
market economy 市场经济
markets 市场
Martin M.:马丁·M.
Mas'ud Ⅰ Shihab-ud-daula(Ghaznavid)马苏德一世(伽兹尼王朝)
Mas'ud Ⅲ Ala-ud-daula(Ghaznavid)马苏德三世(伽兹尼王朝)
Mas'ud Ala ud-Din(Delhi)马苏德(德里)
masudi 马苏迪
mauji tigani 莫吉·提汉尼
Maukharis 穆克里族
Mauryan Karshapana 孔雀王朝卡夏帕那
Mauryas 孔雀王朝
Mawdud Ⅰ Shihab-ud-daula(Ghaznavid)马乌杜德一世(伽兹尼王朝)
Medieval Europe 中世纪欧洲
Megha Chandra Deva (Kangra)麦格哈(坎格拉)
Mehrabanid 米哈班尼德
Menander 米南德
merchants 商人
Merv 木鹿
metallurgical analysis 冶金学分析
mining investment 矿业投资
Minorsky V.:麦诺斯基·V.

续表

Moghul 莫卧尔
monetarists 货币主义者
Mongke (Mongols)蒙哥(蒙古)
Monopolies 垄断
Mu'izz-ud-din Muhammad bin Sam (Ghazna)穆伊兹(伽兹尼)
Mubarak Fakhr-ud-din(Madura)穆巴拉克(马杜赖)
Mubarak Qutb-ud-din(Delhi)穆巴拉克(德里)
Muhammad Damghan(Madura)穆罕默德(马杜赖)
Muhammad Ⅱ 'Ala-ud-din(Delhi)穆罕默德二世(德里)
Muhammad Ⅲ bin Tughluq 穆罕默德三世
Muhammad Ⅳ Nasir-ud-din(Delhi)穆罕默德四世
Muhammad Jalal-ud-daula(Ghaznavid)穆罕默德(伽兹尼王朝)
Multan 木尔坦
N
Nagari 那伽里
Naghada 纳加达
Nandana 南达那
Narendra Chandra Deva(Kangra)那兰德拉(坎格拉)
Narshakhi 纳沙尔希
Narwar Rajas 纳瓦尔土王
Nasik 纳西克
Nasir-ud-din Muhammad(Qarluquid)那塞尔(葛罗禄)
nasiri 纳斯里
Nasr Taj-ud-din(Sistan)那塞尔(锡斯坦)
Nawruz 诺鲁兹
Nepal 尼泊尔

续表

Nimruz 尼姆鲁兹
Nishapur 尼沙布尔
Numismatics 钱币
O
Oeconomica 经济学
Offa 奥法
Ogodei 窝阔台
Ohind 俄欣德
oil 石油
Omayyad 倭马亚王朝
P
Paika 佩卡
paisa 佩沙
Palahauri 帕拉霍瑞
Palampur fair 巴伦布尔集市
Patentees 专利所有人
Peng X 彭信威
Penisula India 印度半岛
penny 便士
Peri 佩里
Persia 波斯
Peshawar 白沙瓦
Pipala Raja Deva(Delhi)皮帕拉(德里)
Prithana Chanra Deva(Kangra)皮撒玛(坎格拉)
Plato 柏拉图
Poland 波兰
Post-Shahi 后沙希

续表

Prayaga 普雷亚戈
Prithvi Raja Deva Ⅱ (Delhi)普利斯威二世(德里)
Prithvi Raja Deva Ⅲ (Delhi)普利斯威三世(德里)
Punjab 旁遮普
Puratanaprabandhasamgraha 普拉坦拉普班哈萨姆格拉哈
Purushavar 白卢沙瓦
Q
Qal'a Nay 卡尔拉·内
Qarakhanids 喀喇汗王朝
Qarlugh 葛罗禄
Qarlughids 葛罗禄王朝
Qarmatian 卡尔马特
Qian Feng 乾封泉宝
Qian Yuan 乾元重宝
Qubacha(Sind)库巴卡(信德)
Qubawi 库巴维
Qunduz 昆都士
Qutlugh Khwaja 忽都鲁火者
R
Rama Chandra Deva(Kangra)拉玛(坎格拉)
Rashid-ud-din 拉希德
Raverty H. G.:莱福特·H. G.
Raziyyah(Delhi)拉齐耶(德里)
religion 宗教
Rhodes N.:罗德斯·N.
Richards J. F.:理查德·J. F.
Romans 罗马人

续表

Rukni 鲁克尼
Rupa Chandra Deva（Kangra）鲁帕(坎格拉)
Russell B.：罗斯尔·B.
Russia 俄罗斯
S
Sachau E. C.：萨初·E. C.
Saffarids of Sistan 锡斯坦萨法尔王朝
saka dates 萨卡历
Sakambhari 萨卡姆哈利
Sallakshana Pala Deva（Delhi）萨拉卡斯夏那(德里)
salt tax 盐税
Samanids 萨曼王朝
Samanta 萨曼塔
Samanta Deva 萨曼塔·提婆
Samarkand 撒马尔罕
Saminids 萨曼王朝
Samosi 萨摩斯
Sangah 桑戈
Sansara Chandra Deva（Kangra）杉萨拉(坎格拉)
Sasanians 萨珊
Sebuktegin(Ghaznavid)苏布克特勤(伽兹尼王朝)
Seljuqs 塞尔柱王朝
serfdom 农奴
Shabankara'i 沙班卡伊
Shafurqan 沙夫坎
Shahis 沙希王朝
Shams-ud-din Muhammad(Bamiyan) 沙姆斯－乌德－丁(巴米扬)

续表

Shanti-uri Shah 杉提－乌里・沙
Sharaf Beg 沙里夫・贝格
Sher Shah 舍尔・沙
Shun Tian 顺天元宝
Sibi 锡比
Sikandari 斯堪达里
Sikander 'Ala-ud-din(Madura)西坎德尔(马杜赖)
silver 银
silver famine 银荒
silver gutters 银制排水管
Sind 信德
Singara Chandra Deva (Kangra)辛格拉(坎格拉)
Sinjar Sultan 桑贾尔・苏丹
Sistan 锡斯坦
Sivadeva 湿婆・提婆
Smith Adam 亚当・斯密
Somalekha 索马雷克哈
Somesvara Deva(Delhi)索米斯瓦拉(德里)
South India 印度南部
Spade coins 铲币
Spalapati Deva(Delhi)斯帕拉帕提・提婆(德里)
Spufford P.:斯帕弗德・P.
spy 间谍
Srinagar 斯利那加
star symbol 星星标志
star dirhems 星型第尔汗
stone breaker 碎石工

续表

Su Zong：唐肃宗
Sukari 苏卡里
Sultan Shah(Khwarezm)舒尔坦·沙(花剌子模)
Suvira Chandra Deva 苏维拉
Syria 叙利亚
Tahirids 塔希尔王朝
"Taj""塔吉"
Takinabad 塔金阿巴德
Taliqan 塔里甘
Tamghan horeses 塔穆罕马
Tang Dynasty(China)中国唐朝
tanka 天罡
Tarojanapala 特里罗章帕拉
Tatari drachm 鞑靼德拉克马
Tartary 鞑靼
taxes 税收
Tekish 'Ala-ud-din(Khwarezm)帖乞失(花剌子模)
Thakkura Pheru 萨库拉·费卢
Thomas E.：托马斯·E.
Tibeten 西藏
Timur 帖木尔
Tirmidh 铁尔梅兹
tokens 代币
toll tokens 收费代币
Tomaras 特马拉人
Trans-Himalayan 跨喜马拉雅
travellers 旅人

续表

Triloka Chandra Deva（Kangra）崔罗卡（坎格拉）
Tughluq（Delhi）图格鲁克（德里）
Tulak 图拉克
Turkestan 突厥斯坦
Turko-Hephalite 突厥－嚈哒人
Tushi 术赤
U
Uch 乌奇
Uchchai Mulathani 乌奇埃·木拉杉
Udauji（Madura）乌都贾（马杜赖）
Ujjain symbol 乌贾因标志
Ulugh Khan 乌鲁·汗
’Umar Shihab-ud-din（Delhi）乌玛尔（德里）
Uzbeq Pai 乌兹贝克·派
V
Vaka Deva（Shahi）瓦卡（沙希王朝）
Valabhis 伐拉比王朝
Varahan V：瓦赫兰五世
Vardhanas 伐弹那族
Visva 毗奢
W
Walker W.：沃尔克·W.
Walwalij 瓦尔瓦利吉
Wang Mang 王莽
Watson A. M.：沃森·A. M.
Western Satraps 西萨特拉普
Wright H. N.：莱特·H. N.

续表

X
Xinjiang Numismatics 新疆钱币
Y
Yamini dirhem 耶敏努第尔汗
Yaqub ibn Laith(Sistan)莱斯(锡斯坦)
Yiliz 伊尔迪兹
Z
Zabul 札布尔
Zambaur 赞布尔
Zamin Dawar 扎敏达瓦尔

参考资料

一、钱币图录和钱币参考文献

D	Deyell J. S., Living Without Silver, Dehli, 1990
A	Album S., A Checklist of Popular Islamic Coins, Santa Rosa, 1993 (unillustrated)
W	Wright Nelson H., The Coinage and Metrology of the Sultans of Delhi, Oxford, 1936
BMC	Lane-Poole S., Oriental Coins in the British Museum, London, 1875 – 1890
S	Schjoth F., Chinese Currency, Oslo, 1929
MI	Mitchiner M., The World of Islam, London, 1977
MA	Mitchiner M., The Ancient and Classical World, London, 1978

续表

MN	Mitchiner M., Non-Islamic States and Western Colonies, London, 1979
TG	Thomas E., On the Coins of the Kings of Ghazni, JRAS, 1848
T	Thomas E., The Chronicles of the Pathan Kingsof Dehli, London, 1871
Cun.	Cunningham A., Coins of Medieval India, London, 1894
Göbl	Göbl R., Dokumente zur Geschichte der Iranischen Hunnen in Baktrien und Indien, Wiesbaden, 1967
Hoernle	Hoernle R., Catalogue of the central Asiatic coins, JASB, 1889, suppl. pp. 1 – 51
Sourdel	Sourdel D., Inventaries des Monnaies Musulmans Anciens du Musee de Caboul, Damascus, 1953
MacDowall	MacDowall D. W., The Shahis of Kabul and Gandhara, Numismatic Chronicle, 1968
Deyell Phd	Deyell J. S., Living Without Silver, University of Wisconsim-Madison, 1982
Jha	Jha A. K., A Catalgogue of the Coins of the Katoch Rulers of Kangra, Nasik, 1991
Rajgor	Rajgor D., Standard Catalogue of Sultanate Coins of India, Bombay, 1991
Rhodes	Rhodes, Gabrisch and Valdettaro, The Coinage of Nepal, London, 1989
Sinkiang	Xinjiang Numismatics, ed. Zhu Yuanjie et al., Xinjiang Art and Photo Press, Hong Kong, c. 1990
JASB	Journal of the Asiatic Society of Bengal
JRAS	Journal of the Royal Asiatic Society
ND	Numismatic Digest
ONSN	Oriental Numismatic Society Newsletter

二、中世纪历史

Elliot	Elliot H. M., The History of India, ed. Dowson J., 1867, repr. Dehli, 1990
Alberuni	Alberuni, Kitab-ul-Hind, trans. Sachau E. C., London, 1888
Jurjani	Jurjani, Tabikat-i-Nasiri, trans. Raverty H. G., Calcutta, 1881, repr. Dehli, 1970
Juvaini	Juvaini, The History of the World Conqueror, trans. Boyle J. A., Manchester, c. 1975
Pheru	Thakkura Pheru, Dravya Pariksha, Indian Numismatic Chronicle, Vol. Ⅶ, pts Ⅰ－Ⅱ, 1969, pp. 100－114

三、现代历史

Barthold	Barthold W., Turkestan down to the Mongol Invasion, 3rd English edition, 1968
Bosworth	Bosworth C. E., The Ghaznavids, Edinburgh, 1963
	Bosworth C. E., The Later Ghaznavids, Edinburgh, 1977
Peng	Peng Xinwei, A monetary history of China, trans. Kaplan, Western Washington University, 1994

地　名

BM＝大英博物馆（British Museum，UK）；BN＝法国国家博物馆（Bibliotèque Nationale，France）；Oxford＝英国牛津阿什莫尔博物馆（Ashmolean Museum，UK）。

Cambridge＝剑桥菲茨威廉博物馆（Fitzwilliam Museum，UK）；Tübingen＝德国杜宾根大学东方研究所（Orientalisches Seminar，Universität Tübingen，Germany）。

ANS＝美国钱币学会（American Numismatic Society，USA）；Simla＝印度西姆拉国家博物馆（Himachal State Museum，India）；Nasik＝印度（IIRNS，India）。

作者致谢

本书中关于吉塔尔的分析很大程度上综合了前辈学者们的研究成果。这些研究成果大部分见于上世纪左右出版的图录和期刊,其他的则匿名记录于伦敦、牛津、剑桥、巴黎和杜宾根等各大收藏点的钱币包装盒贴签上。由于无法得知谁为这些之前尚未公开的钱币写下了如此深刻的见解,在此需要着重强调下,大多数并非我们的观点。

感谢以下机构提供的支持和合作:

大英博物馆、法国国家博物馆、剑桥菲茨威廉博物馆、牛津阿什莫尔博物馆、杜宾根大学东方研究所。

感谢皇家钱币学会(Royal Numismatic Society)尼古拉斯·洛威克纪念基金会(Nicholas Lowick Memorial Fund)为我们的巴黎和牛津考察提供赞助。

特别感谢以下人士对我的帮助和鼓励:乔·克里布(Joe Cribb)、史蒂芬·艾尔伯姆(Stephen Album)、约翰·戴耶尔(Jhon Deyell)、莫哈默德·里巴达(Mohammad

Limbada)、鲁茨·伊里施(Lutz Illisch)、本特·尼尔森(Bent Neilsen)、阿兰·裘德(Alan Judd)。

过去十年以来,我得到世界各地钱币界人士和团体的慷慨相助,请原谅我无法记住所有相关名称,以下为我能记住的:贝茨·M.(Bates M.)、布鲁姆·M.(Broome M.)、博伊兹林·L.(Boezelijn L.)、布朗·H.(Brown H.)、菲里比·E.(Feribee E.)、弗洛斯特·R.(Forrest R.)、甘博·戴尔·T.(Gamble-Dale T.)、戈兰·S.(Goran S.)、汉达·D.(Handa D.)、哈迪尔·D.(Hartill D.)、哈米迪·H.(Hamidi H.)、科尔巴斯·J.(Kolbas J.)、拉·鲁那·L.(La Luna L.)、汉姆弗里斯·A.(Humphries A.)、洛威克·N.(Lowick N.)、麦科迪·M.(McCurdy M.)、莫勒·J.(Möller J.)、菲利普斯·M.(Phillips M.)、罗德·B.(Rhode B.)、罗德斯·N.(Rhodes N.)、杉弗里森·A.(Sanfridson A.)、舒腾海姆·R.(Schüttenhelm R.)、塞伊迪·A.(Saeedi A.)、塞门斯·S.(Semans S.)、辛尼尔·R.(Senior R.)、西蒙斯·H.(Simmons H.)、肖·C.(Shaw C.)、斯朋格勒·W.(Spengler W.)、泰尔·史密斯·S.(Tyler-Smith S.)、沃尔克·T.(Volk T.)、韦布戴尔·T.(Webdale T.)、韦斯特·K.(West K.)、维金斯·K.(Wiggins K.)、A. H. 博尔德文父子公司(A. H. Baldwin & Sons Ltd.)、斯宾克父子公司(Spink & Son Ltd.)。

最为重要的是,我的妻子莫妮卡(Monica)不仅为本书的完成提供了大量的支持,还为本书的准备工作,尤其是阿拉伯币文的解读,耗费了大量的心血。故在此将她作为本书的共同作者。

图书在版编目(CIP)数据

古中亚吉塔尔货币史 / (英) 罗伯特·泰尔, (英) 莫妮卡·泰尔著 ; 孟郁聪译. -- 北京 : 法律出版社, 2024

ISBN 978-7-5197-8838-4

Ⅰ. ①古… Ⅱ. ①罗… ②莫… ③孟… Ⅲ. ①货币史-中亚-古代 Ⅳ. ①F823.609

中国国家版本馆CIP数据核字(2024)第036825号

古中亚吉塔尔货币史
GUZHONGYA JITAER HUOBISHI

[英]罗伯特·泰尔
[英]莫妮卡·泰尔 著
孟郁聪 译

责任编辑 李 军
装帧设计 李 瞻

出版发行 法律出版社
编辑统筹 法律应用出版分社
责任校对 朱海波
责任印制 刘晓伟
经　　销 新华书店

开本 710毫米×1000毫米 1/16
印张 26.5 **字数** 320千
版本 2024年7月第1版
印次 2024年7月第1次印刷
印刷 北京建宏印刷有限公司

地址:北京市丰台区莲花池西里7号(100073)
网址:www.lawpress.com.cn
投稿邮箱:info@lawpress.com.cn
举报盗版邮箱:jbwq@lawpress.com.cn

销售电话:010-83938349
客服电话:010-83938350
咨询电话:010-63939796

书号:ISBN 978-7-5197-8838-4
定价:118.00元

凡购买本社图书,如有印装错误,我社负责退换。电话:010-83938349